CHARLES MONSELET

MONSIEUR
DE
CUPIDON

ARISTIDE CHAMOIS

PARIS
VICTOR LECOU, ÉDITEUR
LIBRAIRE DE LA SOCIÉTÉ DES GENS DE LETTRES
10, Rue du Bouloi, 10

1854

M. DE CUPIDON

L'auteur et l'éditeur se réservent le droit de traduction et de reproduction à l'étranger.

CORBEIL, imprimerie et stéréotypie de CRÉTÉ.

CH. MONSELET

MONSIEUR
DE CUPIDON

ARISTIDE CHAMOIS

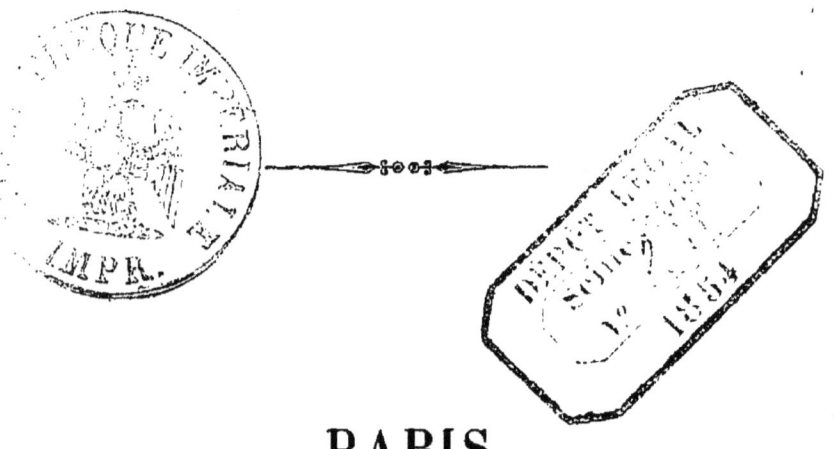

PARIS

VICTOR LECOU, ÉDITEUR

LIBRAIRE DE LA SOCIÉTÉ DES GENS DE LETTRES

10, rue du Bouloi

1854

AVANT-PROPOS.

L'ÉCHELLE DE VIE.

Il y a deux ans, je fus appelé sur les bords de la Moselle pour recueillir l'héritage de mon oncle, Brizard-C***, ancien professeur de théologie, trouvé mort dans son cabinet, un soir d'été.

Je n'avais jamais vu qu'à de rares intervalles mon oncle Brizard, qui passait dans la famille pour un songe-creux, s'occupant avec ardeur des sciences naturelles. C'était un vieillard dépourvu de toute apparence fantastique, très-poli, recherché dans sa mise comme Stendhal, d'une causerie spirituelle et affable, — mais un peu curieuse. Il hantait beaucoup le monde et avait des relations à tous les étages de la société.

Il avait voyagé et voyageait encore. Il avait vu Canning, Goëthe, don Augustin Iturbide, Talleyrand et Botzaris. Il avait causé chevaux et natation avec l'auteur de *Lara*, dont il s'était sérieusement moqué ; il avait soumis son front plein de bosses inconnues à la main tâtonnante de Gall ; il avait reconstruit avec Cuvier le monstre du récit de Théramène ; chez Paul-Louis Courier, il était parvenu à dérober le vingt-septième brouillon d'une *Lettre de village*, et chez M. de Metternich il avait obtenu de tremper ses lèvres dans un verre de vin de Johannisberg. Il s'était assis une heure chez Beethoven et chez Rossini ; il était entré dans l'atelier de Canova ; — il avait vu Léopold Robert se donner un grand coup d'épée dans le cœur ; il avait entendu M. Ingres jouer du violon.

On le prenait partout pour un simple touriste ; et, à l'ombre de ce mot, il passait sans éveiller la méfiance.

La dernière fois que je vis mon oncle Brizard, j'étudiais la médecine. L'annonce d'une dissection célèbre, — celle de l'assassin Poulmann, — avait attiré un nombreux concours de savants à l'École pratique, vis-à-vis la rue Hautefeuille. En traversant une salle basse, je m'entendis appeler par mon nom ; je me retournai et j'aperçus mon oncle, aussi droit, aussi coquet que de coutume. Pendant l'opération, qu'il parut suivre avec un vif intérêt, il ne cessa de prendre des notes ; et lorsque je pus le rejoindre, il me dit d'un ton satisfait, en me désignant le corps de Poulmann :

— Tu vois bien cet homme-là? il a été autrefois Tamerlan, Scoronconcolo et Poltrot de Méré.

Ces paroles bizarres, les seules qu'il prononça, me donnèrent dès lors la mesure de mon oncle Brizard. C'était plus qu'un visionnaire, c'était un fou, — un fou mystérieux, profond, chercheur. Son élégance exquise ne m'apparut plus que comme un masque, et derrière son sourire je vis papillonner les démons bleus de l'hallucination.

Malgré moi, néanmoins, cet incident me revenait souvent à la mémoire. Les jeunes gens sont ainsi, s'inquiétant énormément des choses auxquelles ils ne veulent pas croire. J'aurais tout donné pour un second entretien avec mon oncle et pour pénétrer plus avant dans le secret de sa monomanie.

Ce fut sur ces entrefaites que j'appris par les journaux la fin de Brizard-C***.

Quoiqu'il ne laissât guère après lui que la réputation d'un homme instruit et d'un original, — c'est-à-dire fort peu d'argent comptant, — je crus de mon devoir de partir aussitôt pour Nancy, afin de m'enquérir de ses dernières volontés.

La maisonnette qu'il habitait à trois lieues de là, à Liverdun, au bord de la rivière, était en bois et toute tapissée de pampre au dehors, une vraie demeure de philosophe. La philosophie y arrivait du ciel, toute éclatante et toute odorante, et elle entrait par les volets restés grands ouverts depuis le défunt. On apercevait d'un seul coup d'œil l'héritage : quelques gros volumes sur des rayons, penchant de ci, de là, comme des hommes ivres ; des papiers épars et barbouillés d'encre sur lesquels les oiseaux avaient promené leurs pattes ; rien qui tentât la convoitise des gens de la campagne, comme on voit. La clef était sur la porte : on eût dit que le maître allait rentrer d'une minute à l'autre.

Je m'installai immédiatement dans cette maison, avec

l'intention de mettre en ordre les papiers de mon oncle Brizard. Il y avait deux heures que je m'occupais de ce travail d'homme de loi, lorsqu'en fouillant au fond d'un placard, j'aperçus une liasse plus compacte que les autres et sur laquelle étaient écrits ces mots : — *Pour mon neveu.* Saisi d'une curiosité inquiète, je parcourus rapidement les premiers feuillets, et voici les choses singulières que je lus :

« CECI EST L'ŒUVRE DE MA VIE ENTIÈRE.

« J'ai voulu lire dans le passé, comme les sybilles lisaient dans l'avenir ; j'ai demandé à la science les secrets de l'antique trépidation et de l'arrière-vue.

« Mes yeux ont plongé sous la lettre fleurie et mystérieuse des traditions orientales, et voici ce que les esprits élémentaires m'ont révélé.

« Nous avons tous vécu dans le passé, sous un autre nom et avec un autre visage.

« Un homme est comme un livre ; Dieu le tire à plusieurs éditions.

« Alexandre, César, Charlemagne, Napoléon, ne sont qu'un seul et même individu reproduit à des époques différentes.

« Un nombre limité d'âmes a été créé pour animer notre planète jusqu'à la fin des temps, en se perpétuant à travers des corps périssables.

« La mort est le lendemain et la veille de la vie.

« L'homme se retire dans la tombe, comme l'acteur dans sa loge, pour reparaître sous un nouveau costume.

« A peine débarrassées des liens terrestres, nos âmes sont

condamnées à retourner dans de nouveaux corps, et nous n'avons, de cette façon, d'autres aïeux que nous-mêmes.

« Remontant à l'échelle de vie, à travers les peuples et les événements, j'ai recherché, pendant cinquante années d'études et de voyages, les traces des principales incorporations des âmes illustres... »

Je n'essayerai pas de dire la confusion où ces lignes étranges jetèrent entièrement mon esprit. Un moment, je me crus revenu au temps des Hermès, des Zoroastre, des Orphée. Je revis mon oncle Brizard, non plus comme autrefois, musqué et cambré, la rose à la boutonnière, mais sous le bonnet fourré et la robe brune des alchimistes de Hollande. Le manuscrit que je tenais me brûlait les mains, et cependant, j'avais hâte d'en poursuivre la lecture.

Chaque feuillet — il y en avait beaucoup — contenait l'histoire succincte de l'âme d'un homme ou d'une femme, quelquefois seulement l'indication des corps qu'elle avait animés. C'était comme le programme d'une grande pièce à tiroir, où chaque personnage jouait plusieurs rôles différents; — le Protée antique devenait le symbole de l'humanité. Ainsi distribuée, la pièce, comédie et tragédie à la fois, était quelque chose de somptueux, d'original, de magique; le lieu de la scène se déplaçait à chaque instant, maintenant palais à colonnades immenses, tout à l'heure rue tumultueuse ou rivage désert de l'Orénoque; l'intrigue se nouait, se brisait et se renouait sans cesse; mais les acteurs demeuraient toujours les mêmes. Sortis par une coulisse, — c'est-à-dire

1.

par un siècle, ils rentraient immédiatement par l'autre. On les avait vus satrape ou capitaine, on les revoyait, quelques actes après, bénédictin ou raffiné.

Plusieurs fois je fermai les yeux, ébloui.

Avec mon oncle Brizard, il n'y avait plus d'existence vulgaire : le moindre notaire avait eu son heure de poésie et s'était attardé le long des lauriers-roses de l'Eurotas ; plus d'un avocat, aujourd'hui blême et guindé, avait lutté dans le cirque, les membres oints d'huile ; plus d'un grotesque mortel en paletot, aux longues jambes amenuisées, au chapeau noir, s'était vu sous Louis XIII, empanaché de plumes et de rubans, inondé de velours, de dentelles ruisselant par cascades, brodé d'or, éperonné, à l'aise, les mains pâles ; plus d'un riche ennuyé, plus d'un millionnaire spleenatique avaient traîné des loques sans nom à la suite des bandes bohémiennes, et, l'escopette à la main, comme le pauvre de *Gil Blas*, ne s'étaient pas fait faute de demander l'aumône sur les grandes routes à l'heure sombre où on ne la refuse jamais. — Choses plus étonnantes ! Antithèses à amener le sourire sur les lèvres ! Maint procureur général, maint homme-verrou, aujourd'hui s'acharnant à construire des prisons, à improviser des citadelles et des forts d'État, s'était montré jadis un des plus fougueux démolisseurs de la Bastille ! Maint diplomate, renommé dans les cabinets européens, avait conquis au siècle précédent une légitime réputation dans l'art de danser sur les œufs et d'avaler de l'étoupe enflammée !

Il en était de même pour les femmes, guirlandes de

roses éternellement fleurissantes, gracieuse théorie foulant depuis six mille ans les mêmes gazons semés des mêmes piéges et des mêmes enchantements. Les bonnes renommées du lendemain n'étaient autres que les ceintures dorées de la veille; les hétaires s'étaient peu à peu métamorphosées en chanoinesses. C'était un poëme charmant à lire que le poëme de ces femmes renouvelées d'elles-mêmes, un collier enivrant à égrener, une gamme continue et sans dissonances, — car toutes les femmes sont belles à leur première saison, — et le diable a inventé pour quelques-unes une beauté *quand même*. D'abord, elles passaient, simples et imposantes comme des princesses Nausicaa, la jambe nue et le camée à l'épaule; on les apercevait plus tard au fond des forêts gauloises, chasseresses au front couronné de verveine, continuant la race des dryades; ensuite dans le cadre triomphal de la Renaissance, parées de satin et d'or, s'éblouissant elles-mêmes, elles descendaient l'escalier de marbre des palais, en s'appuyant sur le bras des cardinaux; quelques centaines d'ans après, le Régent les faisait sauter sur ses genoux, elles s'appelaient alors madame de Phalaris et madame de Parabère, et elles étaient belles à damner la France; hier enfin elles dansaient en rond autour de l'échafaud, coiffées de délicieux petits bonnets à la Charlotte Corday, et chantant de leur voix la plus argentine des refrains composés par des rapsodes d'abattoir!

Vue de haut et saisie dans son ensemble, l'œuvre de mon oncle Brizard donnait le vertige.

« *Remontant l'échelle de vie, à travers les peuples et les événements, j'ai recherché, pendant cinquante années d'études et de voyages, les traces des principales incorporations des âmes illustres.* »

Ainsi s'exprimait-il. En effet, les noms les plus connus de la politique, de la littérature, des arts et du monde étoilaient ce manuscrit, répertoire de gloire, partition expressément écrite pour les trompettes de la renommée. Dans la plupart des célébrités de ce temps, sous le frac noir, sous la simarre, sous l'habit à palmes, je reconnus Beaumarchais, l'abbé Maury, Carra, le financier La Popelinière ; — ainsi que derrière ces mêmes noms je vis flamboyer ceux du siècle de Louis XIV et se dérouler ainsi toute généalogie à l'horizon des âges.

Les lacunes s'expliquaient par l'insignifiance des transformations.

D'après le système de mon oncle Brizard, les âmes sorties égales du foyer divin subissaient l'influence de la bonne ou mauvaise constitution de leurs étuis. Les unes se viciaient et les autres s'épuraient, selon les conditions d'organes, de circonstances et de civilisations auxquelles elles étaient soumises.

Seulement, après chaque vie corporelle, les âmes qui s'étaient conservées droites avaient le privilége de choisir le sein de qui elles voulaient renaître ; tandis que les âmes des méchants étaient renvoyées au hasard dans de nouveaux corps.

Ce qui n'empêchait point souvent celle-là de faillir et

celles-ci de se relever, suivant que le hasard ou leurs conjectures les avaient bien ou mal servies.

Il y avait quelquefois des hésitations nombreuses dans l'œuvre de Brizard, des suspensions, des points d'arrêt : « Ici M. de Chateaubriand m'échappe pendant trois siècles; je l'entrevois, mais pas assez distinctement pour le peindre. »

Ou bien : « J'ai quatre incorporations de mademoiselle Rachel, et je suis sur la trace de M. Thiers. »

Du reste, chaque page respirait une telle force de bonne foi, une telle sérénité de conviction, que je me demandai à plusieurs reprises si ce travail merveilleux n'était pas réellement le fait d'une divination rétrospective, ainsi que mon oncle Brizard le laissait entendre dans son préambule...

Qui décidera ?

Dans tous les cas, il m'a semblé curieux d'initier à de telles révélations des lecteurs du XIXe siècle, — c'est-à-dire des lecteurs fatigués de tout et revenus de tout, à qui Hoffmann ferait à peine aujourd'hui retourner la tête, blasés sur les inventions des romanciers et des philosophes, — des lecteurs sans pitié, en un mot. Qui sait si cela ne les fera pas songer une heure ou deux ?

Que l'on pardonne à l'âme de Brizard si par intervalles son système a souvent l'air d'une satire. Pouvait-il en être autrement ? C'est un voyageur qui passe à travers le monde, disant à chaque masque : *Je te connais!* C'est le comte de Saint-Germain retrouvant une à une ses anciennes connaissances, depuis Cléopâtre devenue lingère au Palais-Royal jusqu'au sybarite Des Yveteaux reproduit sous les traits de M. Guillaume. C'est un homme grave au fond, qui laisse au hasard le soin de faire des épigrammes, et qui ne s'inquiète pas si la vérité ressemble à un coup d'encensoir ou à une paire de soufflets. Est-ce sa faute, à lui, s'il rencontre Mandrin sur les marches du palais de la Bourse et le frère de Piron sur les marches du palais de l'Institut? si la comtesse Dubarry s'appelle aujourd'hui comtesse de Lansfeld, et si le folliculaire Morande est toujours à vendre ? Je conçois que plus d'un banquier, coudoyé par mon oncle Brizard, se soit retourné de mauvaise humeur en s'entendant dire : — « Pardon, Midas ! » Je conçois que plus d'une grande dame de la rue Saint-Dominique ou de la rue de Lille ait oublié de répondre à cette impertinente question : — « Y a-t-il longtemps, Ninon, que vous n'avez désolé votre amant La Châtre ? »

N'importe ; le monde, tel qu'il l'a vu ou tel qu'il l'a rêvé, est encore plus amusant que notre monde réel. C'est la grande famille entrevue par Platon dans le dixième livre de sa *République*. Consolons-nous des misères du temps présent avec les splendeurs du temps passé, et ne déplorons plus tant d'être les hommes d'aujourd'hui, nous qui avons été les hommes d'hier et d'avant-hier. D'après le système de Brizard, ne recommençons-nous pas éternellement la jeunesse et l'amour ? N'avons-nous pas plusieurs fois vingt ans et vingt-cinq ans ? Que faisons-nous autre chose, depuis le commencement des âges, sinon de nous rouler aux genoux des mêmes femmes, qu'elles s'appellent Sara, Aspasie, Magdeleine, la Fornarine ou Rose Pompon? — Ne regrettons pas trop le manteau de soie que le XIXe siècle nous a arraché brusquement des épaules : l'avenir nous le rendra un jour ou l'autre. Endormi sur une paillasse glacée, tel mendiant peut se réveiller demain, poupon royal, dans un berceau brodé de dentelles. Bienvenue soit donc la science de mon oncle Brizard ! Grâce à cette science, qui est-ce qui n'a pas été un peu grand homme, plus ou moins, dans le cours de sa vie, ou qui est-ce qui n'espère pas le devenir? Il n'y a pas jusqu'aux sots qui n'aient un nombre infini de générations pour prendre leur revanche !

J'abrège cet avant-propos que j'ai essayé de faire aussi clair et aussi concis que possible. Peut-être me saura-t-on gré de n'avoir point remué les poussières de Pythagore, et d'avoir laissé dans le dictionnaire les termes hérissés de la philosophie. D'ailleurs, en aurais-je convaincu plus de monde ? Qu'il me soit seulement permis d'avancer hardiment qu'il n'y a pas une personne — pas une ! — qui n'ait rêvé une fois de la vie antérieure, et qui ne se soit vue dans le passé sous les traits de tel ou tel individu sympathique.

Ces idées et une partie des notes contenues dans le manuscrit de Brizard-C*** ont servi à composer le roman amoureux qu'on va lire. La vie réelle s'y trouve mêlée à la vie idéale, dans des proportions suffisantes pour ne point repousser les imaginations positives. J'ai utilisé les notes de mon oncle, etr apporté tout à son système. Plus le point de départ était sévère, plus j'ai tâché de faire l'œuvre coquette et avenante. Souvent même, j'ai été au-devant du pastiche ; l'action est coupée par des récits, comme dans *Gil Blas* ou les *Mille et une Nuits.* Est-ce à dire que je désire voir revenir cette mode littéraire? Non ; j'ai voulu seulement utiliser un procédé tombé en oubli depuis quelque temps. C'est un ancien joli cadre, que j'ai redoré de mon mieux, et qui, par ses roses en groupe, par ses rubans sculptés, m'a semblé convenir particulièrement à l'œil distrait des lectrices ; — car ai-je besoin de dire que cet ouvrage est presque exclusivement destiné aux femmes? Il n'y est guère question que de galanteries ; cela ne pouvait pas être autrement dans un roman intitulé : *M. de Cupidon.* Mais je dois déclarer que je n'ai aucune prétention didactique; je fuis les traités et les physiologies ; je ne veux être aujourd'hui qu'un conteur.

Encore un mot. Ce livre, malgré son préambule un peu ambitieux, est surtout un livre de bonne humeur. Il se ressent des époques jeunes et heureuses auxquelles il a été composé en partie. Je ne défends pas la *manière* et la légèreté de plusieurs chapitres; mais pour peu que l'on veuille admettre un instant la métempsycose de mon oncle Brizard, j'ose espérer que l'on voudra bien m'excuser, si quelquefois je me souviens trop d'avoir été Voiture et Louvet de Couvray.

M. DE CUPIDON.

CHAPITRE PREMIER.

Début sans fracas. Pourquoi toutes les femmes levaient la tête en passant devant notre héros. Ah ! le fripon. Une miniature. On ne s'attend pas à ce qui va arriver. Il jette son cigare. Ce n'est qu'une fillette qui passe. Voyez-la montrer son brodequin et la naissance de son bas. Événement imprévu. La première flèche de M. de Cupidon. Comment cela finira-t-il ?

Il faisait soleil. — A l'une des croisées du Café de Paris on voyait un jeune homme qui fumait en regardant sur le boulevard. — Sa mise et son air étaient ceux d'un petit-maître, comme on eût dit autrefois. Nul doute qu'il n'eût parfaitement sa place sur le sofa des marquises d'avant-hier, entre l'abbé et le Mondor, — côte à côte du petit chien Pompée.

Il n'était guère plus gros que le poing ; — mais sa taille était divinement prise. On lui eût à peine donné dix-huit ans, à voir le feu de son regard et l'éclatante fraîcheur de son sourire. Il avait des cheveux blonds que lui eût enviés une femme, bouclés à profusion et jetant l'ambre à cent pas. — Mais où diantre avait-il été prendre le vermillon qui lui couvrait la joue ?...

Le tailleur qui l'avait habillé devait être un peu parent de celui de la reine Mab. — C'était la main des Elfes qui avait tissé au clair de lune les dentelles de son jabot. Il était mis à la dernière mode. Son habit venait du célèbre *chose*, ainsi que son gilet brodé. Un refrain d'opéra bruissait allégrement entre ses dents de perle.

Il regardait le boulevard, ai-je dit. Ajoutons que le boulevard, de son côté, le regardait quelque peu, — comme on regarde une jolie gravure aux vitres d'un magasin. Il n'y avait qu'une voix sur son compte. Cependant les uns lui trouvaient l'air trop freluquet, les autres trop ingénu. C'est qu'en effet il y avait sur son visage, — comme diraient les romanciers sérieux, — un *singulier mélange* de candeur et de rouerie, la timidité première du chevalier Desgrieux et la hardiesse finale du don Juan de tous les poëmes. Était-ce un homme ou un enfant ? — Je crois que c'était l'un et l'autre à la fois.

Après cela, il faut supposer que les femmes ne lui trouvaient, elles, ni trop d'effronterie ni trop d'innocence, — car les œillades qu'il leur dispensait de droite et de gauche n'étaient pour la plupart que des prêtés-rendus. Bien des capotes roses se détournaient, incendiées, — bien des ombrelles oubliaient de s'incliner suivant les traditions diplomatiques. Accoudé sur l'appui de la fenêtre, il regardait passer la blonde et la brune, avec la nonchalance moqueuse de Joconde, et l'on s'attendait d'un moment à l'autre à voir Astolfe venir lui frapper familièrement sur l'épaule.

Quand la cendre de son cigare fut tombée jusqu'à la dernière parcelle, — il se souleva ; et soufflant sur ses manchettes, il se disposa à partir. Auparavant il jeta un dernier coup d'œil sur le trottoir.

Plus leste qu'une nymphe, — une fillette traversait le pavé, précisément en face du Café de Paris. Elle avait une robe d'indienne, et sur la tête un délicieux petit bonnet à barbes, qui paraissait à chaque minute prêt à s'envoler, — semblable à un papillon qu'on aurait fixé par une épingle à une fleur.

Il s'arrêta, — et, comme la jeune fille sautait le ruisseau d'une jambe fine et chaussée d'un brodequin bleu tendre, — il tira de sa poche une sorte de portefeuille, qui n'était autre chose qu'un imperceptible carquois de voyage, où il choisit un petit dard de la longueur et de la grosseur d'une aiguille ordinaire.—Dès qu'il l'eut saisi entre les deux doigts, le dard, sans autre impulsion, — s'élança — et alla piquer la jeune fille un peu au-dessous du sein gauche.

Celle-ci poussa un faible cri et leva les yeux sur la croisée du café.

M. de Cupidon,— après une pirouette,— s'était élancé à sa poursuite.

CHAPITRE II.

Quelques pas en arrière. Les modes nouvelles. M. de Cupidon en carrosse. Il dîne au restaurant, et il prend quelques libertés, avec la dame du comptoir. Indignation générale. Le chevalier Tape-Cul. Nouvel incident.

Voici ce que c'est. Il s'était sauvé des bosquets de Cythère, — car il y a toujours une Cythère, — et il était arrivé depuis quelques heures seulement.

Ce n'était plus, comme on vient de le voir, cet ancien Amour qui se roule tout rose et tout nu sur les panneaux mythologiques de nos grand'mères ; c'était un dieu en gants glacés. Ce n'était plus Cupidon tout court, — c'était M. de Cupidon tout long.

Son précédent voyage avait eu lieu vers la fin du XVIIIe siècle, — alors qu'on portait encore la poudre et les mouches, et qu'il consentit à créer le rôle de Chérubin dans une certaine comédie, qui fut une révolution. Il s'attendait donc à trouver passablement de changement dans les choses et dans les mœurs, — et il ne se trompait pas.

Le jour de son arrivée, — comme les modes avaient subi quelques variations, — sa première affaire fut de brûler ses beaux habits de taffetas et ses rubans si fort en goût dans les ruelles. Les faiseurs les plus renommés furent appelés pour l'accommoder d'après les gravures les plus modernes. — Il loua un hôtel dans le quartier nouveau de la Boule-Rouge, et se remit sur un *faquin d'intendant* du soin de le monter sur un pied convenable.

M. de Cupidon n'avait que quelques jours à passer à Paris, et il résolut de les mettre à profit pour s'assurer si les femmes, qui lui semblaient toujours aussi jolies et aussi coquettes qu'autrefois, n'avaient pas entièrement rompu avec les souvenirs galants du siècle dernier. — A peine avait-il eu le temps d'emporter avec lui cinq ou six de ses flèches.

En conséquence, il repassa dans sa tête les leçons de Gnide et de Paphos, avec les façons de dire les plus étourdissantes et les plus précieuses, et, après s'être fait coiffer par le célèbre *machin*, il demanda son carrosse.

M. de Cupidon trouva fort extraordinaire que son cocher s'assît auprès de lui, en se renversant, les bras croisés. — Il comprit néanmoins que c'était l'usage, et, quoique sa vanité en fût légèrement choquée, il se décida à tenir lui-même les guides et à crier *gâââre* aux passants.

L'heure du dîner allait sonner. Les chevaux, qui avaient appartenu à un homme du meilleur monde, conduisirent tout naturellement M. de Cupidon au Café de Paris.

Le Café de Paris est un endroit qui n'a rien de bien absolument magnifique. Parce que les tables y sont moins boiteuses qu'ailleurs, parce que le plancher y est un peu moins gras, parce qu'on y mange du *bœuf aux choux à la Véron*, il n'y a pas là de quoi s'extasier. — Néanmoins, le Café de Paris, si piètre qu'il soit, est encore préférable aux ridicules boutiques des Frères Provençaux et de Véry, si horriblement dorées, sculptées, peinturlurées, et si bouffonnes le dimanche quand des familles de la province s'y entassent pour manger des mets pittoresques, ornés de petites carottes et de petits navets auxquels un moule industrieux a su donner la forme de losanges, de trèfles et de boules.

Au moins, M. de Cupidon espérait-il reposer ses yeux sur une de ces belles demoiselles de comptoir, habillées d'une façon éclatante, et qui rappellent les frégates. — Il était de ceux qui, sans aimer précisément à dîner avec des femmes, désirent cependant en avoir une à regarder, — à quelque distance, — en portant le verre aux lèvres ou en le remettant sur la nappe. Il estimait que de blanches et grasses épaules, des cheveux spirituellement ébouriffés, deux grands yeux pas trop mobiles, une bouche rose à l'excès et de temps en temps souriante, une toilette recherchée, tout cela surmontant un comptoir chargé de fleurs et de flacons, fait une perspective à souhait pour le regard réfléchi de l'homme qui dîne. — Mais la dame qui siégeait au comptoir du Café de Paris n'avait rien de récréatif.

Il trouva la cuisine au point où il l'avait laissée, — ni en progrès ni en décadence. Les vins seuls lui parurent avoir gagné, quoique l'antagonisme du bordeaux et du bourgogne subsistât toujours. M. de Cupidon, sans approfondir le différend, se contenta de vider une bouteille de l'un et une bouteille de l'autre; car, de même que beaucoup de gens, il s'accommodait fort de l'antagonisme et il le trouvait excessivement précieux au point de vue des doubles résultats qu'il amène. — Pourquoi donc, en effet, le Beaune orageux exclurait-il le brillant Saint-Estèphe?

Quand il eut fini, on lui apporta la *carte à payer*, qui s'appelait alors l'*addition*, — et qui, au siècle suivant, s'appellera sans doute *le total*.

En se levant, M. de Cupidon crut qu'il était du ton le meilleur d'aller *prendre le menton* à la dame de comptoir, quelque insuffisante qu'elle fût. C'était un tic qu'il avait contracté jadis, et dont il s'était toujours bien trouvé. Cette action, qu'il accomplit avec la simplicité d'un homme qui éternue, occasionna un scandale effroyable.

La dame manqua de s'évanouir; — et une famille, qui se *régalait* dans un coin, murmura les mots de garde et de poste.

Le maître du restaurant accourut, avec ses garçons rangés en bataille. On eut égard, toutefois, à la consommation que M. de Cupidon venait de faire, et l'on attribua son acte d'inconséquence aux fumées combinées du bourgogne et du bordeaux.

Il fut bien étonné, M. de Cupidon.

— On s'effarouche donc maintenant de ces choses-là? demanda-t-il au maître de café, qui l'avait pris à part.

— Je vois que monsieur est étranger, dit celui-ci en souriant.

— Mais enfin cette dame.....

— Cette dame est ma nièce, fit le maître avec majesté.

— Ah! ah! et c'est la première fois que l'on prend le menton à votre nièce?

— Certes, Monsieur!

— Alors, je commence à croire que, s'il revenait au monde, le pauvre chevalier Tape-Cul ne ferait plus ses affaires à Paris.

— Qu'est-ce que c'était que votre chevalier?

— C'était un fort galant homme, riche, d'une figure respectable, les cheveux blancs, et portant la croix de Saint-Louis. Il n'avait qu'une manie, mais une manie incurable.....

— Laquelle?

— C'était de claquer légèrement sur la croupe toutes les femmes qui passaient à côté de lui. De là, son surnom de chevalier Tape-Cul.

— Votre chevalier était un polisson !

— Je ne vous dis pas le contraire. Mais c'est de l'histoire.

— Et la police le laissait paisiblement exercer son indécent manége ?

— Elle avait fini par le tolérer, à la condition qu'il ne franchirait pas le Palais-Royal, et qu'il ne claquerait que les grisettes et les petites bourgeoises.

— Bien obligé ! Quoi qu'il en soit, Monsieur, dans votre intérêt, je vous engage à ne point essayer de ressusciter la tradition du chevalier Tape-Cul, — pas plus que celle du chevalier *Prend-le-Menton*.

Et le maître du café s'éloigna, assez satisfait de cette dernière facétie.

Ce fut à ce moment que M. de Cupidon, s'étant placé à la fenêtre, aperçut la grisette dont il a été parlé au premier chapitre. Nous l'avons vu décocher sa première flèche au cœur de cette jolie fille, et nous avons vu cette jolie fille lever sur lui un regard agité.

Je passais précisément à cette heure-là, sur le boulevard.

En s'élançant à la poursuite de la grisette, — M. de Cupidon me heurta avec tant de violence qu'il faillit me renverser.

CHAPITRE III.

Don Cleophas est amené sur la scène. Effet du hachich. Le pied de Cléopâtre. M. de Cupidon suit toujours la grisette. Renseignements sur les mœurs galantes de notre époque. O ciel! c'est Babet!

J'avais pris du hachich ce jour-là ; je me trouvais par conséquent dans cette disposition d'esprit où les événements les plus extraordinaires sont facilement admissibles. Néanmoins, je ne pus empêcher mon visage de témoigner d'une certaine surprise, lorsque M. de Cupidon, après s'être confondu en excuses, me dit en m'examinant avec attention :

— Parbleu ! je ne me trompe point, vous êtes don Cleophas.

— Don Cleophas ? répétai-je machinalement.

— Eh ! certainement, reprit-il ; don Cleophas Perez Leandro Zambulo, écolier d'Alcala ; je vous reconnais bien.

— Vous me reconnaissez ?

— Venez avec moi ! dit-il en me prenant le bras et m'entraînant à la suite de la grisette.

— Écolier d'Alcala..... don Cleophas..... murmurai-je en me laissant entraîner ; il me semble en effet avoir vu ce nom quelque part, mais à coup sûr ce n'est pas le mien. Non, ce n'est pas le mien. Et puis, je ne suis pas Espagnol, je suis homme de lettres.

— Regardez donc sa jambe ! disait M. de Cupidon, sans m'écouter.

— La jambe de qui?

— De cette petite *masque*, qui prend plaisir à nous faire allonger le pas.

Je me mis à rire à ce mot de *masque*, que je n'avais pas entendu depuis longtemps.

Le hachich m'avait fait l'humeur belle.

— Où me conduisez-vous ? demandai-je à mon compagnon inopiné.

— Est-ce que je sais ! s'écria-t-il ; voyez, voyez cette cheville adorable. Moi qui ai tenu le pied de Cléopâtre dans ma main, je déclare que le pied de cette enfant lui est supérieur.

— Vous avez tenu le pied de Cléopâtre !

— J'ai tenu Cléopâtre elle-même, nue et frémissante, au temps où je m'appelais Antoine.

— Oh ! les singuliers discours que voilà ! A vous entendre, vous avez donc existé plusieurs fois ?

— En doutez-vous ?

— Ma foi... répondis-je d'un ton embarrassé.

— Oui, vous en doutez. Vous ne croyez qu'aux choses de la vie usuelle, aux lunettes, au papier-écolier ; et vous n'êtes pas encore revenu de votre étonnement au sujet de la première montgolfière.

— Oh! oh! fis-je en souriant.

— Il y a beaucoup de gens comme vous. Mais rassurez-vous : je n'ai ni le désir, ni le loisir de faire votre éducation. Seulement, marchez un peu plus vite, je vous en prie.

Pendant que ce dialogue s'entamait par les deux bouts, la grisette, qui se devinait suivie, s'arrêtait sournoisement devant chaque vitre de magasin, autant pour se mirer que pour se laisser rejoindre.

Le hachich m'avait presque ôté la conscience de mes actions.

J'allais machinalement, me disant à moi-même :

— Serait-il possible, en effet, que j'eusse été ce don Cleophas, qui, je me le rappelle maintenant, figure dans le *Diable boiteux?* Au fait, j'ai toujours aimé les aventures de Madrid, et les portes sombres qui aboutissent à des périls. Qui nous assure que nos goûts ne sont pas des ressouvenirs? — Mais vous, jeune homme, qui étiez-vous lorsque j'étais écolier d'Alcala, et aujourd'hui qui êtes-vous lorsque je suis homme de lettres?

— Aujourd'hui je suis M. de Cupidon, gentilhomme à pied et à cheval, bachelier ès amour. Autrefois...

— M. de Cupidon! exclamai-je ; ce n'est pas un nom, cela ; c'est comme si je m'intitulais le vidame Apollo! Dans ce cas, autant dire que vous êtes l'Amour.

— L'Amour, soit.

A ces mots prononcés avec la meilleure simplicité, je partis d'un bruyant éclat de rire.

Mais M. de Cupidon ne s'en inquiéta point. Il continua sa chasse à la grisette.

Tout en marchant :

— Çà, me dit-il, renseignez-moi sur les mœurs galantes

de votre époque. Vous êtes jeune, vous êtes auteur; ce sont là deux motifs pour en parler savamment. Comment vont les bonnes fortunes, s'il vous plaît? Les maris sont-ils toujours aussi maris que par le passé, ou le sont-ils davantage? Combien de fois vous a-t-on fourré dans une armoire ou poussé dans l'ombre d'un escalier dérobé? Avez-vous souvent passé des nuits d'été dans l'herbe à regarder le jeu d'une lampe sur un rideau? Entrez-vous dans les alcôves par la cheminée ou par la fenêtre?

— Ma foi, non; j'entre par la porte.

— Sous quel déguisement? En ermite ou en jardinier, en militaire ou en nonain?

Je fus saisi d'un second accès d'hilarité dont, cette fois, s'effarèrent tous les passants.

— Ma parole d'honneur! m'écriai-je; il me prend pour un hussard de l'Empire, extrait du Vaudeville de la rue de Chartres, et répondant au nom de Valsain ou de Séricourt! Des balcons, une barbe postiche, des bottes jaunes à retroussis, et le clair de la lune sous un tilleul! Par votre bandeau, M. de Cupidon, est-il possible que vous soyez aussi ignorant des coutumes amoureuses de ce temps? Sachez donc qu'une bonne fortune est la chose la plus simple du monde, un rien, un coup de vent qui vous enlève votre chapeau et qui vous force à revenir sur vos pas en courant pour le rattraper. Seulement, le coup de vent, c'est un coup d'œil; le chapeau, c'est votre cœur. Tous les jours, cela se passe ainsi. Quant aux échelles de soie, la dernière s'est rompue sous une grappe de don Juans bafoués, qui ne sont plus possibles que dans les romans grenadins commençant de la sorte : *Par une belle soirée d'automne...*

M. de Cupidon posa tout à coup sa main sur mon bras.

— Ah! mon Dieu! s'écria-t-il.

— Qu'est-ce? demandai-je.

Pour toute réponse, il me montra du doigt la grisette, qui s'était arrêtée au tournant du boulevard des Capucines, et dont le joli minois s'offrait à nous de trois quarts.

— Je ne me trompe pas... dit-il.

— Quoi donc?

— Cette *jeune beauté*...

— Eh bien? interrogeai-je.

— C'est Babet!

— Babet? un nom aussi vulgaire appliqué à cette charmante personne! Allons! je gage qu'elle s'appelle au moins Amanda ou Eustoquie.

— A présent... cela se peut. Mais c'est ma Babet d'autrefois, vous dis-je, j'en suis bien sûr.

— Une Babet... d'il y a cent ans? répliquai-je avec quelque raillerie.

— A peu près, répondit M. de Cupidon, candidement.

— Vous voulez rire! fis-je à mon tour, sérieux.

— Mais non, du tout. J'ai le privilége, en ma qualité de dieu, de reconnaître toutes les personnes qui ont joué un rôle dans mes existences antérieures.

— Parbleu! cela est fort divertissant.

— Et fort mélancolique aussi quelquefois. Pauvre Babet!

— J'ai bien envie de vous prendre au mot, lui dis-je, en vous priant de me raconter l'histoire de cette Babet.

— Volontiers.

Nous marchions toujours.

CHAPITRE IV.

Histoire de Babet.

I.

Babet, — ce fut mon premier amour, alors que je n'avais que dix-huit ans et que je n'étais pas encore sorti de mes terres de Bourgogne.

Je courais tout le jour par les vignes et par les prairies ; j'avais un habit vert, une culotte verte et des rubans verts sur mes souliers.

Madame la marquise, ma mère, s'ennuyait royalement dans ses terres de Nolibois et dans son château de Nogent-sur-Yonne. — Elle allait à la messe et recevait deux fois par semaine. Sa démarche était haute et guindée : elle tenait à la fois de la grande dame et du lieutenant criminel. Tous les ans, elle dotait une jeune fille choisie parmi les plus vertueuses du village. Par compensation, chaque braconnier pris sur ses domaines était pendu sans miséricorde.

La marquise ne s'inquiétait que fort médiocrement de

moi, — à la garde de qui elle avait commis un gouverneur en soutane, qui ne s'en souciait guère non plus. Elle rédigeait alors un code à l'usage de la noblesse campagnarde. — Mon gouverneur rimait des épîtres à Zerbinette et dialoguait des paroles pour la Comédie-Italienne. — Moi, je courais après les papillons.

Un jour, je rencontrai Babet.

C'était une assez jolie fille, au nez retroussé, aux grands yeux bleus, aux coins de lèvres moqueurs. Elle était jardinière, comme toutes les jolies filles de château, et elle portait un panier de fraises au bras, comme toutes les jardinières. Sa beauté était celle des Bourbonnaises, agreste et forte en couleur. Ce qu'elle avait de plus coquet ce jour-là, c'était son jupon court de laine rouge et une croix d'or qui s'étalait sur son gorgerin.

Lorsque je passai devant elle, Babet tira sa plus belle révérence, — et continua sa route. C'était la première fois qu'elle me voyait; c'était aussi la première fois que je voyais Babet. Ce qui fait qu'après avoir marché une dizaine de pas, tous les deux nous nous retournâmes en même temps.

Mais, à ce moment-là, le pied de Babet heurta contre une pierre, et ses fraises se dispersèrent sur le sol. Elle ne put retenir un cri de frayeur. — A ce cri, je m'empressai d'accourir auprès de Babet, qui s'excusa de son mieux et se baissa, autant pour cacher son trouble que pour ramasser les fraises. J'en fis autant, et, posant un genou à terre, je me mis en posture de l'aider dans son travail...

On était au mois de mai; — une chaleur abondante tombait du ciel. — Le sentier où nous nous trouvions était tout parfumé d'aubépine; — il y avait un oiseau dans chaque buisson ; — tout chantait, tout verdoyait, tout vivait, en un mot.

Il y avait beaucoup de fraises, — mais nous étions si innocents !

II.

Le lendemain matin, à la même heure ; je retrouvai Babet près de la margelle du puits, où elle était occupée à tirer de l'eau.

— Bonjour, Babet, lui dis-je.

— Votre servante, monsieur le marquis, répondit-elle.

Nous n'en dîmes pas davantage. Je m'assis sur la pierre du puits, et, étendant le bras au-dessus de sa tête, je m'amusai à incliner vers moi les branches d'un superbe noyer.

Pendant ce temps, je regardai Babet, qui avait déjà puisé trois fois plus d'eau qu'il ne lui en fallait, et qui cependant ne paraissait pas près de s'arrêter. Sa taille, souple et bien prise, montait et descendait avec la corde qu'elle attirait. Son petit jupon montait aussi, découvrant par intervalle un bas de laine blanc qui enveloppait une jambe gracieusement tournée, au bout de laquelle on voyait quelquefois apparaître, comme un éclair, deux travers de doigt d'un genou de neige. Après avoir rempli chaque arrosoir, elle laissait retomber le seau de toute sa hauteur et se penchait ensuite sur la pointe du pied pour regarder les éclaboussures que faisait sa chute au fond du puits. Ses brunes épaules se détachaient alors du mouchoir qui les recouvrait, et suivaient la ligne nerveuse d'un cou sur lequel s'en venaient mourir les dernières touffes follettes d'une chevelure relevée avec négligence.

Je suivais tous ces mouvements d'un œil avide : mes dix-huit ans ne pouvaient se défendre d'une certaine émotion à la vue de ces épaules rondelettes si mal défendues, — et, une fois qu'elle s'inclinait plus que jamais sur le bord de la pierre, je saisis malignement une poignée de feuilles et les jetai toutes ensemble dans le cou de Babet.

— Oh! monsieur le marquis! s'écria-t-elle, moitié confuse et moitié riante, en secouant vivement sa tête.

— Qu'as-tu donc, Babet? dis-je hypocritement en sautant à bas de la margelle.

— Tenez, répliqua Babet, je ne peux plus les retirer maintenant; que c'est méchant à vous!

— Voyons!

Et par un mouvement irréfléchi, elle me tendit son cou comme pour me faire apprécier l'énormité de mon crime. Je m'approchai avec une sournoise sollicitude, et, quand je fus bien proche, j'y appliquai un baiser bruyant, qui retentit jusqu'au cœur de la petite jardinière.

En ce moment, une voix appela Babet du fond du parc. C'était sa grand'mère, une vieille, cassée, ridée, au chef branlant, à l'œil gris et vif, aussi vieille que le château, dont elle semblait être la fée. A sa voix, Babet tressaillit et saisit précipitamment un arrosoir de chaque main.

— A ce soir, sous la charmille! eus-je le temps de lui dire.

Babet ne répondit pas. Elle s'était élancée avec légèreté, et elle disparut dans les détours ombragés du parc.

III.

Babet m'aimait. Pourquoi m'aimait-elle, et comment cela était-il venu ? Elle n'en savait rien. — Notez qu'elle-même était très-fâchée de m'aimer, et qu'elle eût donné tout au monde pour bannir de son cœur un sentiment qu'elle savait ne devoir faire que son malheur. Babet sentait sa faiblesse, et en même temps son impuissance pour la vaincre. — Enfin, elle m'aimait ; que voulez-vous que je vous dise de plus ?

Il n'en était pas de même de mon côté, je m'étais épris de Babet, par une raison toute simple à mes yeux, — parce qu'elle était jolie. Le sang de la cour de Louis XV courait déjà dans mes veines. Il y a des gens qui deviennent ce que l'amour les fait : chez moi c'était le contraire. J'avais fait de l'amour une manière de marquis à mon image, avec des manchettes de point de Venise et un carquois blasonné.

Babet m'aimait, et moi, j'aimais la beauté de Babet. C'était la distance qu'il y avait entre nous deux.

La campagne a toujours joué un grand rôle dans les aventures d'amour, et les charmilles ont toujours joué un grand rôle dans la campagne. — Celle sous laquelle j'avais donné rendez-vous à Babet, était vaste et sombre. La lune n'y pénétrait que par surprise. On entendait de longs murmures de vent dans les arbres, et mille petits bruits d'insectes dans le gazon. L'heure et le lieu étaient admirablement favorables à la rêverie amoureuse. L'air avait, ce soir-là, des langueurs à enivrer.

Tenez, passons sur cet épisode de la charmille. Nous ferons bien.

Pendant qu'il faisait si beau temps sous les arbres du parc, — madame la marquise de Nolibois, après avoir congédié ses femmes, s'endormait en rêvant aux splendeurs des époques féodales, — tandis que, dans sa mansarde, à la lueur d'une petite lampe, M. le gouverneur mettait la dernière main à une farce en vaudeville, qu'il venait d'intituler : *Arlequin Trismégiste*.

IV.

Le lendemain, le soleil se leva comme à son ordinaire.
Loin de Tithon déjà courait Aurore, lorsque Babet, pensive, vint s'asseoir sur un banc du jardin, en regardant aux fenêtres de ma chambre. Autour d'elle la campagne se réveillait joyeusement : les arbres secouaient des nuages de rosée ; un air vif bruissait dans les feuilles des hauts peupliers qui claquetaient comme des castagnettes ; les petits oiseaux passaient en lançant des cris aigus. — Mais Babet ne voyait ni n'entendait rien de tout cela. Elle soupirait en regardant le château.

— Devine ! lui cria tout à coup quelqu'un qui la saisit par derrière et lui ferma les yeux avec ses larges mains.

Babet poussa un cri d'effroi et se débattit comme une colombe. Elle parvint à échapper à la rude étreinte qui marbrait ses joues et s'écria avec une boudeuse expression:

— Tiens ! c'est Lucas !

— Hé ! répondit Lucas en balançant sa grosse tête, qu'est-ce que nous disons, ce matin ?

— Rien, répliqua Babet en se pinçant les lèvres ; laisse-moi tranquille.

Lucas regarda autour de lui, et, s'assurant que ces paroles lui étaient adressées, resta la bouche ouverte.

— Oh! mais c'est-y Dieu ben possible, Babet, ce q'vous dites là? Sommes-nous pas votre amoureux? Ne m'avez-vous pas promis le mariage? Jarni! me v'là bien loti. Je vas ramasser vos salades, tout de même...

— Non, fit Babet d'un air dédaigneux; je les ramasserai toute seule.

Lucas ouvrit de grands yeux, et tournant sur ses talons:

— Ohé! mère Jeanne, cria-t-il, Babet me renvoie, parlez-lui donc un brin.

Mais comme il achevait, je sortis de l'allée voisine, en regardant les rubans de mes pantoufles et faisant siffler une petite baguette de noisetier. L'abbé, mon gouverneur, me suivait à dix pas.

— Qu'est- que c'est? dis-je en fronçant du sourcil; que veut ce rustre?

— Monseigneur, balbutia Lucas en tournant son chapeau entre ses doigts, c'est Babet, sauf votre respect, que je devons épouser, et qui me renvoyons.

— Et Babet agit sagement en cela, déclama l'abbé en se rapprochant; car, ainsi que le dit fort bien Pierrot dans *Arlequin, roi de la lune* : « Une fille doit ressembler à un livre fermé, dont la lecture est interdite aux galants. »

— Assez! m'écriai-je en frappant du pied. Va-t'en! dis-je au paysan avec un geste impératif. Viens, Babet.

Babet se suspendit rayonnante à mon bras. Puis, comme Lucas, hébété de surprise, ne bougeait non plus qu'une souche:

— Allez, canaille! ajoutai-je noblement.

— Allez! répéta Babet.

— Allez ! crut devoir articuler M. le gouverneur.

Et cet austère moraliste nous suivit en méditant une scène des plus piquantes entre un scaramouche et un mezzetin.

Or, pendant que ces choses s'accomplissaient, madame la marquise, de la croisée de son appartement, lorgnait son fils unique, et se demandait si ce qu'il avait au bras ne s'appelait pas une jardinière.

Tout à coup on entendit un grand bruit de roues et de coups de fouet. On annonça au salon M. le commandeur de Vouvant-les-Roses.

Un instant après, un laquais galonné venait me quérir de la part de ma mère et de mon oncle.

V.

Le commandeur de Vouvant-les-Roses passait pour le phénix des parents. C'était un parfait gentilhomme, dont la réputation de galanterie était faite, et qui vivait sur ses souvenirs. Il avait, du côté de la Champagne, quelques deux cent mille livres de rente, qu'il se proposait de laisser à son espiègle neveu, qui devait entrer dans le monde sous ses auspices.

Dans ce moment, le commandant de Vouvant-les-Roses revenait d'une de ses terres, et se rendait directement à Paris. Aussi, la marquise, après les civilités d'usage, lui dit-elle à brûle-pourpoint :

— Monsieur le commandeur, voulez-vous emmener Myrtil ?

Myrtil, c'était moi.

— Volontiers, répondit le commandeur.

Sur ces entrefaites, j'arrivai, et courus me jeter dans les bras de mon oncle, — qui, m'examinant avec attention, me trouva du Riom dans le jarret et du Richelieu dans les paupières.

— Vous partez pour Paris avec M. le commandeur, me dit ma mère.

Mon cœur se serra. Malgré mes instincts, il y eut encore assez de place pour un regret. Je demandai timidement l'époque du départ, et, lorsque mon oncle l'assigna au terme de vingt minutes, un petit nuage grisâtre passa sur le ciel de mon front. Néanmoins je saluai avec gravité et sortis, — en manquant de renverser M. l'abbé, qui rêvait à un dénoûment pathético-comique.

Babet m'attendait.

Dès que je parus, elle se leva et courut à ma rencontre. J'avais ralenti le pas. Elle me prit la main, et nous gardâmes le silence. Songeant soudain que je n'avais plus qu'un quart d'heure devant moi, je m'écriai :

— Sais-tu, Babet ? je vais à Paris.

Babet demeura pétrifiée. Le sang qui colorait son gentil visage se retira subitement. Je n'eus point l'air de voir cette pâleur.

— Mais j'en mourrai, dit-elle.

— Sotte ! fis-je en l'embrassant. Tu te consoleras.

— Jamais.

— Tu te marieras, alors ?

— Laissez-moi, dit-elle en se dégageant. Ah ! Monseigneur, vous ne m'avez jamais aimée...

— Qu'ai-je donc fait ? Crois-tu que mon départ dépende de moi ? C'est ma mère et mon oncle qui le veulent. Et puis, dit-on, Paris est si beau ! Il y a tant de fêtes, tant de richesses, tant de femmes ! D'ailleurs, c'est là qu'est le roi ; et un gentilhomme, vois-tu, ne peut pas rester dans sa province.

Babet ne remua pas. Ses regards dirigés sur l'herbe avaient une fixité désespérante. Moi, je commençai à m'impatienter.

— Là, Babet, dis-je, vous me faites de la peine. Allez-vous être méchante longtemps? Essuyez vos pleurs.

Et comme Babet ne bronchait pas, je me pris à fredonner un air de danse et je rentrai au château en labourant les plates-bandes.

Cependant j'avais une larme au coin de l'œil.

VI.

Un roulement tira Babet de sa stupeur. Elle jeta un cri et se pencha vers l'avenue. De la portière d'un carrosse lancé à toute volée, sortait une main qui secouait un mouchoir de dentelle.

Babet tomba sur ses genoux, en sanglotant.

Ce soir-là, la petite jardinière alla se promener le long de la rivière voisine. — C'était une belle eau courante, pure comme du cristal, et qui geignait éternellement sur une couche de blancs cailloux. De grands rameaux s'élevaient sur les deux rives et mariaient leurs têtes majestueuses.

Babet défit ses sabots et ses bas de laine. Elle s'assit sur le bord et écouta longtemps un oiseau perdu dans les feuilles, qui chantait. Puis elle plongea ses pieds dans la rivière, et se sentit glisser insensiblement sur le revers du talus.

Alors, par un geste machinal, sa main voulut saisir une touffe d'herbes qui croissait près de là : elle ne retint qu'une marguerite.

Toutes deux, fille et fleur, s'enfoncèrent à la fois, en ne laissant qu'un rond sur l'eau.

CHAPITRE V.

On plaint Babet. Pendant ce temps, la grisette a disparu. Rue de Lille. Une grande dame est à son balcon. Elle nous lorgne. La deuxième flèche de M. de Cupidon.

— C'est fini ? demandai-je.
— Oui, répondit M. de Cupidon.
— Quoi ! il ne se trouva là personne pour sauver Babet ?
— Personne.
— Hum ! c'est un peu triste, votre petite histoire.
— Que voulez-vous que j'y fasse ! Êtes-vous donc de ceux qui n'aiment que les dénoûments arrangés et consolants ?
— Non, oh ! non ; mais enfin, je ne peux m'empêcher de plaindre cette jardinière.
— Vous avez raison..... Allons ! tout en causant, voilà que nous avons perdu sa trace.
— La trace de qui ?
— La trace de Babet.
— Ah oui ! m'écriai-je, de Babet ressuscitée et devenue grisette. J'avais oublié votre système.

M. de Cupidon regardait de tous les côtés.

— Est-ce à droite ou à gauche qu'elle a tourné ? se demandait-il.

— Je crois que c'est à gauche, du côté de la place de la Concorde.

— Place Louis XV, voulez-vous dire, objecta M. de Cupidon.

— Pourquoi pas la foire Saint-Ovide ! répondis-je en riant ; vous savez bien que chaque gouvernement a à cœur de rebaptiser Paris tout entier. Je sais telle rue qui a plus de noms qu'un Castillan.

Nous arrivâmes à la hauteur de la rue de Lille.

Décidément, Babet nous avait échappé !

M. de Cupidon poussa un soupir, et, tirant sa montre :

— N'est-il pas l'heure de l'Opéra ? fit-il, en m'interrogeant.

Mais en ce moment mes yeux étaient attachés sur le balcon d'un vaste hôtel, où se tenait, gracieusement incluse dans une robe de soie noire, une belle dame, armée d'un lorgnon d'or. Je la fis remarquer à M. de Cupidon, qui s'écria :

— Vraiment ! cette dame a fort bon air ; je veux inscrire son adresse sur mes tablettes.

De son côté, la dame du balcon avait abaissé son regard dans la rue et elle examinait M. de Cupidon avec une attention toute particulière. Une flèche qu'elle reçut de lui au plus fort de son examen ne réussit qu'à lui arracher un faible soupir.

— A votre place, dis-je, je lui en décocherais une seconde ; celle-là s'est peut-être perdue dans les plis du corsage.

— Venez donc, répondit M. de Cupidon en haussant les épaules, et conduisez-moi à l'Opéra.

CHAPITRE VI.

Visite au temple de Terpsichore et de Polymnie (l'Opéra). L'entrée de M. de Cupidon est trop bruyante. A la porte! à la porte! Il n'est pas au bout de son étonnement. La troisième flèche. Ne voilà-t-il pas que nous apercevons M. de Lamartine! Divers portraits. La Cymbeline.

Nous arrivâmes à l'Opéra comme la représentation était déjà commencée. On donnait un opéra nouveau, et la salle était remplie d'un grand nombre de personnes célèbres. Lorsque M. de Cupidon fut assis dans une loge, il se retourna de droite et de gauche, se pencha, secoua ses cheveux, toussa, se moucha bruyamment et afficha enfin tous les airs impertinents de son répertoire. Mais sa surprise ne fut pas médiocre quand il vit le parterre en masse se lever, pour lui imposer silence.

Alors il reporta son attention sur la scène, — et admira fort les décorations qui étaient, à ce qu'on disait méchamment autour de lui, le morceau le plus agréable de l'ouvrage. — Pour ce qui est des chanteurs, il n'en fit pas de différence avec ceux d'autrefois.

Le divertissement venu, M. de Cupidon étala ses lorgnettes, ses flacons, ses montres en bagues, ses boîtes d'or à deux fonds, — comme il convenait aux gens du bel air, et commença à lorgner les danseuses qui venaient battre des entrechats devant la rampe. Il remarqua surtout un essaim de petites filles bâties en coton qui jetaient çà et là leurs regards et leurs sourires au fond des loges et dans les stalles d'orchestre, — où on les ramassait avec empressement.

La première danseuse lui fit assez de plaisir ; — elle lui rappela la jeune Timarette dont il était resté autrefois violemment épris pendant quinze jours. — Cependant son costume lui parut un peu pauvre. Quelques paillettes à ce corsage et des guirlandes aux coins de cette jupe de gaze auraient miraculeusement fait. — D'autant plus qu'elle était moins maigre que la Guimard, et que son œil noir semblait une flamme dansante.

Cet œil noir le décida. — Comme elle saluait le public, à la fin d'une saltarelle, — les bras arrondis au-dessous de la tête, la gorge inclinée et la cuisse balancée par derrière, — il lui dépêcha un de ces petits dards que nous avons vus, et dont l'effet était infaillible. Puis, fredonnant le motif de l'orchestre, il tourna le dos à la scène pour regarder les figures de l'amphithéâtre.

Ce fut dans ce moment que ses idées sur la métempsycose me revinrent à la mémoire. J'eus la curiosité de le remettre sur ce chapitre. Précisément, depuis quelques minutes, mes yeux étaient fixés au fond d'une loge, où, à travers un nuage de femmes, parmi les bougies et les bouquets, au milieu du murmure rhythmique des robes de soie, j'apercevais l'auteur du *Lac* et des *Méditations*, M. de Lamartine. Je le voyais, redressé et souriant, incarnation brillante de la seule aristocratie possible au XIXᵉ siècle, dominer de toute la hauteur du génie les personnages en cravate blanche de la cour des Comptes, malgré ses efforts humains pour tempérer la poésie de son regard et pour coller un masque politique sur son ardent visage.

Je le désignai, sans le nommer, à M. de Cupidon, qui, après un instant d'examen, parla de la sorte :

« — Nul plus que cet homme n'a passé par des transmigrations glorieuses ; nul ne s'est révélé au monde sous des faces plus belles et plus séduisantes ; son existence n'est qu'une longue procession de types tour à tour jeunes, élégants, artistes, amoureux et fiers.

« Je reconnais en lui DAVID, le roi à la harpe d'or, le roi aux pleurs éloquents, poëte chrétien, regardant du haut de la terrasse de son palais la poésie profane qui vient de livrer aux saules de la rive le dernier mot de sa beauté ; David, dansant et chantant, chantant ses psaumes sublimes inspirés dans des nuits de feu !

« Plus tard, il m'apparaît sous le vêtement gracieux d'un JOUEUR DE FLUTE GREC, à demi couché sur l'herbe, en faisant retentir les échos de ses soupirs en musique.

« Il a été LÉANDRE, l'amant nocturne d'Héro, cette jeune prêtresse ; le nageur intrépide pour qui les flots furent sans pitié ;

« Il a été ALCIBIADE, le jeune homme couronné de roses, le philosophe de toutes les philosophies ;

« Il a été le poëte PROPERCE ;

« Puis, un CHEVALIER DE LA TABLE RONDE ;

« Puis, un MÉNESTREL DU NOM DE LOÏS ;

« Puis, TANCRÈDE, — Tancrède au front orné d'un panache ondoyant, à la longue épée, au manteau chrétien !

« Peintre des anges aux ailes éblouissantes, des vierges émues, des draperies somptueuses, il s'est appelé LE GUIDE ; il a vu le ciel et il en a reproduit les enchantements ; il a vécu dans l'Italie bleue, et partout où il s'est arrêté il a tapissé de sa pensée rayonnante les plafonds des palais, les murs des monastères !

« Il a été LAUZUN, — et ceci est la moins pure de ses transformations, — il a été Lauzun, c'est-à-dire l'homme qui se laisse adorer, le gentilhomme en bottes de chasse, qui fait l'amour comme Louis XIV fait la politique, le fouet à la main. Il a été le faste et le bruit de la cour. Les duchesses ont mouillé ses rubans de leurs plus belles larmes passionnées, et il ne s'est inquiété de rien, sinon de changer de rubans et de duchesses. Le monde n'a eu pour lui que des violons, des baisers, des coupes remplies, tout ce qui fait à l'âme un cercueil ouaté, impénétrable à la rêverie divine. Il a été un ambitieux empêché, un Prométhée de palais enchaîné dans des fleurs ; son regard et ses lèvres n'ont rien trahi de ses souffrances ; son orgueil a vaincu ses regrets. — Vraiment, comprenez-vous quelque chose à cette dissonance ?

« En revanche, cette âme poétique s'est complétement tenue à l'écart du siècle de Louis XV et de Louis XVI. Le ciel n'a pas permis qu'elle trempât dans les fanges philosophiques et royales ; et, pendant que la Dubarry se faisait donner ses pantoufles, au saut du lit, par le nonce du pape ; pendant que les philosophes dansaient autour de l'*Encyclopédie*, cette autre tour de Babel, — l'âme de cet homme animait modestement le corps d'un GONDOLIER DE VENISE.

« Il chantait. »

M. de Cupidon avait cessé.

— Oui, murmurai-je, il chantait. Il chante encore aujourd'hui, mais ce n'est plus la chanson de l'oiseau bleu ; c'est le poëme sanglant des *Girondins*, c'est le cantique de la *Marseillaise*. Elvire, cette blanche apparition des années premières et chéries, s'est enfuie devant l'*Ange de l'assassinat* ; et ce n'est plus maintenant qu'un nom, comme celui que murmure l'Anio aux rochers de Tibur.

Pendant mes réflexions, la Cymbeline —c'était le nom de la première danseuse — était revenue en scène. Atteinte de la flèche de M. de Cupidon, elle ne dansait plus que machinalement et sans presque s'inquiéter du public.

— Racontez-moi ses incorporations, dis-je.

« — Ce fut d'abord une ROSE, dont le ciel fit plus tard l'âme d'une COLOMBE, peut-être la même qui apporta dans son bec un brin d'olivier aux gens de l'arche.

« L'âme de la colombe passa ensuite dans le corps d'une JEUNE FILLE JUIVE, belle comme le jour, qui fut emmenée avec tous les siens en captivité à Babylone. Babylone ! ville d'abomination, comme disent les prophètes. La jeune fille avait de ces grands yeux noirs autour desquels rôde sans cesse le malin ; — il rôda si bien qu'un soir, à l'heure où le vent chantait dans les harpes suspendues au bord du fleuve, ses beaux yeux se fermèrent sous un premier baiser d'amour...

« Et la jeune fille fut abandonnée du Seigneur.

« On la retrouve longtemps après dans le récit suivant de l'évangéliste Mathieu :

« En ce temps-là, Hérode le Tétrarque, ayant fait prendre Jean, l'avait fait lier et mettre en prison. Or, le jour de la naissance d'Hérode, il y eut un festin donné aux grands de la cour, aux premiers officiers des troupes et aux principaux de la Galilée. La fille d'Hérodiade y étant entrée et ayant dansé devant tous les conviés, elle plut de telle sorte à Hérode qu'il lui promit avec serment de lui donner tout ce qu'elle lui demanderait. Elle, qui avait été instruite auparavant par sa mère, lui dit : « Donnez-moi présentement dans un bassin la tête de Jean-Baptiste. » Le roi en fut fort fâché ; néanmoins, à cause du serment qu'il avait fait et de ceux qui étaient à table avec lui, il envoya un de ses gardes avec ordre d'apporter la tête de Jean dans un bassin. Et ce garde, étant allé dans la prison, lui coupa la tête, l'apporta dans un bassin et la donna à la fille, et la fille la donna à la mère. »

« Cette FILLE D'HÉRODIADE, cette danseuse de fêtes royales, c'était la Cymbeline. »

— Histoire éternelle! m'écriai-je en interrompant M. de Cupidon. Qu'elles soient vêtues de pourpre et d'or ou couvertes seulement d'une gaze transparente, qu'elles réjouissent les principaux de la Galilée ou les boursiers de Paris, qu'elles attellent à leur carrosse les magistrats de New-York, ou qu'elles bondissent sur les planches du théâtre de la Porte-Saint-Martin, en jetant leurs jarretières de satin rouge au nez de l'orchestre, — les danseuses occupent le premier rang dans le monde et exercent une influence immense sur les événements !

M. de Cupidon reprit :

« — J'aperçois plus tard la Cymbeline, à divers intervalles :

« C'est une MAÎTRESSE D'HORACE; ses épaules, dont le grain étincelant rappelle le sable des rivières, frissonnent sous la main de son amant ; elle jette sur lui un regard timide et son bras admirable élève une coupe à demi épuisée. Lui, cependant, ne s'occupe qu'à enfermer ces épaules, ce regard et ce bras dans une ode qu'il doit lire le soir au chevalier Mécène.

« C'est UNE BAYADÈRE, qui danse devant les idoles de l'Inde, une créature étrangement belle, qui apparaît seulement dans les cérémonies gigantesques. Ses pieds semblent frappés de vertige, sa chevelure se dénoue, ses yeux cessent de voir; elle tombe, égarée, sur une peau de tigre.....

« C'est GABRIELLE D'ESTRÉES, la coquette, la Française, le plus grand type féminin qui se soit produit avant Célimène ; celle qui fit le malheur et le bonheur du roi vert-galant. Paris vaut bien une messe! disait-il tout haut ; mais Paris ne vaut pas Gabrielle, ajoutait-il tout bas. Les amours de sa mie avaient beau s'éparpiller au gré des quatre vents du ciel, le bon Henri, qui était gascon et videur de bouteilles, noyait ses soupirs dans une double rasade. — Il faut que tout le monde vive ! disait-il, en offrant un biscuit à l'amant de Gabrielle. A quoi Gabrielle répondait mentalement : — Il faut que tout le monde aime !

« Où donc a passé la Cymbeline sous le grand siècle ? je la cherche vainement au bras de tous les petits-maîtres à perruque blonde et à canons ; vainement je la demande aux échos des Tuileries, des boulevards et de l'hôtel de Bourgogne ; on ne la voit point fendre les rues en carrosse. Mais dans un coin obscur de la Cité, au fond de cette boutique où reluisent des coupes et des soupières d'argent, regardez cette femme, modestement assise. Fille d'une boulangère, — sans écus, — elle a épousé un orfévre qui lui a reconnu pour douaire un cœur d'or et des yeux plus brillants que le vermeil : c'est une BOURGEOISE sans coquetterie, qui n'a d'autre souci que celui du mé-

nage et dont les regards se lèvent rarement sur la rue.
Quand elle sort, c'est toujours à pied ; elle va à vêpres
et n'aperçoit pas les marquis à pirouettes qui s'empressent
autour d'elle. Pieuse Cymbeline !

« Comme elle avait sagement vécu, Dieu fit à son
âme la grâce de choisir la femme de qui elle voulait renaître. Cymbeline distingua quelque part une famille
noble et probe, de souche espagnole, je crois ; et, du jour
au lendemain, elle devint MADEMOISELLE DE CAMARGO, fille
du baron de Camargo, sévère gentilhomme, à cheval sur
le blason et sur la vertu. Blason et vertu ! vous n'êtes
que des noms. Les quatorze quartiers de mademoiselle
de Camargo vinrent se perdre un beau soir à l'Opéra,
où l'on sait que ce fut elle qui, la première, raccourcit
les jupons des danseuses. »

— Bravo ! fis-je en riant, la Cymbeline a bien chassé
de race. Mais voici un acte qui s'achève ; allons au foyer.

Au foyer, plus rien ne courait de l'esprit de Chamfort
et des indiscrétions de Rulhières. Je désignai à M. de Cupidon quelques notabilités du monde intelligent ; entre
autres ce musicien illustre qui a si puissamment résumé
ses prédécesseurs et ses contemporains, Meyerbeer.

Meyerbeer porte une des figures les plus caractérisées
que j'aie rencontrées jamais ; il a l'œil humble et perçant
à la fois, quelque chose d'amer dans la bouche, de crain-
tif, de troublé. Il y a loin de cette physionomie là à la
physionomie impénétrable du conseiller Goëthe ou au
masque glacé du ministre Chateaubriand. Sous la petite
redingote qui lui colle aux épaules, Meyerbeer, anguleux
et sombre, ne ment pas à l'idée qu'on se fait de l'auteur
de *Robert le Diable*.

J'ai entendu dire par des chroniqueurs qu'il ne pouvait composer que pendant les jours d'orage, enfermé dans sa chambre, seul, et les volets clos. Je serais assez disposé à croire cela, car la musique de Meyerbeer est violente et comme empreinte de cruauté ; elle se ressent de l'influence du tonnerre, des éclairs et de la pluie à verse. On ne l'écoute pas seulement avec plaisir ou avec attendrissement, comme on fait des autres musiques, mais avec une vague frayeur, qui tempère l'admiration. Je me suis souvent surpris à oublier d'applaudir Meyerbeer, — rare et philosophique éloge !

— Celui que vous nommez Meyerbeer, me dit M. de Cupidon, ne vous étonnera plus autant, lorsque je vous aurai fait jeter un coup d'œil sur ses précédentes transformations ; vous y trouverez le secret de son noir génie, de sa force inquiète et bouleversée, de sa puissance mystérieuse.

CHAPITRE VII.

Meyerbeer.

« — Sur le rocher de Caprée, un homme s'est isolé dans sa fantaisie luxueuse et dans sa débauche infinie. Il a rassemblé autour de lui les esclaves les plus belles, les tigres les plus beaux, les danseurs les plus renommés. Couché tout le jour au fond d'un palais dont la mer bat le pied, il joue avec le vice et lutte avec le crime. C'est un empereur. L'air qu'il respire est souillé de vapeurs, de sang et de vin; il n'entend ni les sanglots du dehors, ni les plaintes de la mer grossie de larmes, ni les imprécations des pamphlétaires romains. Attaché à ce roc fumant d'orgies, il épuise contre le ciel tous les sarcasmes de l'impiété, de l'orgueil et de la rage humaine. — C'est Tibère, c'est Meyerbeer.

« Dans un atelier obscur, un peintre est assis devant une toile. Il a passé quarante ans: c'est un homme de forte stature, d'aspect brutal et renfrogné, aux cheveux en désordre. Son nez est gros, sa bouche méprisante. Une chaîne d'or, suspendue à son cou, jure avec les habits vulgaires dont il est revêtu. Il travaille comme un manœuvre et laisse s'épanouir alentour les joies de ce monde sans en prendre sa part : l'artiste a tué l'homme en lui. D'ailleurs, avec un jet de son pinceau, il allume plus de tas d'or dans un coin de toile que n'en renferment les palais où il refuse d'aller, il crée des femmes telles qu'elles lui plaisent, et se fait des fêtes tour à tour pleines de lumière et de ténèbres. Pourquoi donc se dérangerait-il, lui, l'enchanteur par excellence, qui tient dans sa palette la forme, la couleur et la pensée, la vie enfin? Il hoche la tête et ordonne qu'on aille lui chercher un broc. — C'est REMBRANDT, c'est Meyerbeer.

« Dans une bastille, sur une chaise de paille, dévorant des pensées que nul n'a jamais connues, un prisonnier d'État maudit sa captivité éternelle. Quel est son crime? Le monde entier l'ignore, et peut-être l'ignore-t-il lui-même. Un masque cache son visage et doit le cacher jusqu'à la mort; — après la mort, il demeurera comme une énigme indéchiffrable, et l'histoire se taira sur son compte, comme se sont tus ses persécuteurs. Les geôliers le servent avec effroi, en évitant les clartés de ses deux yeux remplis d'une douloureuse expression, en fermant leurs oreilles aux accents de cette voix suppliante. Ce n'est plus un être, c'est un mystère. Il excite autant de peur que de pitié. On ne sait s'il est vieux ou jeune, on sait seulement qu'il ne faut pas qu'il meure, ni qu'il vive non plus tout à fait. — C'est le MASQUE DE FER, c'est Meyerbeer.

« Meyerbeer a été ces trois hommes. »

CHAPITRE VIII.

Suite des portraits. Narcisse Diaz. La clochette du foyer. Mademoiselle Cymbeline fait prier M. de Cupidon de vouloir bien passer dans sa loge. C'est déjà l'effet de la troisième flèche.

Ces portraits rapidement esquissés par M. de Cupidon m'intéressaient. Je le priai de continuer, en lui montrant, assis près de la pendule, ce peintre de boudoirs et de forêts, Diaz, qui semble n'avoir eu qu'à se souvenir pour trouver sur sa palette des tons inouïs d'opulence et d'éclat.

M. de Cupidon me traça en ces termes la généalogie de Diaz :

« — Un RAYON DE SOLEIL.

« Une VAGUE DE LA MER.

« Un HOMARD.

« Une TULIPE.

« Le DIAMANT LE RÉGENT.

« Avant d'être incorporée dans un homme, l'âme de Diaz fut trempée aux sources les plus brillantes et les plus vives de la nature ; il fut OISEAU DE PARADIS dans les forêts de pourpre et d'or du nouveau monde ; il fut GOUTTE DE ROSÉE dans les bosquets de la France.

« Puis, par un contraste singulier, Dieu fit de lui UN BOHÉMIEN ; mais un de ces bohémiens dont les haillons magnifiques accrochent la lumière, dont la prunelle est fauve, dont la bouche est triste, et dont la chevelure emmêlée fourmille d'étincelles. Le bohémien Diaz parcourut l'Espagne, traversa les Pyrénées, coucha pendant quelques nuits sur les grandes routes de la Provence, et s'en alla dans un coin allemand mourir de jalousie et d'un coup de poignard.

« Je le retrouve BOSTANGI dans les jardins de Sa Hautesse. On le nomme Noureddin. Il vit parmi des fleurs de la plus ardente beauté et à quelques pas des femmes du sultan, mais il n'aime que les fleurs. C'est un homme heureux ; ce n'est pas même un philosophe. Il sait qu'il *figure bien* dans le paysage, et il s'estime heureux de voir son ombre se profiler sur le sable brûlant des allées.

« Le bostangi devient un riche PATRICIEN DE VENISE, un homme du *livre d'or*. Il a des robes de brocart et des palais regorgeant de chefs-d'œuvre. Il pourrait s'aveugler dans ses tonnes de sequins et dans les yeux réunis de ses maîtresses. Mais il n'a qu'une passion dans le cœur et dans la tête, — la vengeance ; — il n'a de regard que pour cet imperceptible éclair d'acier qu'il fait jouer entre ses doigts, comme un autre ferait d'un bijou de femme ou d'enfant. C'est un des Foscari. Plus tard, on fera des drames avec cet homme.

« Dans la brume anglaise, j'aperçois un seigneur de bonne mine, couvert de rubans à la mode de France, et fredonnant des rimes galantes aux oreilles des dames de la cour. Le noble vénitien de tout à l'heure s'est transformé en lord spirituel et joyeux. Il s'appelle ROCHESTER.

« Aujourd'hui, il s'appelle Narcisse Diaz. »

La clochette du foyer tinta, annonçant le lever du rideau pour le troisième acte.

M. de Cupidon se disposait à retourner à sa place, quand une habilleuse vint à lui discrètement, pour le prier de se rendre dans la loge de mademoiselle Cymbeline.

M. de Cupidon la suivit.

Je suivis M. de Cupidon.

CHAPITRE IX.

La loge de Cymbeline. Un opéra d'un nouveau genre. Où en étiez-vous de vos discours? Entrée de M. de Cupidon. Peste! comme il boit! Madame de Trois-Étoiles et Penserosa. Théories qui feront crier les danseuses et les chaussettes d'azur. M. de Cupidon en apprend de belles. Il se console avec le vin de Champagne, qui est toujours resté le même. Départ général.

Il y avait nombreuse société dans la loge où Cymbeline se déshabillait. — Cette loge était, à vrai dire, un grand salon, orné avec faste. Les intimes de la déesse étaient assis pêle-mêle sur des divans; on remarquait parmi eux M. Mérindol, le duc de B***, le musicien Gaspard Brévignon, Paul Lorrain, et M. Faifeu, l'agent de change. — Par exemple il n'y avait que deux femmes.

Au milieu de la loge, quelques flacons de champagne étaient posés sur une table ronde.

La conversation allait son train; on riait beaucoup d'une nouvelle qu'essayait de propager Cymbeline.

— Vous saurez, disait-elle, que Nestor (Nestor était le

nom du directeur de l'Opéra, à cette époque) vient de commander un libretto de nouveau genre. Il s'agit tout curieusement d'un grand opéra en habit noir, dont l'action se passera de notre temps, en plein XIXᵉ siècle, comme le premier vaudeville venu du Gymnase ou des Délassements. Roger y paraîtra en banquier, et Baroilhet remplira le rôle d'un gros marchand de noir animal, de Rethel.

Tout le monde se prit à rire.

— Écoutez! poursuivit Cymbeline ; j'ai des détails. Le premier acte représentera la place de la Bourse, — avec le monument de Brongniart pour toile de fond, — et commencera par une cavatine de courtier, entre un report et une concession de chemin de fer : *Bonheur suprême, amour extrême!* — Les actes suivants se dérouleront successivement à la Maison-d'Or, au jardin de l'allée des Veuves, et dans une mansarde du quartier latin où l'on fera sauter des crêpes, sur des points d'orgue, en lutinant des grisettes, en chœur. Enfin le dénoûment se fera à l'Opéra lui-même, où sera amené tout naturellement le ballet. Gustave épousera Léontine, et un journaliste, habilement enchâssé dans l'action, étendra solennellement ses mains sur leurs deux têtes, au coup de tam-tam obligé du final.

— Au fait, dit Gaspard Brévignon, je ne vois pas pourquoi une pareille idée ne serait pas fertile en situations émouvantes. Bien développée, elle pourrait remplacer avec avantage les poëmes vénitiens, allemands et écossais dans lesquels on s'est trop exclusivement retranché jusqu'à ce jour. Notre siècle prête, autant qu'un autre, au jeu musical des passions ; et ce n'est pas, je pense, un habit d'Elbeuf à la place d'un surcot moyen âge, qui rendra plus improbable à nos oreilles un duo d'amour entre Gueymard et madame Tedesco.

Un peintre haussa légèrement les épaules et dit avec des soupirs :

— Allez, bien, bon ! détruisez toute couleur, abattez toute poésie, donnez-nous des opéras de notaires. O sang de la coupe ! s'écria-t-il en se versant à boire ; nous courons à la grisaille et à la platitude.

— Mais pas du tout, réclama Cymbeline, — qui venait de changer de chemise avec autant de prestesse et de décence que mademoiselle Mars ; — pas du tout ! On a grand tort de contester à nos mœurs une physionomie originale ; à quelques intervalles près, nous valons encore nos pères et nos mères d'il y a cent ans. Rappelez-vous cette folle d'Hélène, qui prit l'autre jour un bain d'aï.

— C'est vrai, dit une des deux femmes.

— Cymbeline a raison.

— Bah ! bah ! bah ! grogna le peintre d'étoffes et de soleil.

Brévignon avait saisi machinalement un journal ; il lut à voix haute :

« Le sergent Bertrand, ce vampire moderne, déterrait les mortes au cimetière Montparnasse, et suspendait leurs entrailles aux branches des arbres. Par une sorte de magnétisme, il savait réduire au silence les chiens de garde, et..... »

— Ah ! mon Dieu ! s'écria-t-on ; qu'est-ce que c'est que cela ?

— N'ayez pas peur, répondit le musicien, en souriant ; c'est simplement un passage du journal de ce matin ; non pas un extrait du feuilleton, mais un vulgaire fait-Paris.

— C'est effrayant ! dit le peintre.

— Laissez donc, c'est la chose la plus commune du monde en ce *temps de platitude*.

On vit le peintre froncer le sourcil; mais par bonheur son regard ayant rencontré un dessus de porte, qu'il venait tout récemment d'achever, il s'arrêta dans la contemplation des *ors* qu'il avait prodigués là, des coups de soleil, des tons plafonnés, du fouillis oriental, de la crânerie, de l'aventurine; — et après avoir admiré tout cela, il trouva qu'il était dans *le vrai*.

Ce fut en ce moment que Cymbeline se retourna, et dit :

— A propos de journal, avez-vous lu l'article qui me concerne aujourd'hui dans la nouvelle gazette?

— C'est très-beau! dit le peintre, à qui l'on ne demandait pas son opinion.

— Je ne sais pas si c'est très-beau, dit Cymbeline, mais à coup sûr c'est très-drôle.

L'article traînait sur un divan; quelqu'un s'en empara.

— Voyons, dit-on de tous côtés.

Voici quel était cet article :

« Les mortels benoîtement mélancolieux se dirigent tous avec un véloce empressement vers l'Académie royale de musique, pour y voir danser la victorieuse Cymbeline, femme belle. Ce suave être, dont les rayonnements splendides inondent le ciel de l'art, déploie une vaillance incontestée dans les mille tournoiements de son caprice lumineux. La Cymbeline sait capter, fourberie exquise! depuis les bourgeois les plus abruptes, vertueuses canailles, jusqu'aux cavaliers les plus triomphants et duellistes, et même les Philistins, humain bétail..... »

— Ah çà! il parle nègre, ce garçon! dit M. Mérindol.

— Du tout, c'est un coloriste; dit gravement le peintre.

— On écrit donc maintenant avec des pinceaux? demanda l'agent de change.

— Allons! allons! fit Cymbeline; ne dites pas trop de mal de mon feuilletoniste; il est très-gentil, et il m'amuse beaucoup avec ses articles.

— Alors, c'est différent.

Ce fut sur ces entrefaites qu'on annonça M. de Cupidon.

Chacun se tut à son entrée. Cymbeline se détourna pour lui sourire.

Lui, s'était arrêté au seuil de la porte et promenait ses regards sur l'assemblée.

— A la bonne heure! s'écria-t-il joyeusement.

Et faisant quelques pas en avant, il salua d'un geste, comme il eût agi en pays de connaissance.

— Bonsoir, Messieurs; mille grâces, Mesdames, — cela ne vaut pas la peine de vous déranger, je vous assure; — où en étiez-vous de vos discours? — Vous me voyez ravi de vous retrouver comme je vous ai laissés : — le financier à la première place, avec son ventre épais; — le colonel, de l'autre côté, en moustaches luisantes et en galons d'or; — Damis le bel esprit, qui sait toutes les histoires d'aujourd'hui et celles de demain; — qui plus encore? Excepté ces dames que je ne remets pas sur-le-champ, je vous ai tous vus ailleurs et en d'autres circonstances. — Donc, que le petit négrillon apporte une chaise de plus, et continuons la conversation, s'il vous plaît.

Puis, comme il s'aperçut que chacun le toisait d'un air offusqué :

— Bon! reprit-il avec une pointe d'arrogance, vous êtes tous un peu de ma famille, et l'on ne risque rien à se vanter de ma parenté. — J'ai pour le moins autant d'esprit et de richesse que le premier d'entre vous, et il n'en est pas un dont le blason, à coup sûr, porte la date du mien. Un verre de champagne pour fêter ma bienvenue : — je suis M. de Cupidon !

Il accompagna ces paroles d'une énorme rasade, qu'il vida avec la facilité d'un cent-suisse, — et continua :

— Oui, Damis ; oui, colonel ; oui, financier ; — monsieur de Cupidon, parbleu ! lui-même et pas un autre. — M. de Cupidon qui vient vous demander compte de l'éclat de sa maison et de quelle façon vous entendez l'amour, si toutefois est-il que vous l'entendiez encore, comme je me plais à l'imaginer.

Cymbeline ôtait en ce moment les fleurs de ses cheveux. Elle haussa les épaules et lui répondit la première :

— Hélas ! Cupido mio, comment veux-tu que j'aie le temps de faire l'amour, moi qui ai à peine le temps de faire ma fortune ? Je suis une danseuse et non une courtisane. Bon an, mal an, il me faut réaliser cinquante mille francs d'économie, afin d'acheter un palais sur mes vieux jours. Tu vois bien que je ne peux jeter au vent ni ma jeunesse, ni ma santé, ni même ma réputation. Mon ambition est de mourir comtesse comme toutes les danseuses d'à présent, et je mourrai comtesse, sois-en assuré. Les cigales ont écouté les fourmis, et elles se sont faites fourmis à leur tour. Si tu veux de l'amour et rien que de l'amour, adresse-toi à madame de Trois-Étoiles que voici, et qui en a à revendre. Pour moi, le loisir me manque. Il n'est pas toujours temps de thésauriser, il est toujours temps d'aimer. J'aimerai plus tard (1).

(1) Aimer plus tard ! comme si l'amour était un créancier à qui l'on pût dire : — Repassez un autre jour ! (Note de l'auteur.)

M. de Cupidon se tourna vers celle qui s'appelait madame de Trois-Étoiles, une belle femme à l'œil noyé de langueur, et qui lui dit en lui prenant la main :

— Si tu m'avais mieux regardée tout à l'heure, mon petit, sans doute tu m'aurais reconnue plus vite. — On m'appelait jadis Zulmé, Araminthe ou Thémire.—Aujourd'hui, j'ai pris le nom de madame de Trois-Étoiles, qui sonne davantage. Cymbeline a raison, il n'y a que moi qui comprenne l'amour, et surtout qui le comprenne sans préjugés. Je n'ai qu'une ambition, c'est de fonder une pyramide comme fit la Rhodope au pied mignon. — Mon cœur est une république. — Tiens, voilà mon premier amour, dit-elle en montrant son collier; — et mon deuxième amour, poursuivit-elle en touchant ses boucles d'oreilles; — et mon troisième, son châle de cachemire ; et mon quatrième, sa cassolette à chaîne d'or. Je suis la véritable reine de l'époque; on m'a bâti des temples qui s'appellent Mabille, le Château-Rouge, Notre-Dame de Lorette et tant d'autres, où l'on accourt de tous les points de Paris, de la province et de l'étranger pour me rendre hommage. — Mon nom est presque un nom historique ; il y a des poëtes pour me chanter, des sculpteurs pour faire ma statuette. — Tu vois que j'ai marché vite, mon petit, et que ton XVIIIe siècle a été par moi joliment revu, corrigé et considérablement augmenté. — Bois dans mon verre à présent.

M. de Cupidon se recula ; — et, dans ce mouvement, son regard tomba sur une troisième femme — qui se tenait dans une attitude pensive, le coude au genou et le menton dans la main. D'abondants cheveux tombaient en désordre le long de ses joues, comme des grappes de raisin noir. Ses yeux paraissaient errer constamment dans le vague.

M. de Cupidon remarqua qu'elle avait des chaussettes d'azur.

— Et toi, lui demanda-t-il, qui es-tu et quelles sont tes amours ?

— Je suis la femme qui aime et qui chante, et chez laquelle l'âme et l'esprit ne font qu'un. Je me suis tour à tour appelée Sapho, madame Gacon-Dufour et Penserosa. J'aime avec des strophes et des chapitres divisés par sommaires. Mes soupirs sont des sonnets, mes désirs des odes, mes plaisirs des dithyrambes, mes remords des élégies. — Mes défaites sont le plus ordinairement à rimes croisées. — Ma première affection fut un poëme, mon mariage une comédie, je finirai mon deuil en quatre in-octavo. — A toi mon dernier amour, jeune homme, à la condition que tu me trouves quelqu'un pour l'éditer.

L'assemblée éclata de rire.

— Bravo, Penserosa ! s'écria-t-on.

M. de Cupidon partagea la joie générale. — On but et et l'on dit mille folies. Le bel esprit parla finance, le financier parla esprit. On *déchira* les réputations nouvelles pour *exalter les anciennes*. Aucune des rivales de Cymbeline ne fut oubliée dans cette nomenclature. Bref, le champagne fit parfaitement les choses et eut beaucoup de verve ce soir-là.

Ce ne fut que vers une heure assez avancée de la nuit que l'on se sépara. — La danseuse mit des socques et se retira à pied, avec une femme mal vêtue qu'elle appelait sa mère.

Pour mesdames Trois-Étoiles et Penserosa, — M. de Cupidon les pria d'accepter une place dans son carrosse, et les jeta chez elles avant de rentrer.

CHAPITRE X.

Très-intéressant, quoique moral. M. de Cupidon entre dans un magasin. La marchande de tout. Traité de l'Amour, en vingt-six leçons ; prix : dix francs ; à Paris, chez les marchands de nouveautés. Portraits et maximes. Plus de bourgeoises ! Le mari entre, notre héros s'en va.

J'avais pris rendez-vous pour le lendemain matin avec M. de Cupidon. Comme on le pense bien, je n'eus garde de faire attendre un dieu. J'assistai à sa toilette, et nous sortîmes pour nous rendre en lieu de promenade, c'est-à-dire aux Champs-Élysées et au bois de Boulogne. Notre conversation roula, comme la veille, sur le seul sujet possible entre nous.

— Donc, murmura M. de Cupidon en soupirant, l'amour n'est plus une comédie de cape et d'épée ; c'est à peine un vaudeville.

— A moins que ce ne soit tout à fait un drame, ajoutai-je.

— Un drame ?

— Tenez, je vais vous en fournir un exemple. Entrons

dans ce magasin coquet, derrière les vitres duquel resplendit un visage plus coquet encore. Vous y trouverez de la science à vendre autant qu'il vous en faut ; — et quand nous serons sortis, je vous dirai l'histoire de la marchande.

— Volontiers.

Là-dessus, je tournai le bouton de la porte, et nous entrâmes. Une jeune femme, gracieuse vint à notre rencontre. Elle était en cheveux, les bras nus, et la robe agrafée tout juste aux épaules, comme si le bal l'attendait et qu'elle fît attendre le bal. M. de Cupidon, émerveillé, se demanda si c'était réellement la bourgeoise de jadis, ce charmant petit cœur qu'il avait laissé tout confit en dévotion, comme une fraise roulée dans du sucre blanc.

La marchande nous salua d'un élégant sourire.

— Voulez-vous des bijoux, des chaînes, des cachets, des pierres précieuses, des carnets de bal ou des bronzes nouveaux, des sépias ou des porte crayons en argent; ou bien encore une cravate, un poignard ou un vase à fleurs ?

— Quoi ! vous vendez tout cela ? dit M. de Cupidon.

— Et bien autre chose avec, répondit-elle, — ces chinoiseries, par exemple, — et ce petit livre aussi, dont vous pourriez peut-être vous accommoder.

Elle lui présenta un volume mince et relié, — qui était orné d'estampes jusque sur la couverture. M. de Cupidon jeta les yeux sur le titre, et lut : *Traité de l'Amour en vingt-six leçons.* Sa physionomie s'éclaira d'une expression satisfaite.

— On écrit donc toujours sur ce sujet ? demanda-t-il avec une insouciance affectée.

— Eh mais ! Monsieur, on n'écrit que là-dessus. C'est le thème éternel. Avec quoi voulez-vous qu'on fasse des romans et de l'histoire, si ce n'est avec l'amour ? Supprimez ce sentiment industriel, et voilà la France ruinée ; les théâtres, les libraires, les magasins de modes n'auront plus qu'à inscrire sur leurs volets : *Fermé pour cause de décès de l'Amour.*

— En vérité ? Vous me voyez ravi de cette trouvaille, et voilà un ouvrage, j'en suis certain, *dont le besoin se faisait généralement sentir.* Un traité de l'amour, — c'est fort piquant, — n'est-ce pas vrai, cher ami ?

Je répondis :

— Je pense comme vous ; et je m'attends à voir s'ouvrir bientôt une chaire en Sorbonne pour l'enseignement de la galanterie et des pratiques chevaleresques. — Que paye-t-on cette belle marchandise-là, Madame ?

— Cinq francs, et pas davantage, Monsieur.

— Cinq francs ! c'est pour rien, dit M. de Cupidon. Néanmoins, permettez-moi auparavant de voir s'il me sera facile de comprendre le jargon de cet auteur. Je me défie des livres, et j'ai pour habitude de les essayer, absolument comme je ferais pour un habit neuf.

— A votre aise.

M. de Cupidon ouvrit le volume au hasard :

— Ah ! ah ! l'auteur a suivi l'ordre alphabétique, car je viens de tomber sur l'F, — à l'article *Femme.* Allons, commençons par les généralités. « Voulez-vous savoir ce que c'est qu'une femme ? dit Arlequin ; figurez-vous un joli petit monstre qui charme les yeux et qui choque la raison, qui plaît et qui rebute, qui est ange au dehors, harpie au dedans : mettez ensemble la tête d'une linotte, les yeux d'un basilic, la langue d'un serpent, les inclinations nocturnes d'un hibou et les inégalités de la lune; enveloppez tout cela d'une peau bien blanche ; donnez-lui des bras, des jambes, *et cætera,* et vous aurez une femme complète. »

Je me mis à rire.

— Cet écrivain ne pèche point en tout cas par la flatterie, dit M. de Cupidon. Mais poussons jusqu'au chapitre des grisettes.

— Tournez un feuillet.

— M'y voilà. — Lettre G. — « L'amour d'une grisette est semblable à du coco. Cela mousse, mais cela ne grise pas. » Le portrait n'est pas long, et je le trouve un peu dédaigneusement tracé.

— Je ne trouve pas, dit la marchande.

— Vraiment, je ne sais si je me trompe, mais il me semble pourtant que la petite, que j'ai vue hier devait avoir une autre façon d'aimer.

— Monsieur défend les grisettes ?

— D'abord, il faudrait savoir si elles ont besoin d'être défendues.

La marchande eut une moue.

— Malpeste! je suis curieux à présent, continua-t-il avec malice, de connaître le paragraphe qui traite de la bourgeoise.

Et ses doigts refeuilletaient le petit volume.

— Oh! pour cela, je suis tranquille ; vous ne le trouverez pas, dit la marchande.

— Pourquoi donc?

— C'est qu'il n'y a plus de bourgeoises aujourd'hui. Il n'y a que des *dames.* Cent ans ont tout fondu et tout confondu.

— Pourtant l'amour de la bourgeoise..... insista M. de Cupidon.

— L'amour de la bourgeoise, — c'est son mari.

A cet instant un homme venait d'apparaître, au fond du magasin, — un homme d'environ cinquante ans, gris, placide, respectable, et dont la figure très-rouge était encadrée dans un faux-col très-blanc.

— C'est le mari ! soufflai-je à l'oreille de M. de Cupidon.

Celui-ci se décida alors à emporter le livre qu'il venait d'*essayer* ; — et, après avoir mis en poche le *Traité de l'Amour en vingt-six leçons*, — il déposa une pièce de cinq francs dans la main de la jolie marchande.

— C'est cinq de plus, lui dit-elle avec un adorable sourire, fin comme une pointe d'épigramme, traître comme une queue ajoutée à un zéro.

— Ah ! blonde madame Michelin ! pensa-t-il en s'exécutant de bonne grâce, que sont devenus les temps où, rougissante et amoureuse, vous vendiez des glaces à M. de Richelieu sans songer à les lui surfaire !

Une fois que nous fûmes sur le trottoir, après avoir cheminé quelque temps en silence, M. de Cupidon prit la parole :

— Vous m'avez promis l'histoire de cette femme, demanda-t-il d'un ton mélancolique.

— En effet, répondis-je ; mais c'est plutôt l'histoire de son mari qu'il faudrait dire. Avez-vous suffisamment regardé ce visage honnête, où la bêtise rayonne dans toute sa splendeur ? Eh bien ! ne vous y fiez pas, mon cher. Cet homme a tué l'année dernière à bout portant l'amant de sa femme.

— Qu'est-ce que vous me dites là ?

— Voyez-vous, il faut se garder des joaillières qui vont

le dimanche au Gymnase, et qui pleurent à chaudes larmes aux comédies mêlées de chant. L'amour de la bourgeoise cache la cour d'assises ; il y a un gendarme derrière chaque rendez-vous. Aussi ai-je promis de ne plus braconner sur les domaines de la bourgeoisie ; car là aussi les maris s'en vont, comme les rois et comme les dieux, — je ne dis pas cela pour vous, monsieur de Cupidon.

— Hélas ! soupira celui-ci.

Et se tournant vers moi tout à coup :

— Il y a près de deux cents ans, cette marchande était encore plus belle qu'aujourd'hui ; le croiriez-vous ?

— Vous l'avez reconnue ?..

— Oui, répondit-il ; elle était célèbre alors sous le nom de *la belle Épicière* ; et, comme aujourd'hui, ses amours se débattaient devant les tribunaux ou à l'ombre de la Conciergerie.

L'heure du bois de Boulogne n'était pas encore sonnée ; je dis à M. de Cupidon :

— Racontez-moi les aventures de *la belle Épicière*, ainsi que vous m'avez raconté celles de Babet.

Il ne se fit point prier.

Voici cette histoire, que j'ai essayé de compléter depuis par d'historiques renseignements. — Peut-être aurais-je mieux fait de laisser la parole à M. de Cupidon.

CHAPITRE XI.

Histoire de la belle Épicière.

I.

Dans une boutique de la rue Saint-Honoré, on remarquait, vers 1680, une jolie fille de seize ans, *fraîche comme les Amours*, pour parler le mauvais français si charmant de cette époque, grande, *tournée* comme une princesse, le regard éclatant et prompt comme un dégagement d'épée, la joue *appétissante* et la bouche comme la joue. Elle était fille d'épicier, et chacun admirait la noblesse de son maintien lorsqu'elle trônait dans le comptoir de son père, au milieu des cornets de papier gris. Elle s'appelait Gabrielle Perreau, mais on ne la désignait généralement que sous le nom de *la belle Épicière*.

Une jolie femme est et sera de tout temps en France, sinon un miracle, du moins un événement, qu'elle soit grande dame ou grisette, qu'elle se produise sur les marches d'un trône ou derrière les vitres d'un magasin, voire même dans la rue où le pavé est si glissant ; — et Paris n'a jamais cessé de se passionner tantôt pour une *belle limonadière*, tantôt pour une *belle bouquetière* ou pour une *jolie vielleuse*. Alors, c'est-à-dire au temps où se passe cette histoire, Paris était tout entier aux yeux de Gabrielle la belle épicière ; il ne jurait que par elle et ne soupirait que pour elle, car c'était encore le bon temps des jurons et des soupirs. La rue Saint-Honoré offrait dès le matin une procession de tendres damoiseaux, accourus pour saluer le lever de l'*astre incomparable* qui, dans leur langage, avait mis leur cœur à deux doigts du trépas. Mais l'astre ignorait la puissance de ses rayons et n'entendait aucune malice aux compliments en style précieux qui lui arrivaient de toutes parts. — En d'autres termes, le cœur de Gabrielle ne s'était pas encore éveillé.

Elle était indifférente aussi bien pour le jeune seigneur qui venait emplir ses poches d'épices insignifiantes que pour le petit clerc de procureur, qui, à ses heures de sortie, jetait un œil ardent par l'entre-bâillement de la porte. Les billets doux qu'on glissait sous les plateaux de sa balance ne parvenaient pas davantage à la faire rêver ; et n'était le risque de proférer le plus grand blasphème féminin qui se puisse ouïr, nous affirmerions presque qu'elle était à peine coquette. Mais n'allons pas trop loin. L'épicier Perreau, en qui les instincts du père étaient plus développés encore que ceux de l'épicier, — cela est à son honneur, — avait appris par la sagesse des nations qu'il n'y a pas de pire eau que l'eau dormante. Conséquemment il résolut de réveiller sa fille, et pour cela de la marier, dût son commerce d'épiceries en diminuer sensiblement et sa boutique en désemplir à vue d'œil. C'était un Parisien sérieux, ce Perreau, et un marchand de la vieille souche ; quand il eut arrêté ce plan dans sa tête, il n'alla pas chercher pour gendre un de ces blondins à canons et à rosettes, comme il s'en était déjà présenté plusieurs. Non, non, non ! il prit un épicier comme lui, un de ces hommes robustes et carrés des épaules, taillé dans le roc du peuple, et qui ont tant sué du front et des bras qu'ils en sont devenus glorieusement riches ; un de ces hommes enfin capables de rendre heureuse une femme en dépit d'elle-même. Ce gendre précieux s'appelait Louis Semitte.

La belle épicière ne fit pas de difficultés pour devenir madame Semitte. Epicière ici ou là-bas, peu lui importait ; elle ne vit dans ce mariage qu'un changement de comptoir. Elle obéit sans peine, sans plaisir. Quant à Semitte, dès le premier jour de son entrevue avec Gabrielle, l'amour l'avait terrassé ; lui qui jusqu'alors n'avait connu d'autres joies et d'autres peines que celles que procure le travail, il connut des joies et des peines telles qu'il n'en avait jamais soupçonnées. Il fit de sa femme une idole et il l'entoura de ses prosternations, de ses admirations, de ses élans sublimes et insupportables ; il l'aima de toutes les forces de sa belle âme de butor, lui traduisant un à un les sentiments nouveaux qui faisaient explosion en lui, dans ce pauvre et touchant langage des honnêtes gens sans éducation.

Les premières années de ce mariage ne furent troublées par aucun événement fâcheux. Gabrielle était devenue mère, mais elle gardait toujours cette froideur de marbre qu'elle avait dans la boutique de la rue Saint-Honoré. Son mari s'en désespérait et consumait son intelligence à vouloir pénétrer l'énigme qui, selon lui, se cachait sous ce masque indifférent. Inutilité ! le cœur a des replis qu'il ne livre jamais. Mieux eût valu pour Semitte, pour ce brave homme, s'en tenir éternellement à son commerce que de s'aller jeter étourdiment à la traverse des plus épouvantables mystères humains. Les sirènes ne conviennent pas aux hommes du peuple, — et c'était une sirène qu'il avait épousée, la plus dangereuse de toutes. Explique qui pourra, en effet, comment la belle épicière, l'ignorante jeune fille, la froide jeune femme, devint du jour au lendemain la plus furieuse et la plus impétueuse courtisane de Paris !

II.

O faiblesse des cœurs féminins ! ce fut un banquier qui, le premier, réussit à émouvoir cette Galathée. Le banquier sera-t-il donc toujours le véritable Pygmalion des sociétés modernes ; et faut-il se résigner à voir éternellement les oreilles les plus chastes et les plus fières se tendre au bruit des écus remués dans les poches ? Le banquier qui eut raison des cruautés de la belle épicière, s'appelait Goy : il était beau comme un coffre-fort, il ne fit pas longtemps antichambre à la porte de ses bonnes grâces. C'était d'ailleurs un homme qui possédait sa carte du Tendre sur le bout du doigt, et qui avait pris par l'hôtel des Monnaies pour arriver au temple de Gnide.

Quand un banquier va aux champs, il n'est pas rare de voir bientôt apparaître un second banquier, peut-être même un troisième. Ce fut ce qui advint dans cette circonstance. Le banquier Goy, en se retournant, trouva un beau soir sur ses talons le banquier Auger, qui le suivait régulièrement depuis une semaine. Tous les deux étaient en relations d'affaires avec l'honnête Semitte, tous les deux aussi *brûlaient* pour Gabrielle. Bientôt on ne vit plus que des banquiers aux genoux de la belle épicière.

Le mari se doutait de tout, mais il n'était sûr de rien. Ses principales affaires, qui consistaient dans le commerce de l'eau-de-vie en gros, l'appelaient souvent au dehors. Pendant ce temps-là, ce n'était dans sa maison que désordres et parties de plaisir ; les paniers de vin et les provisions couraient dans l'escalier, les éclats de rire s'échappaient par les portes subitement entr'ouvertes ; les domestiques faisaient fidèlement le guet, en comptant et recomptant les pièces d'or qu'avaient laissé pleuvoir sur eux les Jupin de la finance.

Un soir qu'il n'était pas attendu, Semitte rentra au logis. Sa servante, Catherine Labbé, avait tardé plus que de coutume à lui venir ouvrir la porte de la rue : aussi se dirigea-t-il tout droit vers la chambre de sa femme. Il trouva Gabrielle en déshabillé blanc, assise dans un fauteuil, au coin de la cheminée, et présentant à la flamme les pointes de deux jolies petites pantoufles roses. Semitte prit place mélancoliquement auprès d'elle, et resta quelques instants plongé dans le plus absolu silence. Depuis un an environ, la figure de ce pauvre homme n'était plus la même : elle était presque arrivée à la beauté de la douleur.

Sans le regarder, Gabrielle lui dit :

— Qu'avez-vous donc ce soir ?

— Rien, répondit-il du son de voix le plus naturel ; notre fille est-elle couchée ?

— Oui.

Il tisonna pendant plusieurs minutes ; ensuite il appela Catherine Labbé, la servante.

— Vous servirez à souper ici.

— Dans ma chambre? fit Gabrielle d'un air étonné.

— Faites ce que je vous dis, ajouta Semitte.

Pendant que l'on dressait la table, il s'informa auprès de sa femme si *son ami* Goy était venu.

— Votre ami Goy, répondit-elle, est venu dans la journée; il a paru affecté de ne pas vous voir, et il a dû repartir sur-le-champ pour Versailles, afin de traiter de votre charge au serdeau du roi.

— Et *mon ami* Auger? demanda-t-il encore.

— Ne l'avez-vous pas rencontré au détour de la rue? Il sort d'ici; en vous sachant absent, il n'a pas voulu s'attarder.

Elle jouait avec ses pantoufles roses.

Le couvert était mis. Semitte convia Gabrielle à lui tenir société; mais, en dépit des efforts qu'elle fit pour ramener la gaieté dans cette chambre, le souper fut des plus tristes. Semitte mangea et but peu. Au dessert, sa femme essaya de le plaisanter sur cette disposition chagrine de son esprit.

— Avouez une chose, lui dit-elle en déployant la malice de ses beaux yeux.

— Laquelle, Gabrielle?

— Avouez que vous êtes jaloux.

— Jaloux! s'écria Semitte en riant par toutes les plaies de son âme, — car ce que le pauvre homme craignait le plus au monde, c'était le ridicule; — non, je ne suis pas jaloux et ne le serai jamais, continua-t-il en contenant mal un accent d'amertume.

— Oh! jamais, fit la belle épicière en hochant la tête avec une mutine expression d'incrédulité.

— Voulez-vous que je vous en signe l'assurance?

— *Gage que non!*
— *Gage que si!*

(Tous ces mots du langage familier, que je reproduis avec le plus grand scrupule, devaient être répétés quelques ans plus tard devant la justice.)

— Oh! pour la rareté, mon cher mari, je veux voir si vous soutiendrez....

Et se levant, Gabrielle se dirigea vers un meuble; puis elle revint avec du papier et de l'encre.

— Folle! murmura Semitte, en regardant l'éblouissant sourire qui courait sur la pourpre de ses lèvres.

— Vous hésitez? demanda-t-elle.

Semitte, toujours la dévorant du regard, prit la plume qu'après l'avoir trempée dans le coton imbibé d'encre elle lui offrait.

— Tenez! lui dit-il, voyez comme j'hésite.

Elle s'appuya sur son épaule.

Semitte respirait à peine sous ce faix délicieux. Sa main tremblante et comme égarée traça, presque sous la dictée de Gabrielle, la plus extraordinaire et la plus invraisemblable des permissions qu'un mari puisse octroyer à sa femme.

La voici :

« Je permets à ma femme de faire avec qui elle voudra... *Vous m'entendez bien.* »

C'était alors le temps de ces vaudevilles qui couraient dans le monde avec ce refrain : *Vous m'entendez bien.*

Il signa.

— Es-tu convaincue maintenant? dit Semitte.

— Et la date? répliqua Gabrielle.

— A quoi bon?

L'enchanteresse s'appuya plus fort sur son épaule.

— Allons! fit Semitte enivré; et il ajouta : « Paris, le 4 janvier 1688. »

Ici laissons parler le procès-verbal.

« A peine a-t-il achevé d'écrire, que Gabrielle se jette sur le papier, l'enlève et fuit en riant aux éclats. Le mari, qui croit qu'elle folâtre, se borne à lui dire : *Vous êtes une badine, jetez ce papier au feu*. Gabrielle serre précieusement l'écrit et revient l'instant d'après, en assurant que ce papier est brûlé. Elle s'imagine que cette permission, écrite et signée par son mari, peut la mettre à l'abri de ses reproches et de ses poursuites. »

A partir de cette décisive soirée, la belle épicière jugea inutile de se contraindre; elle donna l'essor à ses intrigues, et Semitte vit percer dans le public le fruit de son déshonneur. Depuis longtemps, en lui, la corde de l'irritation était tendue à rompre : il se détermina à rendre plainte par-devant le lieutenant-criminel. On procéda à l'information, et Gabrielle, qui s'était retirée chez son père, fut décrétée de prise de corps.

Les dépositions de Catherine Labbé et de plusieurs autres domestiques furent accablantes pour elle. Vainement exhiba-t-elle la dérisoire permission signée par Semitte, vainement essaya-t-elle de rejeter tous les torts sur lui, — quelque spécieuse que fût sa défense, Gabrielle, par sentence du Châtelet du 17 février 1693, déclarée dûment atteinte et convaincue d'adultère, fut condamnée à être enfermée dans une maison religieuse pendant deux ans, et, — dans le cas où son mari refuserait de la recevoir à cette époque, — à être rasée et détenue toute sa vie. Cette sentence ordonna en outre que sa dot, ses douaires, préciput et autres avantages portés par son contrat de mariage, demeureraient adjugés au profit de sa fille. Gabrielle eut beau interjeter appel, elle fut forcée d'entrer dans le couvent des Bénédictines de la rue des Postes, — et Semitte crut pouvoir respirer.

Mais, par malheur, de tout temps les verrous et les grilles n'ont fait qu'irriter les amoureux en portant un défi à leur imagination ; cet axiome : *rien n'exalte comme le danger* est devenu, depuis une ère immémoriale, la devise des soldats de Cythère. Au couvent des Bénédictines, Gabrielle trouva le moyen d'entretenir des relations avec le banquier Goy, le plus obstiné des banquiers, certainement. La supérieure ferma les yeux sur ses nombreuses visites au parloir; mais le mari en fut informé : il s'arma de toute la rigueur de la justice, et un second arrêt, qu'il obtint le 27 septembre de la même année, fit transférer la belle épicière dans la prison de la Conciergerie.

Ce fut là que la belle épicière rencontra le fameux romancier Eustache Le Noble, qui y était alors détenu. Mais le rôle que cet homme joue dans cette histoire est trop important, pour que nous ne lui consacrions pas quelques pages spéciales destinées à jeter du jour sur ses antécédents.

III.

Pourquoi faut-il que nous allions si souvent réveiller sous les tables des cabarets ces écrivains dont les livres font notre gloire et dont la vie fait notre honte? Il semblerait que le génie ne dût errer que sur les bords de Blandusie ou dans les corridors somptueux de Versailles; qu'il dût ne s'offrir à nous que coiffé du laurier virgilien ou tout au moins du feutre à plumes blanches, dont le brin valait cent pistoles. Pourquoi faut-il que les haillons de Saint-Amand, — un de ceux qui n'ont que leur ombre pour tout laquais, selon l'expression de la Fontaine, viennent si cruellement dédorer nos rêves de grandeur poétique? Heureux encore lorsque nous n'avons pas à aller chercher dans un lit d'hospice ou, comme aujourd'hui, sur le seuil d'une prison, l'homme de nos émotions et de notre enthousiasme!

Parmi la troupe un peu confuse des romanciers du XVIIe siècle, Eustache Le Noble, dont le nom devait peser si peu dans le creux de la main de la postérité, a droit premier rang. Ses *Promenades* et ses *Aventures provinciales* sont remarquables par l'aisance et la bonne humeur. Cependant il n'a laissé qu'un nom dégradé, qu'une mémoire avilie. Indulgente pour les piperies de maître François Villon, ce joyeux courtisan de la potence, la critique n'a jamais éprouvé qu'horreur et mépris pour les faux actes d'Eustache Le Noble, procureur général et coureur de tripots. D'où vient une partialité semblable?

Les événements de cette vie, si brillante et si fortunée à son début, — si désordonnée, si dramatique et si criminelle à son milieu, — et enfin si misérable à son dénoûment, — ces événements-là, disons-nous, frapperont d'autant plus les intelligences, que rien des égarements de l'auteur ne se trahit dans ses ouvrages, que rien de pervers ou d'immonde ne coule de sa plume, et que l'on pourrait croire avec l'auteur du *Myosotis* que son âme endormie n'a été ni complice ni témoin de ses erreurs.

. . . .

Eustache Le Noble était un Champenois, comme tant d'autres personnages de mérite qui ont suffisamment discrédité le dicton populaire que l'on sait. C'était un Champenois de Troyes, comme Jean Passerat, le poëte des élégances latines, comme le cardinal de Bérulle, comme le statuaire Girardon, comme le peintre François Desportes, ce même peintre qui, ayant été traité avec hauteur par un riche parvenu, lui répondit : « — Quand je voudrai, je serai ce que vous êtes, mais vous ne pourrez jamais être ce que je suis. » Eustache Le Noble naquit en 1643 ; il était baron de Tenelière et de Saint-Georges. Il descendait de Guillaume Le Noble, ancien baillif d'Arval, charge qui ne se donnait qu'à la noblesse. Son aïeul était conseiller au grand Conseil et fut conseiller d'État ; son père était président et lieutenant général à Troyes.

Du côté de la fortune, Eustache n'avait pas été moins bien favorisé que du côté de la naissance. Il pouvait à son gré faire éclore en un instant, dans la serre chaude de la richesse, les fleurs les plus merveilleuses de son caprice et de son désir. Cependant il ne s'attacha d'abord — et l'on crut pouvoir en tirer un bon augure — qu'à cultiver la fleur qui ne coûte rien, celle qui s'épanouit aussi bien sous les larmes que sous les éclats de rire, — la fleur de poésie, — si diverse et toujours si belle, rose chez les uns, tulipe chez les autres, violette chez ceux-ci. Il mit son cœur en stances, et, comme la plupart des poëtes, il chanta ses premières amours avant d'avoir eu des amours. Sa facilité et sa verve étaient surprenantes ; il avait surtout cet esprit foudroyant qui devine autant qu'il apprend, et cette impatience de la vie qui mène aux choses grandes ou terribles, admirables ou coupables. Ainsi dès qu'il se mit à vivre, n'eut-il rien à savoir, il n'eut qu'à vérifier. La vérification mène loin, elle le mena jusqu'à la corruption ; et, une fois acquis à la corruption, Eustache Le Noble ne se sentit plus la force de faire un pas en arrière.

Il était beau. Il aimait le plaisir par-dessus tout, le plaisir sous quelque forme et sous quelque nom qu'il se présente, splendide ou trivial, dans une coupe d'or ou dans un gobelet d'étain, sur les lèvres de Guillemette ou de dame Rose. Il était avide de plaisir, que ce plaisir fût fait de silence ou de bruit, qu'il s'appelât la chanson ou le tête-à-tête, qu'il sortît d'un cornet sous les angles d'un dé, ou qu'il étincelât sous une paupière à demi close. Il fit flamber ses passions au double feu de sa poésie et de sa jeunesse, — et je m'étonne qu'au milieu de toutes ces frénésies sans relâche, on ait eu le temps de faire de lui un procureur général au parlement de Metz. La vérité est pourtant qu'il se réveilla, un beau matin, magistrat, comme son père, comme son grand-père, comme son aïeul, comme tous les Le Noble enfin. Ou je me trompe fort, ou ce dut être pour lui l'occasion d'un rondeau burlesque, ce jour-là.

Eustache Le Noble continua, au parlement de Metz, sa vie de casseur de pots et d'enfileur de rimes. Il attira en outre sur lui plus d'attention que besoin n'était, par quelques anecdotes de séduction dont les bourgeois effarouchés firent un vilain bruit. Les créanciers, qui sont de tous les temps et de tous les pays, entrèrent dans le concert et menacèrent d'un mauvais parti M. le procureur général, s'il ne mettait à l'avenir un peu plus d'eau dans son vin et de prose dans ses vers. Bien que sa nature expansive et champenoise jusqu'au pétillement dût en souffrir de la plus cruelle sorte, Le Noble se résigna à agrafer un manteau sombre sur ses vices trop resplendissants. Sa seconde jeunesse s'écoula ainsi, entre les nécessités de sa charge et les sourdes fredaines que permet seules une ville de province, dans une incessante contrainte, — du fardeau de laquelle il ne se débarrassa que par un crime.

Comment un poëte, comment un homme issu d'une famille opulente et sans souillure, comment Eustache Le Noble put-il se déshonorer jusqu'à faire de faux actes? Par quelle succession de déréglements arriva-t-il à cette limite extrême où l'homme de talent s'efface pour ne laisser voir qu'un vulgaire coquin? C'est ce que nous n'avons pas le courage de chercher à expliquer. Que de bouteilles vidées, que de nuits enflammées n'a-t-il pas fallu pour aboutir à ce résultat? — Eustache fut conduit à Paris et enfermé au Châtelet. On le condamna à l'amende honorable et à un bannissement de neuf ans.

Il appela de cette sentence. Plusieurs personnes considérables s'intéressaient à lui, et les femmes, qui n'estiment que comme peccadilles les fautes commises à leur intention, n'étaient pas les dernières à plaider chaleureusement la cause de *ce pauvre romancier*. On rappelait ses titres littéraires, un joli poëme de *Fradine ou les Ongles coupés*, et cet autre, les *Noyers*, qui avait obtenu l'approbation du célèbre Boileau-Despréaux, le lieutenant-criminel du Parnasse. A la cour, c'était sa famille qu'on mettait en avant ; dans les ruelles, c'était sa figure, c'était le tour galant de son esprit. Eustache Le Noble eut bientôt une foule de partisans. En attendant qu'on statuât sur son appel, il fut transféré à la Conciergerie.

La Muse était revenue à lui dès qu'elle l'avait vu sous les verrous. Les refrains cyniques du débauché l'avaient éloignée, les larmes solitaires du prisonnier la ramenèrent. C'est en prison que Le Noble a composé ses œuvres les meilleures et les plus vivantes, ses aventures de ville et de campagnes, égayées de petits vers souriants et frisés comme des cupidonneaux. On admire cette bonté qui est un des principaux caractères de ses romans, cette limpidité, ce raisonnement tranquille et juste, ce bonheur de mémoire, cette diversité sans effort; — on admire ce calme et cette force, en présence de cette vie tourmentée et grosse encore de nuages sinistres.

Eustache Le Noble n'était pas enfermé avec les malfaiteurs ordinaires; il était logé dans une des dépendances de la Conciergerie qu'on appelait alors la *Pension,* et il avait la liberté de voir à son gré les autres pensionnaires. Ses manières enjouées, sa conversation brillante, ne tardèrent pas à lui concilier les sympathies de ses compagnons d'infortune, lesquels d'ailleurs n'avaient pas, je le suppose, le droit de se montrer exigeants. Il avisa parmi eux un certain Carillon, homme d'aventure et de professions variées; Le Noble fit de Carillon son confident et lui raconta la tragédie de sa vie, entremêlée de sonnets langoureux et de triolets badins, de satires politiques et de traductions des Psaumes, — car la tête de cet homme était organisée comme pas une. Il lui lut ensuite quelques chapitres inédits des *Mémoires du chevalier Baltazar* et il le pria d'exprimer une opinion touchant son *Histoire du détrônement de Mahomet IV.* Carillon, à qui le commerce des neuf Muses était le seul commerce qui lui fût absolument inconnu, se laissa benoîtement initier aux choses de la littérature et il se prit d'une admiration telle pour ce poétique faussaire, qu'au bout de quelque temps Carillon et Le Noble étaient devenus les synonymes d'Euryale et de Nisus.

Un jour qu'ils se promenaient ensemble dans la cour de la pension, en rêvant aux beaux dîners qui se faisaient sans eux au cabaret du Céleri d'or, ils virent entrer une femme vêtue avec luxe, jeune encore, gracieuse et faite à ravir. Les deux amis pressèrent le pas et manœuvrèrent de façon à se trouver en face de la nouvelle venue, qui à leur approche s'était mise à jouer de l'éventail.

Dès qu'il l'eut envisagée, Carillon serra le bras d'Eustache Le Noble et laissa échapper une exclamation de surprise.

— Qu'est-ce que tu as ? demanda Le Noble ; connaîtrais-tu cette personne, par hasard ?

— Belle demande ! dit Carillon.

— Ah ! mon ami, je brûle déjà de savoir qui elle est ; ses yeux ont une puissance à laquelle mon cœur ne saurait résister.

— Voilà un cœur tombé en de belles mains ! dit Carillon en riant.

— Tu redoubles ma curiosité ; apprends-moi le nom de cette déesse.

— Eh ! parbleu ! mon pauvre Le Noble, c'est *la belle Épicière.*

— La belle épicière ?

— Est-ce que tu n'as jamais entendu parler à Paris de la fameuse Gabrielle ?

— Jamais, répondit Eustache Le Noble tout à fait intrigué.

En ce moment, la belle épicière venant à l'encontre des deux prisonniers, Carillon, baissant la voix, acheva à l'oreille de Le Noble la confidence qu'il avait commencée.

Le récit que nous venons de faire était indispensable pour aider à comprendre l'étrange liaison qui devait s'établir si fatalement entre Gabrielle et Eustache, ces deux êtres, beaux tous deux, tous deux mariés, tous deux criminels et tous deux insatiables.

V.

Dans la *Pension* où ils avaient le loisir de se voir aux heures de promenade, Eustache et Gabrielle, entraînés l'un vers l'autre par leur réputation, ne tardèrent pas à échanger de tendres aveux. Eustache n'était plus jeune cependant, si du moins l'on appelle *n'être plus jeune* le fait d'avoir usé un certain nombre d'almanachs et de voir quelques cheveux gris se mésallier aux noirs ou aux blonds. Mais lui ne comptait pas de cette manière ; il mesurait sa jeunesse aux bouillonnements de son cœur et aux vibrations de son cerveau, et, sentant toujours battre l'un et s'exalter l'autre, il disait : — J'ai encore vingt ans !

Il en avait plus de quarante, toutefois. A vrai dire, personne n'eût songé à les lui donner, et lui moins que tout autre eût songé à les accepter. L'orgie elle-même, qui lime ce qu'elle n'entame pas du premier coup de dent, l'orgie semblait avoir renoncé à ses droits sur ce tempérament de fer.

Eustache Le Noble devint le conseiller de Gabrielle. Il rédigea pour elle plusieurs mémoires justificatifs, tendant à faire croire que Semitte lui avait pardonné et ne désirait rien tant que de la recevoir au domicile conjugal.

Sur ces entrefaites, M. Le Nain, rapporteur, descendit à la Conciergerie pour faire la visite des prisonniers ; la nommée Boursier, concierge, lui présenta Gabrielle, qui se jeta à ses pieds, fondit en larmes et assura, avec mille serments, qu'elle était réconciliée avec son mari. Le rapporteur, touché des larmes de cette belle personne, rédigea un rapport, en vertu duquel il lui fut permis de se retirer au couvent de Notre-Dame de Liesse, pour faire preuve de sa réconciliation sous trois mois.

C'était précisément ce que le poëte et la belle épicière désiraient. Leur but commun était de s'évader par les moyens les plus prompts et de se réunir ensuite dans un endroit ignoré, pour y vivre de la vie amoureuse et obscure. Les rêves idylliques sont principalement l'apanage des amours coupables.

Une fois Gabrielle hors de la Conciergerie, Eustache Le Noble se creusa la tête afin de découvrir, tant pour elle que pour lui, des moyens d'évasion, des ruses romanesques aisément transportables dans la vie réelle. Il en avait déjà rejeté une vingtaine comme trop héroïques et dignes seulement d'un héros de La Calprenède, lorsqu'il vit venir à lui son intime Carillon, qui se frottait les mains en signe d'allégresse, et dont le visage entier exprimait une satisfaction souveraine.

— Félicite-moi ! s'écria Carillon en se campant à trois pas devant lui ; mon innocence a été définitivement reconnue.

Le Noble le regarda d'un air ahuri et répéta machinalement :

— Ton innocence ?

— Eh ! certainement oui, mon innocence. Ne dirait-on pas que ce mot t'écorche les lèvres ? En d'autres termes, je suis libre et je viens te faire mes adieux.

— Tu es libre, Carillon ? dit Eustache avec vivacité.

— Libre comme l'oiseau au moment où il va déployer ses ailes..... Tiens ! voilà pour le moins une phrase que je t'ai volée quelque part.

— Et tu peux aller partout où bon te semble ?

— Partout.

— Même au couvent de Notre-Dame de Liesse ? ajouta-t-il à voix basse.

— Pourquoi pas ? répondit Carillon, de l'air d'un homme qui entend à demi-mot.

— Ah ! mon cher Carillon !

La conversation amenée sur ce terrain se continua par

des instructions secrètes qu'Eustache Le Noble prodigua à son confident, lequel promit de mettre tout en œuvre pour favoriser l'évasion de la belle épicière. Ils se séparèrent ensuite avec les plus grandes démonstrations d'amitié, et convinrent du moyen de se donner de leurs nouvelles réciproquement.

Carillon, ainsi que nous l'avons fait entendre, était doué de plusieurs sortes d'intelligence, ce qui lui permettait de diversifier les services qu'il pouvait rendre à ses semblables. L'affection désintéressée qu'il portait à Eustache le fit passer sur ce que son rôle en cette circonstance offrait de délicat et de périlleux. Il n'en était pas d'ailleurs à ses premiers démêlés avec la justice; il fit ce que l'amitié lui prescrivait de faire, et il ne s'inquiéta pas d'autre chose.

Un soir du mois de décembre 1694, Gabrielle trouva la porte du couvent ouverte. Elle s'échappa dans les ténèbres, et, au bout de quelques pas, elle rencontra Carillon, qui l'attendait en se promenant de long en large à peu de distance d'une voiture.

— Est-ce vous, belle Gabrielle? lui demanda-t-il.

— Oui.

— En ce cas, montez vite; nous n'avons pas une minute à perdre.

Le cocher piqua ses bêtes. Une bande de dix hommes à cheval et armés se distribua aux portières, et l'on partit en toute hâte.

— Mon Dieu! quels sont ces hommes? demanda avec effroi Gabrielle.

— Rassurez-vous, répondit Carillon, ce sont des gens dévoués qui ont consenti à nous servir d'escorte, au cas où nous serions inquiétés sur la route. L'un d'eux est votre beau-frère Joseph Alix, un autre est Charles Passy, l'ami de votre père; quant au reste, ce sont tous gens de qualité de moi connus. Croyez-moi, ce n'est pas une précaution inutile.

Les roues du carrosse, soigneusement enveloppées, roulaient sur le pavé sans éveiller aucun bruit.

— Écoutez! dit tout à coup Carillon en tendant l'oreille.

— Qu'est-ce donc? interrogea Gabrielle, toute tremblante.

— Que vous disais-je? l'alerte est donnée au couvent; entendez-vous?...

Malgré la distance, en effet, les sons clairs d'une cloche arrivaient jusqu'aux fuyards.

— Bah! ajouta Carillon, nous avons une lieue d'avance.

Le cortége arriva, sans mauvaise rencontre, dans un des faubourgs les plus retirés de Paris, où Carillon avait pris le soin de louer un appartement au nom de madame *Le Gentilhomme*. C'était un esprit ingénieux, ce Carillon.
— Pendant plusieurs mois, Gabrielle ne mit pas le pied hors de cet appartement; mais ayant appris que Semitte avait obtenu la permission d'informer de son évasion, et qu'il était parvenu à la faire décréter de prise de corps, ainsi que Joseph Alix et Charles Passy, elle en conçut de vives craintes. Elle comprit bien que si elle était reprise, ce ne serait plus un couvent qui lui servirait de refuge, et que, dans la nouvelle prison où on l'enfermerait, elle ne pourrait plus communiquer avec son cher Le Noble. Pour ces raisons elle se détermina à quitter Paris.

Elle alla d'abord en Flandre. La Flandre était, en ce temps-là, un pays de cocagne et de galanterie. Gabrielle alla joindre la garnison de Tournay, avec des lettres de recommandation d'Eustache Le Noble. Sa beauté fit beaucoup de bruit dans cette ville, mais il ne paraît pas que sa conduite ait donné lieu à aucun reproche. Sa passion pour le poëte l'avait-elle métamorphosée entièrement? Il est permis de le croire. — Vêtue d'une robe simple, la belle épicière en était réduite, pour vivre, à vendre publiquement les ouvrages d'Eustache Le Noble, que Carillon lui faisait passer. Il y avait dans son infortune tant de dignité audacieuse qu'elle commandait la pitié, presque le respect.

Gabrielle resta trois mois en Flandre, au bout desquels un billet sans signature lui disait de revenir secrètement à Paris et de descendre la nuit, rue du Coq-Saint-Honoré, numéro 5.

V.

Eustache Le Noble, que nous avons laissé seul à la Conciergerie, comptait parmi ses protectrices, — et il en avait beaucoup, — une fière demoiselle, dont les indiscrètes chroniques du temps ont murmuré le nom, mademoiselle D***, la fille de l'agréable auteur de *l'Idylle à mes moutons*. Mademoiselle D***, qui pouvait avoir vingt-cinq à vingt-huit ans, tenait de sa mère une beauté mâle et peu en rapport avec l'harmonie pastorale de son nom. Il n'y avait pas d'ailleurs que sa figure qui contrastât avec ce nom, éclos d'un soupir de chalumeau; ses goûts et son caractère étaient bien plutôt ceux d'une amazone que d'une bergerette, d'une Thalestris que d'une Sylvanire. — Mademoiselle D***, qui avait envoyé paître depuis longtemps les moutons maternels, s'était éprise d'un amour exagéré pour Eustache Le Noble, auquel elle venait rendre des visites plus fréquentes qu'un intérêt de condoléance ne l'exige. Celui-ci s'était promis de mettre à profit cet amour, et il avait communiqué à la romanesque personne ses projets d'évasion. L'idée de tremper dans une aventure de ce genre, et que cet homme lui devrait peut-être la liberté, sourit à mademoiselle D*** ; elle arrêta que, dans l'après-midi du prochain vendredi d'avril, elle viendrait lui apporter un costume pour faciliter sa fuite. Elle refusa de s'expliquer clairement sur ce costume.

Le plus difficile était d'éloigner ce jour-là le concierge Boursier, dont la méfiance n'avait d'égale que l'incorruptibilité. Quant à sa femme, elle était toute acquise à Le Noble, et l'on pouvait compter sur une cécité presque absolue de sa part. A force de rêver, mademoiselle D*** finit par trouver le défaut de la cuirasse du concierge, et le trait qui devait atteindre ce défaut. — Boursier était fou de spectacle ; elle lui procura une entrée pour le théâtre des comédiens Italiens. En conséquence, le vendredi convenu, vers quatre heures, la fille de madame D*** se rendit auprès d'Eustache Le Noble ; elle avait une robe de toute beauté et des fontanges argent et jaune.

Dès qu'il l'aperçut :

— Et ce costume? demanda-t-il.

— En voici d'abord les accessoires, répondit la demoiselle en posant sur la table deux pistolets chargés.

— Bien, cela. Mais après?

— Après... dit-elle en hésitant et en rougissant jusqu'à la racine de ses cheveux noirs.

— Oui, après?

— Croyez-vous que les fontanges iraient mal à votre physionomie?

— Ah ! s'écria Le Noble qui devina,

En un instant, la main de mademoiselle D*** fut couverte de baisers.

Et l'on se déshabilla...

A six heures, au mois d'avril, le crépuscule est assez épais pour empêcher de bien distinguer une physionomie. Habillé d'une irréprochable façon, la tête couverte d'un voile et masquée en outre par la demi-lune d'un éventail, les pieds chaussés de souliers de mouton avec bouffettes, le romancier, sur l'appel des guichetiers, sortit de la chambre numéro 7, qu'il occupait. Il traversa sans aucune marque d'indécision la cour des pensionnaires, et il se dirigea vers la porte ; — un instant de plus, et il était libre. Mais au moment où il allait dépasser le fatal guichet, comptant sur la complicité de la concierge, il vit entrer le terrible Boursier lui-même. Eustache Le Noble n'eut que le temps de se rejeter dans la cour. Là, collant son oreille au vitrage, il entendit Boursier raconter comme quoi les Italiens avaient cru devoir faire relâche, en présence du peu de spectateurs attirés par la comédie nouvelle.

— Allons ! dit-il à sa femme, donne-moi ma lanterne, je vais faire ma ronde.

Le Noble frémit à ces paroles. Il regarda autour de lui d'un air désespéré ; la cour n'avait aucun angle propre à le dissimuler aux yeux du concierge. Une seule voiture était là ; c'était la voiture qui partait tous les matins pour aller chercher dans les diverses prisons de Paris les prisonniers qui devaient être jugés dans la quinzaine, ce que l'on appelle vulgairement le *panier à salade.* — Il se jeta dedans, au moment où Boursier sortait de chez lui, sa lanterne à la main.

Boursier se contenta de faire quelques pas au dehors ; la voiture échappa heureusement à son attention.

Il rentra après avoir mis les verrous à la porte de la cour, et s'être assuré de la solidité des gonds.

Eustache Le Noble ne pouvait plus ni fuir, ni rentrer dans sa chambre. D'ailleurs la voiture de transport avait fait naître dans son esprit une lueur d'espérance et il se résigna à passer la nuit dans cette incommode cellule, au milieu des angoisses les plus vives, réveillé en sursaut à chaque instant par les cris des sentinelles.

A la pointe du jour on vint mettre les chevaux. Le Noble sentit son cœur prêt à défaillir.

Le postillon sifflait autour de la voiture ; tout à coup, l'idée vint à ce postillon d'ouvrir la portière : il sentit une certaine résistance, il tira plus fort à lui ; la portière ne cédait pas.

— Oh ! oh ! murmura-t-il, voilà qui est drôle ! Il faut que j'appelle Boursier.

A ces mots, Eustache Le Noble sentit que tout était perdu s'il n'agissait avec énergie.

Il entre-bâilla la portière, de façon à laisser tout juste passage à une bourse et à un pistolet.

Le postillon hésita une demi-seconde. Il se décida à prendre la bourse, et le pistolet rentra dans la voiture.

A six heures moins un quart, le *panier à salade* sortit de la Conciergerie sans exciter aucun soupçon. A six heures, il était engagé dans le quartier des Arcis ; et Eustache Le Noble profitait d'un embarras de charrettes pour mettre pied à terre et se perdre dans les rues tortueuses qui avoisinaient Saint-Jacques-la-Boucherie.

Le lieutenant-criminel fit amener devant lui mademoiselle D*** et lui adressa de sévères remontrances. — Quant au fugitif en fontanges argent et jaune, il se fit conduire en chaise jusque dans l'allée bâtarde d'une maison de la rue du Coq, portant le numéro 5; et le soir de ce même jour, il se trouvait dans les bras de la belle épicière.

VI.

Eustache et Gabrielle tenaient donc entre leurs mains le rêve tant souhaité ! Ils étaient libres et réunis ; ils allaient pouvoir se retremper dans une vie de travail et d'amour. Un horizon étroit et mystérieux, mais débordant de félicités, se dévoilait à leurs regards lassés par une succession de tempêtes. Que de magnifiques romans allait écrire Le Noble, que de comédies bouffonnes, que de tendres verselets aux yeux d'Iris, — Iris, c'est-à-dire Gabrielle ! — Il pourrait donc enfin réaliser le désir de sa vie entière et vivre exclusivement de la vie des poëtes aux genoux de sa Gabrielle, — Gabrielle, c'est-à-dire Iris.

Au milieu de leur première extase, ils n'oublièrent pas les précautions infinies dont il leur fallait s'entourer. Ils prirent le nom de monsieur et madame de l'Isle. Eustache Le Noble avait le goût des ajustements élégants : il dut revêtir le costume des gens du peuple et s'astreindre à ne se montrer en aucun lieu de belle compagnie. Gabrielle ne sortit que le soir. — La rue du Coq leur parut trop fréquentée, ils allèrent loger rue Saint-Joseph. — Eustache travaillait huit à dix heures par jour, et recevait cent pistoles par mois de ses libraires.

Cela alla bien les premiers temps. Mais isolez donc entièrement du monde et des événements extérieurs un écrivain, et surtout un écrivain tel que Le Noble ! Dès que ces hommes d'agitation et de dissipation n'absorbent plus, ils ne donnent plus. Ils ont besoin de renouveler leur provision intellectuelle. Moins que tous les autres, les écrivains de cinquante ans ont le droit de vivre à l'écart.— Eustache Le Noble se relâcha peu à peu ; dès qu'il sentit le travail lui devenir pénible, il s'absenta pendant des journées entières, il se mêla aux oisifs de la rue et du cabaret, prenant part aux affaires du temps et de la politique. Jadis il se souvint qu'il avait été un pamphlétaire fort remarqué et que ses *Dialogues* périodiques avaient obtenu en 1689 un grand succès; il voulut recommencer ses *Dialogues,* et il abandonna la proie d'un gain modique, mais assuré, pour courir après l'ombre d'un bénéfice hasardeux.

Gabrielle avait toute confiance en lui, car il était un de ces hommes qui dominent et qui aveuglent, et elle était assurée que tout ce qu'il faisait était bien fait. L'idée de lui adresser des remontrances ne pouvait donc pas lui venir, elle ne savait que l'encourager lorsqu'il était abattu. — Puis, comme la verve de Le Noble avait ses intermittences et que ces intermittences le conduisaient plus que de raison au cabaret, elle savait trouver pour lui de ces excuses naïves que Dieu met seulement au cœur des femmes aimantes. Qu'il rentrât tôt ou tard, dans le silence de la nuit ou aux lueurs tristes du matin, il était toujours sûr de rencontrer l'accueil souriant d'un beau visage. — En ce temps-là, tous les deux quittèrent la rue Saint-Joseph et allèrent s'installer dans la rue de la Lune. Eustache Le Noble emprunta le nom de Desnoyers, écuyer.

Tous les moyens lui étaient à peu près bons pour se procurer de l'argent. Ce fut ainsi qu'il publia son ouvrage du *Dégoût du monde* sous le nom de M. de Mauroy, curé des Invalides. L'abbé de Mauroy avait eu le malheur de tomber dans les erreurs les plus grandes, mais il en avait fait une pénitence austère dans l'abbaye de Sept-Fonds. On pense bien qu'un livre portant son nom devait obtenir du succès ; il en obtint, en effet, mais la justice ne tarda pas à intervenir dans cette spéculation pleine d'effronterie, et le nom de M. de Mauroy dut disparaître du *Dégoût du monde*. — Toutefois, le volume avait eu le temps de faire son chemin sous cette rubrique ; il fut réimprimé deux fois à Paris et trois fois en Hollande. Eustache Le Noble n'en avait pas tant souhaité.

Il n'avait conservé de son ancienne opulence que les grandes habitudes et les façons seigneuriales. Ainsi n'était-ce pas rare de lui voir, au bout du mois, jeter superbement ses cent pistoles dans quelque régal hors de la ville, avec sa maîtresse, ou dans quelque partie sur l'eau. Gabrielle avait alors un jour de bonheur, qui effaçait tous les jours d'inquiétude.— N'est-ce pas une chose étrange que la régénération de cette femme dans une affection coupable, que ce dévouement dans cette abjection ? Que n'eût pas donné le pauvre Semitte pour vivre un des jours les plus misérables de ce misérable ménage, et pour retrouver dans cette humble et courageuse personne la froide, la hautaine, la coquette Gabrielle d'autrefois! — Hélas ! il est des femmes de qui le cœur n'a jamais été connu de leurs maris!

Nous ne nous évertuerons pas à suivre les deux amants dans tous les hasards de cette malsaine existence, à travers les différents quartiers où ils plantaient leur tente en lambeaux. — Semitte faisait toujours chercher sa femme dans Paris, mais lorsque les espions qu'il avait mis après elle croyaient être sur sa trace et arrivaient au gîte indiqué, c'était pour apprendre qu'elle en était partie depuis la veille. Ce manége dura près de quatre ans. On la saisit enfin rue du Foin, chez la nommée Coquelin, gargotière; on l'arrêta pendant l'absence de Le Noble et on la conduisit à la Salpêtrière.

Tel fut le dénoûment prévu de ce roman de cape et d'épée, qui résume tout un côté des mœurs du dix-septième siècle, c'est-à-dire l'héroïsme dans le crime, la chevalerie dans la bourbe. — Eustache le Noble reçut un coup terrible de cette séparation. C'était son dernier amour qu'on lui avait arraché. Il erra plusieurs jours et plusieurs nuits par la ville, sans prendre les précautions que lui commandait sa propre sûreté. Gabrielle était le seul lien par lequel il se rattachât encore, quoique faiblement, à la vie régulière. A partir de cet événement, il se laissa aller au découragement et à la lassitude. — Il composa contre Semitte une multitude de libelles dans lesquels il l'appela tour à tour le *Marquis de Gingembre*, le *sot M. Canelle*, le *muscadier Actéon* ou le *fameux Cornificius*. On n'a pas d'idée de cette folie et de ce débordement d'injures. Mais depuis longtemps le public ne prenait plus aucun intérêt aux aventures de la belle épicière, — réputation évanouie, beauté oubliée !

Après plus d'un an, Eustache Le Noble, ayant appris qu'elle devait être transférée de la Salpêtrière à la Conciergerie, pour être jugée définitivement, résolut de tenter un suprême effort. Il se mit avec plusieurs hommes armés, sur le chemin qui conduit de l'hôpital à Paris. Mais Semitte, qui avait prévu cet enlèvement, l'empêcha en faisant accompagner l'huissier chargé du transport par un de ses amis, à la tête de huit ou dix archers, qui tinrent les ravisseurs en respect et leur firent manquer leur coup.

Ce fut la dernière tentative d'Eustache Le Noble pour se rapprocher de celle qui l'avait tant aimé. Lui-même était serré de près par la justice. Il finit cependant par obtenir des lettres de rappel de ban, à la condition de n'exercer aucune charge de judicature.

VII.

Le dix-huitième siècle, que plusieurs philosophes d'aujourd'hui osent franchement appeler le grand siècle, venait de commencer; — il commençait un peu tristement, tenu en bride par les pères jésuites. Les vieilles femmes régnaient toujours, les jeunes n'osaient pas encore montrer leur teint de lis et de rose; rien n'annonçait en un mot la venue de ces prodigieuses saturnales où la grâce et le luxe atteignirent aux splendeurs de la décadence païenne, où l'esprit se hissa jusqu'au génie, où tout se fit par l'Opéra, comme aujourd'hui tout se fait par la Bourse, où l'on eut une monarchie d'opéra, et même une religion d'opéra, — la religion de l'abbé Maury ! — Le dix-huitième siècle, bien qu'âgé déjà de plusieurs années, n'était pas à vrai dire encore advenu.

La littérature était sommeillante comme la cour ; les bons auteurs n'existaient plus.

Il n'y avait en réalité qu'un seul homme qui bataillât encore, au fond de son grenier, en l'honneur d'Apollon et de ses neuf demoiselles de compagnie : c'était Eustache Le Noble. Celui-là tenait vaillamment tête à l'indifférence publique et entassait romans sur romans, comédies sur comédies, traductions sur traductions. Il faisait paraître tous les mois des *Entretiens politiques* dont la collection complète forme aujourd'hui quatorze volumes ; il barbouillait des rames de papier avec cette rage qui prend la vieillesse au bord de la mort et de l'oubli.

C'était alors un homme de soixante-cinq ans environ. Il ne vivait plus que pour le travail et pour le cabaret. Quant à l'amour, il était mort en lui. Depuis bien longtemps il n'avait plus entendu parler et il ne s'était plus enquis de la belle épicière ; il savait seulement qu'elle était gagnée à Dieu, et qu'elle expiait dans les pratiques les plus rigoureuses de la religion les heures trop enivrées de sa jeunesse. — En présence de cette conversion dont tout attestait la sincérité, et avec cet instinct qui ne trompe pas, Eustache Le Noble avait compris que son rôle à lui était fini, et qu'il ne lui restait plus désormais qu'à rayer de sa mémoire le nom de cette femme, pour ne pas l'y profaner.

Gabrielle, en effet, ne lui appartenait plus, Gabrielle n'appartenait à personne. Un rayon d'en haut avait pénétré cette âme toute mondaine, et il lui avait été permis d'entrevoir le néant des passions de la terre : les larmes dont la retraite ouvre la source divine effaçaient chaque jour une tache de sa vie. Si bien que lorsqu'au bout de deux ans de réclusion, Semitte, vaincu par ces preuves de repentir, voulut profiter du bénéfice de la loi et reprendre sa femme avec lui — ce fut Gabrielle, à son tour, qui, résistant à toutes ses instances, déclara vouloir finir ses jours dans l'asile où la volonté céleste l'avait fait entrer. Les supplications de sa famille, comme celles de son mari, furent inutiles : il fallut céder devant cette inébranlable et louable vocation. Gabrielle demeura au couvent.

Eustache Le Noble, pour des raisons qu'on a toujours ignorées, n'avait pas quitté l'appartement de la rue du Foin, qu'il habitait avec la belle épicière au moment de l'arrestation de celle-ci. C'était une misérable chambre garnie, où le jour pénétrait avare et contristé.

Un soir que, par extraordinaire, la cheminée avait reçu un fagot, et qu'à sa flamme turbulente le vieil auteur réchauffait ses mains engourdies par le travail de la journée, il se laissa aller aux rêveries mélancoliques qu'amènent avec eux l'hiver et la pauvreté. Il récapitula sa vie honteuse ; et malgré lui se trouva sur ses lèvres cet amer couplet de Villon :

> Hé Dieu ! si j'eusse estudié
> Au temps de ma jeunesse folle,
> Et à bonnes mœurs dédié,
> J'aurais maison et couche molle.
> Mais, hélas ! je fuyais l'école,
> Comme fait le mauvais enfant.
> En écrivant cette parole
> A peu que le cœur ne me fend !

A ce moment-là, il entendit un pas d'homme dans son escalier, et, quelques minutes après, un coup frappé avec hésitation à sa porte.

Le Noble cria : *Entrez !* en se demandant qui pouvait lui rendre visite à une telle heure et par un tel froid. C'était un vieillard comme lui, pâle et les vêtements négligés, comme lui. Ce vieillard s'arrêta sur le seuil de la chambre, immobile et regardant tout avec avidité ; — et lorsque Eustache vint à son approche pour lui demander ce qu'il voulait, il ne lui répondit que par ces mots :

— Je suis Semitte.

C'était Semitte en effet, Semitte blanchi et méconnaissable, traînant sa douleur dans tous les endroits qui lui rappelaient Gabrielle ; Semitte, qui, après avoir employé ses soins et ses ressources à faire enfermer sa femme, passait maintenant sa vie à la regretter.

Interdit, stupéfait, Eustache Le Noble était resté debout, lui.

— Oui, c'est moi ! lui dit Semitte d'une voix éteinte, moi, *Cornificius* et *Gingembre*, ainsi que vous m'avez baptisé. Vous êtes étonné de me voir, n'est-ce pas ? Oh ! ne craignez pas que je vienne peser sur votre existence, comme vous avez pesé sur la mienne : je n'ai plus la force de vous haïr. — Je viens seulement... je viens voir les lieux qu'*elle* a habités, il y a...

— Il y a neuf ans de cela, murmura Eustache Le Noble.

— Je le sais. J'étais en bas, dans la rue, lorsque les archers l'emmenèrent. Elle ne me reconnut point... Je viens parler d'elle...

Les deux hommes se turent.

— Je l'ai bien torturée, reprit Semitte ; il a dû lui échapper bien souvent contre moi des paroles de haine... Oh! oui. Mon nom devait lui être odieux. Mais comprenez-vous combien il faut aimer une femme pour la poursuivre de la sorte, comprenez-vous de quel amour effréné et immense est faite une vengeance de dix années ? Dix années ! — Et penser que chaque jour mon esprit s'attachait à forger un nouvel anneau pour sa chaîne, un verrou de plus pour son cachot ! C'est horrible !

Il pleurait.

Eustache ne cherchait pas à le consoler ; d'ailleurs il ne pouvait pas le consoler : il ne devait que son silence à ce malheur respectable et touchant.

Semitte tournait dans la petite chambre, examinant chaque objet avec une curiosité fébrile, arrêtant les yeux sur la tapisserie, posant sa main sur les meubles.

Touché de pitié, Eustache Le Noble lui désigna du doigt un vieux fauteuil. Semitte comprit.

— Elle s'est assise là ! murmura-t-il (et l'on eût entendu les battements qui soulevaient sa poitrine); de là, elle présentait au feu, comme autrefois, ses pieds chaussés de pantoufles.....

— Quand il y avait du feu, ajouta Le Noble, en souriant tristement.

— Quoi ?... fit Semitte, qui n'acheva pas.

— Hélas ! on n'est jamais heureux de toutes les façons.

— Ah ! vous avez été plus heureux que moi ! Elle vous aimait au moins. Que ne donnerais-je pas aujourd'hui pour recommencer mes souffrances ! Si vous saviez combien ma maison est déserte et comme je regrette l'enfer que j'ai perdu ! c'est une bien grande lâcheté de ma part, n'est-il pas vrai ? Mais que voulez-vous, tout sens humain est étouffé en moi, je n'ai plus que du désespoir. Ah ! Gabrielle ! le plus vengé des deux, ce n'est pas celui qui pleure tous les jours en t'appelant.

Semitte mit sa tête dans ses mains.

Pendant cet intervalle, Eustache Le Noble attisa la braise du foyer.

Cette occupation monotone attira l'attention de Semitte ; son amertume se fit jour à travers ses plaintes.

— Hélas ! dit-il, vous êtes comme elle, vous êtes comme les autres, vous êtes comme tout le monde, insensible à ma douleur. Vous vous dites, vous aussi : — C'est bien fait, il n'a que ce qu'il mérite ; pourquoi s'est-il montré si cruel ? Ah ! pauvre homme que je suis, en effet ! Dieu me châtie comme j'ai châtié.

Il s'assit lui aussi devant la cheminée, et ce fut un spectacle émouvant que de voir et d'entendre, pendant deux heures que dura sa visite, les pleurs et les sanglots de ce vieillard. Eustache Le Noble en sentit sa conscience pour jamais déchirée.

— Adieu ! dit Semitte lorsque minuit sonna à l'église de Saint-Séverin. D'ici à la Salpêtrière, la course est longue.

— A la Salpêtrière ? interrogea Le Noble, surpris.

— Oui, c'est là que je demeure à présent... c'est-à-dire

à côté. J'aperçois la fenêtre de sa cellule, et il me semble que je suis encore pour quelque chose dans son existence.

Il se leva.

— Adieu! répéta-t-il.

Eustache Le Noble l'accompagna jusqu'à la porte de la chambre, et, tout le temps qu'il entendit son pas chancelant retentir sur les marches de l'escalier de bois, il resta l'œil fixe et l'oreille tendue, de l'air de quelqu'un qui écoute et regarde s'éloigner un fantôme.

Vers la fin de l'année 1710, Eustache Le Noble, baron de Saint-Georges et de Tenelière, était tombé au plus bas de la misère. Lui qui avait fait gagner plus de cent mille écus à ses libraires, il ne subsistait plus que des bienfaits de M. d'Argenson, lieutenant de police et depuis garde des sceaux, qui lui envoyait un louis tous les dimanches. Enfin, le 11 janvier 1711, il mourut, — moitié de faim, moitié de froid, — à l'âge de soixante-huit ans, dans cette même chambre garnie de la rue du Foin, à laquelle il était demeuré fidèle.

La paroisse de Saint-Séverin l'enterra par charité.

CHAPITRE XII.

Un café littéraire. Dialogue de vaudevillistes. Justin Ronan. De l'exploitation de l'homme par la femme. M. de Cupidon lit des fragments de cet important ouvrage. L'amour triste. Comment aiment les gens de lettres.

Pendant le récit de cette histoire, nous étions entrés dans un café du boulevard. Il se trouva que c'était un café littéraire. Plusieurs auteurs se livraient au noble exercice qui fit jadis la fortune politique de Chamillart; les plus sages consommaient. On parlait beaucoup, et très-haut. Je crus m'apercevoir que la curiosité de M. de Cupidon était excitée; alors, sans faire semblant de rien, nous nous approchâmes de la table la plus bruyante, où deux individus poursuivaient une partie de dominos commencée depuis plusieurs heures. — L'un était un vaudevilliste des *Folies-Dramatiques;* il était gros, il portait la livrée de l'honnête aisance ; sa barbe noire, taillée par un ciseau habile, dessinait d'agréables parterres sur son visage béat. L'autre était un vaudevilliste du *Gymnase* et de partout; il était maigre, nerveux et inquiet.

Voici le dialogue que nous surprîmes entre ces deux soi-disant hommes de lettres :

Le vaudevilliste des Folies. — Mon petit, tu n'as pas de chance ; j'avais tous les *trois* en main, et tu poses le *double !* Je joue pour onze... et à moi la pose...

Le vaudevilliste du Gymnase. — Blanc partout. Dis donc, as-tu quelque chose en train aux Folies ?

Le vaudevilliste des Folies. — Oui, j'ai deux actes pour Neuville ; mais ça ne passera pas avant le quinze mai. (*Appelant*) : Garçon, de l'absinthe !

Le vaudevilliste du Gymnase. — Pourquoi ?

Le vaudevilliste des Folies. — Est-ce que je sais ? Mourier *fait sa terrine ;* il veut pousser sa *revue* jusqu'à l'été.

Le vaudevilliste du Gymnase. — Et du six.

Le vaudevilliste des Folies. — Double ! A propos, est-ce que tu as vu la pièce de Varin, au Palais-Royal ?

Le vaudevilliste du Gymnase. — Non, qu'est-ce que c'est ?

Le vaudevilliste des Folies. — La même idée que mon *Chevalier de Boischenu*, il y a deux ans, tu sais...

Le vaudevilliste du Gymnase. — Pas de six...

Le vaudevilliste des Folies. — Mais c'est gâché, absolument gâché. Il y avait trois actes là-dedans. Varin a passé à côté du sujet. Moi, au moins, j'avais fait un rôle de père qui était *nature*, tu te rappelles...

Le vaudevilliste du Gymnase. — Pas de six.

Le vaudevilliste des Folies. — C'était Heuzey qui le jouait, il y a deux ans. Je lui dis, la veille, dans sa loge : « Mon enfant, il faut te faire une tête ! » Tu vas voir. Lui disait que son rôle était un *empoignoir*. Bon ! Je le laisse aller. En bas, le régisseur me dit : « Vous savez que nous coupons la scène du premier acte depuis ces mots : *Vous aurez un nœud de rubans verts pendant le bal,* jusqu'au moment où la marquise entre dans le petit cabinet. » C'était ma meilleure scène ; tu vas voir. Je tombe furieux chez Mourier. Heuzey me suivait; c'était à la fin de septembre : « Si on coupe la scène de la marquise, je retire mon manuscrit ! » Tu ne peux pas te figurer, mon cher, comme j'étais furieux. Le régisseur était blanc comme cela. Tu penses bien qu'on laissa la scène avec la marquise et le baron. Heuzey avait une tête superbe ! des cheveux par là, et puis par là. La pièce eut vingt-sept représentations, dans les chaleurs.

Le vaudevilliste du Gymnase. — J'ai perdu. Pourtant j'ai joué aussi bien que feu Domino.

Le vaudevilliste des Folies. — Eh bien ! garçon, et cette absinthe ?

Le garçon. — Voilà, monsieur, voilà !

Le vaudevilliste des Folies. — Tu ne veux pas ta revanche, mon petit Fabio ?

Le vaudevilliste du Gymnase. — Merci.

Le garçon (avec un plateau). — L'absinthe demandée !

Le vaudevilliste du Gymnase. — Mon cher, je ne puis plus boire l'absinthe pure.

Le vaudevilliste des Folies. — Cela se comprend.

Le vaudevilliste du Gymnase. — Non, mais tu me dirais : « On va te faire directeur de l'Odéon, avec une subvention de 500,000 francs, à condition seulement de boire un verre d'absinthe pure, » que je refuserais !

Le vaudevilliste des Folies. — Je le crois bien !

Le vaudevilliste du Gymnase. — Non, mais c'est plus

fort que moi ; j'aimerais mieux boire un verre d'eau-forte, par exemple !

Le vaudevilliste des Folies. — Oui, oui.

Le vaudevilliste du Gymnase. — Tu devrais bien faire quelque chose avec moi pour ici.

Le vaudevilliste des Folies. — Quoi?

Le vaudevilliste du Gymnase. — Carpier me tourmente pour une pièce un peu solide.

Le vaudevilliste des Folies. — De la pâte ferme?

Le vaudevilliste du Gymnase. — Pas tout à fait, du feuilletage. Il veut un peu de sentiment, avec du comique ; tu vois ça. Moi, je n'ai pas le temps, je fais une grande pièce pour la Porte-Saint-Martin ; j'ai mes répétitions tous les jours au Gymnase ; j'ai demain lecture au Vaudeville. Quand veux-tu que je m'occupe de Carpier ? C'est impossible. Cherche une idée : tu dois en avoir, toi, des idées?

Le vaudevilliste des Folies. — Si j'en avais, je ne les garderais pas.

Le vaudevilliste du Gymnase (après un moment de silence). — Eh bien ! j'en ai une, moi ! (*Il boit.*) Ce qu'il y a de plus sûr à présent, c'est de faire une pièce avec un livre très-connu.

Le vaudevilliste des Folies. — Oui, pour faire un vaudeville, prenez un chef-d'œuvre. Tiens ! si nous faisions un vaudeville avec *la Cuisinière bourgeoise ?*

Le vaudevilliste du Gymnase. — Pourquoi pas avec *la Grammaire française ?* As-tu lu Alfred de Musset?

Le vaudevilliste des Folies. — Tu m'ennuies !...

Le vaudevilliste du Gymnase. — L'as-tu lu?

Le vaudevilliste des Folies. — Parbleu! Musset, de l'Institut de France. Après?

Le vaudevilliste du Gymnase. — Eh bien! il y a un très-joli rôle pour Pérey dans *Rolla*. Te rappelles-tu bien *Rolla?*

Le vaudevilliste des Folies. — Va toujours.

Le vaudevilliste du Gymnase. — Voilà l'idée : tu sais que Rolla est un *jeune premier*, second au besoin, qui après avoir dissipé sa fortune, devint éperdument amoureux d'une jeune fille, qu'il a à peine vue. Rolla, qui a longtemps fait la vie, se sent pincé cette fois. Il ne demanderait pas mieux que d'assurer un sort à Marie et de l'épouser, mais comme il n'a plus de *braise* il se tue. Marie ne veut pas lui survivre, et elle se tue aussi.

Le vaudevilliste des Folies. — Heuh! Ce n'est pas gai, ce petit machin-là!

Le vaudevilliste du Gymnase. — Oh! nous mettrons un portier ou un propriétaire qui sera chargé de faire rire ; ne t'inquiète pas. Il y aura aussi un effet de joueur d'orgue dans la rue, dont tu me diras des nouvelles. Voyons, veux-tu ou ne veux-tu pas que nous fassions un *Rolla* ensemble?

Le vaudevilliste des Folies. — Je veux.

Le vaudevilliste du Gymnase. — Puisque tu as lu Musset, tu dois savoir qu'après la mort de Rolla, il y a une invocation à Voltaire.

Le vaudevilliste des Folies. — Parbleu !

Le vaudevilliste du Gymnase. — Cela commence ainsi :

> Dors-tu content, Voltaire, et ton hideux sourire
> Voltige-t-il encor sur tes os décharnés ?

Le vaudevilliste des Folies, (comptant sur ses doigts).
— Je crois qu'il n'y a pas la mesure.

Le vaudevilliste du Gymnase — Si fait ! Alors, voici ce que j'ai imaginé : il faut, pour compléter la situation, que Voltaire soit l'oncle de Marie.

Le vaudevilliste des Folies. — M. de Voltaire ?

Le vaudevilliste du Gymnase. — Il aura laissé un testament par lequel il avantage la petite. Mais ce testament, elle ne le connaîtra que trop tard. Tu comprends ?

Le vaudevilliste des Folies. — Oui. Le portier l'aura caché sous une marche d'escalier.

Le vaudevilliste du Gymnase. — Pendant la Révolution, peut-être.

Le vaudevilliste des Folies. — Ou dans un exemplaire de la *Pucelle*.

Le vaudevilliste du Gymnase. — Enfin, nous verrons. Mais tu vois que cela peut venir très-bien. Quand tu voudras, nous creuserons cette idée.

Le vaudevilliste des Folies. — Ça va. Je vais travailler le plan ce soir, nous ferons cela en trois jours.

Le vaudevilliste du Gymnase. — Bon. Et si Carpier ne peut pas monter la chose tout de suite, nous la porterons au Théâtre-Français.

Ici finit l'entretien.

M. de Cupidon n'en avait pas été absolument édifié. Aussi ne me demanda-t-il pas les noms de ces deux gens de lettres.

Son attention se porta sur un jeune homme qui écrivait dans un coin. Celui-ci avait une figure intelligente, mais il n'était pas aussi bien habillé que les vaudevillistes.

— C'est un de mes amis, c'est Justin Ronan, dis-je à

M. de Cupidon, dont je devinai la pensée ; il termine sans doute quelque feuilleton.

J'allai à Justin, et je lui frappai sur l'épaule. Il me tendit la main, en me disant :

— Regardez donc cela, mon cher Monselet ; ce sont des épreuves que je renvoie à l'imprimerie, et je ne sais en conscience si cela est bon ou mauvais.

Je jetai les yeux sur les feuilles de papier ; et, après les avoir parcourues, je les tendis à M. de Cupidon.

— Voici, lui dis-je, quelque chose qui vous concerne et qui vous intéressera sans doute.

M. de Cupidon s'empressa de lire.

C'était un fragment d'un grand ouvrage qui n'a pas encore vu le jour.

Il était intitulé :

De l'exploitation de l'homme par la femme.

PRÉFACE.

Je relisais tranquillement l'histoire de *l'ami Bigre*, par Diderot, ce libertin lyrique, lorsque la jeune personne qui fait semblant de m'aimer vint lire par-dessus mon épaule en appuyant sa main sur le collet de mon habit.

Un pauvre collet — gras et honteux — que M. Mirès ferait mettre incontestablement à la porte de ses soirées — et qui fut cause que la jeune femme retira sa jolie main aussitôt, comme si elle eût touché un parapluie mouillé.

Elle ne savait pas qu'il y a trois jours, rien ne m'eût été plus facile que de m'acheter un bel habit neuf, avec un collet sec : — je venais de recevoir le prix d'un feuilleton au *Siècle*. Mais j'avais mieux aimé lui faire cadeau d'une robe rose qui, la veille, lui avait donné dans l'œil.

Ce qui ne l'empêchait pas, la mauvaise fille, se voyant ainsi parée, de penser tout bas : — Mon Dieu ! que mon amant est mal mis ! — Pour moi, ce fut un coup d'ongle au cœur. Je jetai bourrument l'*Histoire de Bigre* à terre, et je me dis en moi-même : — Ah ! misérable, comme je vais me venger de ce que je t'aime tant !

Alors je fis cet ouvrage, — farces et douleurs.

I.

En principe, — l'homme est plus *canaille* que la femme ; mais la femme est plus cruelle que l'homme.

II.

Les femmes des gens de lettres — j'entends aussi leurs maîtresses — sont curieuses à connaître aussi bien que les gens de lettres eux-mêmes.

Molière se complète par la Béjart ; c'est Thérèse Levasseur qui explique Jean-Jacques Rousseau.

Le style, — c'est la femme de l'homme.

III.

La princesse Hermione supplie Oreste de vouloir bien

tuer Pyrrhus, et elle cote sa main à ce prix. Quand Oreste revient pour lui annoncer que l'affaire est faite, Hermione l'accable d'injures à rimes pauvres, et s'éloigne de lui avec horreur.

Les femmes entendent le meurtre fort proprement. On va au cœur de certaines d'entre elles comme on irait au bagne.

IV.

Combien de femmes ont essayé leur amour sur mon cœur, — de même que Cléopâtre essayait ses poisons sur des esclaves !

V.

Pourtant il tomba un jour du ciel une grande dame à un feuilletonniste. — Cela fit vacarme, d'autant plus que cette grande dame était une marquise, curiosité littéraire qui doublait la valeur de l'aventure. Jamais homme de plume, si l'on en excepte M. Émile Deschamps, chef de bureau à l'administration du timbre, n'avait encore vu de marquise face à face. — C'était un grand honneur pour les lettres.

Il est vrai de dire qu'au temps où ces choses inouïes se passaient, le feuilletonniste avait de nombreux cheveux noirs qui lui vagabondaient sur les épaules ; une cravate de satin noir ceignait son cou, ses bottes pointues semblaient deux lumières noires ; — temps bienheureux où rien ne lui était comparable sur toute la ligne du boulevard jusqu'au théâtre des Nouveautés. Un soir, en rentrant chez lui, le feuilletonniste trouva la dernière marquise assise sur le dernier sofa, dans le dernier boudoir. Il poussa une exclamation en latin. La marquise lui donna un baiser en français.

De ce moment il n'eut point de cesse qu'il n'eût montré sa *belle marquise d'amour* à tous ses amis. Il amena un matin M. Léon Gozlan déguisé en garde française, et M. Ricourt en berger Sylvandre, avec une veste *caca dauphin* et un nid de ramiers dans la paume de la main droite. Tous les trois se hissèrent à la hauteur de la situation ; on récita le madrigal de Saint-Aulaire, et on mangea du biscuit — de Sèvres.

Ce que voulait cette grande dame, on l'a toujours ignoré. Était-elle mue par un amour frénétique des loges du Gymnase et des bottes pointues ? Ce n'est guère probable. D'un autre côté, le feuilletoniste n'avait pas de domestique dont elle eût pu s'éprendre sérieusement. — Peut-être donc ne saura-t-on que fort tard le genre d'exploitation auquel il fut soumis par cette femme mystérieuse.

VI.

A ne pas assez connaître les femmes, on souffre trop ; à les connaître trop, on ne souffre pas assez.

VII.

L'adultère, — c'est l'exploitation poussée à la dernière limite. Beaucoup de créatures insignifiantes la veille se sont brillamment enchâssées dans un flagrant délit, comme un caillou du Médoc dans une monture de riche valeur ;

par exemple, telle veuve qui aura pris ses inscriptions dans la *Gazette des Tribunaux* n'aura que l'embarras du choix pour convoler en secondes noces.

On rencontre de pauvres gens qui ont une assez gracieuse tournure sous leur habit jaune : ce sont ceux à qui leurs moitiés ont fait comprendre la vraie philosophie de l'adultère. Dans le fait, peut-être ont-ils raison. — « Tant pis pour les hommes, disait Ninon de l'Enclos ; où diable vont-ils placer leur honneur ! »

De même, — les chenapans qui ne voient dans l'adultère qu'un prétexte à réclame n'ont-ils pas tout à fait tort ; mais alors faut-il que ce soit une réclame furieuse, une réclame sur fond noir, traînant la femme par les cheveux et caressant du regard une boîte de pistolets posée sur un secrétaire ouvert. Les vignettes des romans de M. Jules Lacroix sont bonnes à consulter en pareil cas; on y trouve d'excellentes indications à suivre, une façon de boutonner son habit par le haut et de faire plisser son pantalon sur de maigres jambes en acier, d'après le procédé de feu Tony Johannot.

VIII.

Le concile de Mâcon a sérieusement agité la question de savoir si la femme a une âme. Moi, je crois qu'elle en a plusieurs.

IX.

Plusieurs jolies femmes ont passé sur mon cœur, pour arriver à celui de mon ami intime. Une seule a essayé de s'en revenir par le même chemin.

X.

Tout Paris connaît madame Delbène, une petite femme toute gracieuse, toute jolie, toute spirituelle, — mais aussi toute mariée. Comme toutes les femmes, et surtout comme toutes les femmes coquettes, madame Delbène adore le bal ; elle en raffole, c'est sa passion. Comme tous les maris, et surtout comme tous les maris jaloux, M. Delbène ne peut le souffrir, il l'exècre : c'est dans sa nature. Force lui est cependant de produire sa femme dans le monde, à moins de passer pour un Arnolphe ou un Bartholo. Mais, au commencement de ce mois, il lui revint enfin tant de bruits scandaleux, tant de railleries, tant d'épigrammes, tant de coups de poignard à tête d'épingle, qu'un matin, en sortant d'un bal au profit des inondés, il se posa devant sa femme, les bras croisés, dans l'attitude d'un mari-Gavarni, et lui parla en ces termes :

— Madame, je suis souffrant, malade ; mon médecin m'a ordonné d'aller passer quelques jours à R..... Je pars pour R.....

— Ah ! fit tranquillement madame Delbène ; eh bien ! faites, mon ami.

— Nous partons ce soir, madame, vous viendrez avec moi.

— Vous plaisantez sans doute, monsieur ?

— Je n'en ai pas la moindre envie, je vous assure.

— Mais c'est une infamie, une horreur, un ridicule, etc., etc.

M. Delbène laissa couler le torrent. Depuis longtemps il était blasé sur le spectacle des chutes, cascades et cataractes du sentiment. Ce fut d'abord une série d'exclamations et de désolation :

— Au commencement de l'hiver, avant le carnaval ! Puis la scène changea et le théâtre représenta des pleurs, des supplications, des prières. Othello fut impassible. Il laissa sa femme *robinetter ses élégies* tout à son aise, suivant l'expression de M. de Balzac, et sortit en répétant son injonction impérieuse :

— A ce soir.

Madame Delbène resta longtemps sans pouvoir revenir de sa surprise et de sa colère. Elle ne voulut recevoir personne, et, tout entière à ses réflexions, c'est à peine si on l'entendit sonner une fois ou deux sa femme de chambre.

Le soir, en effet, une chaise de poste l'attendait dans la cour; elle descendit la première, et n'attendit pas la main de son tyran pour se blottir au fond de la voiture. Elle avait un grand voile noir, et de nombreux sanglots coupaient sa respiration. Au premier relais, M. Delbène tenta de lui adresser la parole. Elle ne répondit point; il comprit qu'elle était violemment piquée ; il se tut. — Au second relais, même tentative, même silence. — Au troisième, on était arrivé. Madame Delbène s'enfuit dans son appartement et s'y renferma à double tour. — Bah ! se dit M. Delbène, cela se passera.

Le lendemain, monsieur fit demander à madame si elle voulait descendre pour déjeuner. Madame fit répondre qu'elle déjeunerait chez elle. Même jeu pour le dîner. M. Delbène prit son fusil et s'en alla faire un tour de chasse; il ne revint que le soir, moulu, brisé, transi, ne rapportant qu'une foulure qui l'obligea à garder le lit toute la matinée. Il fit prévenir sa femme qu'il était dangereusement malade, sa femme ne se dérangea pas.

Il lui fit dire qu'il se mourait, — elle lui envoya le notaire.

Le troisième jour, M. Delbène parvint à se lever assez difficilement et à se diriger non sans peine vers l'appartement de madame Delbène. Il était fermé. A travers le trou de la serrure il l'aperçut, le dos tourné, qui brodait une paire de bretelles.

— Drôle d'occupation ! dit-il en s'en retournant à pas lents. C'est sans doute une surprise qu'elle me ménage. Patientons.

Le quatrième jour, nouvelle visite à l'appartement conjugal, nouvelle déception. Il allait enfin se décider à entamer les négociations à travers la serrure, — lorsqu'une voix assez pauvrement organisée lui fit entendre quelque chose comme *Ma Normandie* ou *le Lilas blanc*.

— Pour le coup, c'est trop fort ! s'écria-t-il. Ma femme n'a jamais eu un tel *mezzo-soprano*.

Et en deux coups de pincette il eut fait sauter la serrure de la porte.

Sur le seuil, il s'arrêta, stupéfait.

M. Delbène avait emmené sa femme de chambre.

XI.

Une *pierrette* philosophique était assise sur le bord d'une loge, au bal de l'Opéra, et laissait pendre mélancoliquement ses belles jambes sur la foule qui dansait. Elle était démasquée, et pâle comme Hamlet. Les tuyaux d'une fraise élégante n'empêchaient point sa tête de s'incliner sur son épaule, à la manière des rêveurs célèbres et des poitrinaires inédits. D'énormes boutons couraient de distance en distance sur sa souquenille, aussi gros que des boules d'escamoteur et de couleurs diverses : le moindre mouvement suffisait à les mettre en branle. Son feutre pointu, légèrement avarié dans la perpendiculaire de sa pyramide, avait les tristesses de la tour de Pise. Pour ses rubans, quoiqu'ils fussent de la veille et du goût le meilleur, on eût dit qu'ils avaient traîné depuis une semaine environ du bal des Variétés à celui de l'Opéra-Comique, tant ils étalaient un air chagrin et une allure peu flottante. Les bouts de ses souliers eux-mêmes regardaient avec une insouciance vague le sol de têtes qui se renouvelait sous eux. Ses gants avaient le spleen. — Pauvre pierrette ! — Sans doute un dédain profond l'animait pour toute cette turbulence et tout cet éclat ; quelque drame déroulait silencieusement ses anneaux de couleuvre au fond de son cœur. C'était l'ironie qui l'avait prise par la main et qui l'avait conduite justement à cet endroit et à cette place, d'où elle embrassait le bal d'un seul regard, qui était une longue réflexion. De près, elle figurait quelque chose comme une moralité sculptée. — Après un galop, sur lequel avait toujours plané son immobilité solennelle, la Pierrette sentit une main se poser sur son épaule. Elle leva lentement la tête. C'était un jeune homme, un artiste, que sa beauté et son attitude avaient frappé.

— A quoi penses-tu ? lui demanda-t-il.

La pierrette répondit :

— Je ne pense pas ; j'ai une indigestion.

XII.

Les jeunes filles vraiment vertueuses sont celles dont on voit trembler les joues, à chaque pas, comme des œufs au lait.

XIII.

« J'ai bien besoin d'avoir cette femme, pour me sauver du ridicule d'en être amoureux, » écrit le vicomte de Valmont, dans les *Liaisons dangereuses*, ce livre intéressant, et qu'on a tant calomnié.

. . . .

Le fragment s'arrêtait là.

— Vous avez l'amour triste, dit M. de Cupidon à l'auteur; — de la même façon qu'il lui aurait dit: Vous avez le vin triste.

— C'est, répondit Justin Ronan, que je n'ai jamais été ni longtemps ni complétement heureux par le cœur. D'ailleurs, ajouta-t-il en souriant, je ne demande pas mieux que de changer de ton; vienne la femme idéale, et elle me trouvera certainement prêt à chanter ses perfections sur les meilleurs modes connus!

— En serait-il de tous vos confrères comme de vous-même? demanda avec intérêt M. de Cupidon.

— Mes confrères? Oh! en amour, ce sont les pires bourgeois.

— Il a raison, ajoutai-je.

— Cela est difficile à croire, objecta le dieu avec politesse.

— S'il ne faut que des exemples pour vous convaincre, continuai-je, je ne demande pas mieux que de vous raconter certaine histoire du genre comique, laquelle aura en outre l'avantage de vous initier aux difficultés actuelles du métier littéraire.

— Racontez, fit M. de Cupidon avec empressement; je suis très-friand de révélations.

CHAPITRE XIII.

Berdriquet et son romancier.

I.

Deux individus, un auteur et un éditeur, étaient assis dans un cabinet de la rue des Beaux-Arts.

Ils causaient.

L'EDITEUR.

Ah! si mon neveu Berdriquet savait écrire!

L'AUTEUR.

Oui, mais il ne sait pas écrire.

L'EDITEUR.

Aussi est-ce à vous que je m'adresse, mon cher romancier, afin que vous me tiriez d'embarras. Depuis six mois je ne vis absolument que de mes annonces : *sous presse*, et de mes réimpressions illustrées. Il me faut de l'inédit, de l'inédit à tout prix.

L'AUTEUR.

Laissez-moi donc tranquille.

L'EDITEUR.

La moindre des choses, mon excellent Isidore, un petit roman en six volumes.

L'AUTEUR.

Vous perdez la tête.

L'EDITEUR.

C'est possible ; mais je tiens à ne pas perdre mon titre d'éditeur, — et voilà six mois que je n'édite rien du tout. Allons, laissez-vous toucher par mes prières : quatre volumes seulement, rien que quatre !

L'AUTEUR.

C'est comme si vous chantiez.

L'EDITEUR.

Vous n'aurez que douze lignes à la page et permission des deux tiers en dialogue.

L'AUTEUR.

Qu'est-ce que cela me fait ?

L'EDITEUR.

Avec six mille francs de réclames.

L'AUTEUR.

Inutile.

L'EDITEUR.

Et deux mille francs d'affiches.

L'AUTEUR.

Brrrr...

L'EDITEUR.

Mais voulez-vous donc ma ruine ? Vous n'avez donc ni cœur ni entrailles? Rappelez-vous, ingrat, le temps où vous veniez m'accabler de vos manuscrits? A cette époque, vous m'eussiez refait toute l'Encyclopédie pour mille écus ; et aujourd'hui que je couvre d'or vos moindres productions, vous reculez devant quatre volumes !

L'AUTEUR.

Où est mon chapeau ?

L'EDITEUR.

Eh bien ! non, Isidore, non... deux volumes, et n'en parlons plus.

L'AUTEUR.

A la bonne heure, vous commencez à devenir un peu plus raisonnable. — Mais où diable voulez-vous que j'aille les chercher ? Encore si j'avais un plan, un canevas ! Mais tout est fini, usé, rabâché, vous le savez bien. Je suis las de travailler toujours sur le vieux, de recommencer sans relâche l'abbé Prévost, et d'effiler depuis vingt-cinq ans les tailles impériales des héroïnes de Ducray-Duminil. — Certes, je suis trop romancier pour refuser votre or, mais je suis assez votre ami pour vous prévenir que c'est de l'argent volé.

L'EDITEUR.

Peu m'importe, mon bon Isidore.

L'AUTEUR.

Tout ce que vous voudrez, mais vous ne m'empêcherez pas d'avoir des scrupules. Tant pis pour vous si vous êtes tombé dans un de mes mauvais jours, dans un de mes jours de conscience.

L'EDITEUR.

Vous vous moquez !

L'AUTEUR.

Trouvez-moi une idée et je vous fais vos deux volumes.

L'EDITEUR.

Une idée ! bon Dieu ! il me demande une idée !

L'AUTEUR.

A cette condition je puis encore tirer ma plume du fourreau. Sinon je dis adieu pour toujours à l'in-octavo, et je rentre dans la littérature théâtrale, où là, du moins, les idées sont expressément interdites.

L'EDITEUR.

Isidore, mon enfant, avez-vous donc juré de m'arracher l'âme ?... Voyons, rasseyez-vous et causons. Peut-être qu'à nous deux nous finirons par trouver quelque chose. Ah ! pourquoi n'est-ce plus la mode des mémoires, des physiologies, des jésuites ? Comme vous vous en seriez donné à cœur joie ! C'était le bon temps, celui-là... Aujourd'hui, qu'est-ce que je pourrais bien vous commander ? — Voulez-vous une machine historique, que je ferai monter par quelque fureteur de bibliothèque ? Un Louis XIII ou un Louis XIV, par exemple, avec *oun* Mazarin, que vous ferez zezayer comme un *impresario* de vaudeville ?

L'AUTEUR.

Merci. Autant vaudrait me proposer un roman moyen âge, pendant que vous y êtes.

L'EDITEUR.

Ah ! ah ! est-il spirituel cet Isidore ! — C'est vrai : le Louis XIV n'est pas votre fait ; mais le Louis XV... ah ! — Un joli conte couleur de rose, entre marquis et bergères, la poudre et le foin, — Timarette et le chevalier de Versac, — des dentelles sur toutes les poitrines et du musc sur toutes les situations. — Qu'en dites-vous ? Cela serait un charmant succès de ruelle et d'éventail. —

Wattier nous brossera une vignette mousquetaire pour frontispice.

L'AUTEUR.

Bon ! tout est dévalisé par là. Si je m'avisais, à l'heure qu'il est, de jurer palsambleu et de saupoudrer mon jabot de quelques menus grains de tabac d'Espagne, il n'est personne qui ne me prendrait pour un blondin sortant de lire Faublas ou Crébillon.

L'EDITEUR.

Peste ! il faut éviter cela. — Eh bien ! une petite étude psychologique, la ! — un tout petit roman du cœur. Il y a dans le nombre de mes clients une multitude de femmes mûres, qui n'aspirent qu'après une nouveauté intime.

L'AUTEUR.

Donnez-leur à lire Kotzebue, — *Misanthropie et Repentir*.

L'EDITEUR.

Ah ! c'est mal à vous, Isidore ! Vous me navrez de désespoir... — moi, qui ai eu la discrétion de ne pas vous souffler un mot du roman maritime.

L'AUTEUR.

Avec sabords...

L'EDITEUR.

Bâbord...

L'AUTEUR.

Tribord... grand foc et petit foc.

L'EDITEUR.

Ni de l'impression de voyage.

L'AUTEUR.

En Suisse.

L'EDITEUR.

En Espagne.

L'AUTEUR.

En Italie.

L'EDITEUR.

Je finis par jeter ma langue aux chiens, comme madame de Sévigné.

L'AUTEUR.

Jetez, mon ami, jetez.

L'EDITEUR.

Il ne nous reste plus que le genre fantastique. Le bon ange et le mauvais ange.

L'AUTEUR.

Arimane et Oromaze, Amschaspands et Darvans.

L'EDITEUR.

Les créations vaporeuses de Goëthe.

L'AUTEUR.

Les pluies de soufre et les souris rouges.

L'EDITEUR.

Mais, au fait, pourquoi ne prendriez-vous pas le genre fantastique? C'est toujours neuf, cela. Le roussi et les grincements de dents, il n'y a rien de tel pour l'émotion. Créez-moi un bel et bon diable à éclipser tous les diables passés et présents, un Satan magnifique, en frac ou en écailles de serpent. Nous aurons une mise en scène aussi Freyschutz que nous la désirerons.

L'AUTEUR.

Illusion pure! l'étoupe est hors de prix par le temps qui court, — et les manches à balai ont manqué l'année dernière.

L'EDITEUR, se tordant les mains.

Mais la librairie est donc morte, perdue, anéantie !

L'AUTEUR.

Comme la littérature.

L'EDITEUR.

Il me faudra donc voir mes magasins déserts et m'aller confiner moi-même au fond de quelque thébaïde !

L'AUTEUR.

Vous ferez comme moi, mon cher. J'avais deux chevaux, j'en ai supprimé un. J'ai supprimé ma campagne de Meudon, et tout récemment aussi je viens de supprimer ma femme. Voilà comme il faut faire.

L'EDITEUR.

Vous avez supprimé votre femme ?

L'AUTEUR.

Eh oui ! la petite Félicia, cette ex-figurante de la Renaissance, dont j'avais eu la faiblesse de m'enamourer, et qui de sottise en sottise me conduisit jusqu'à la dernière, inclusivement, — le mariage. Ma foi ! c'était une charge un peu lourde, surtout pour un homme de lettres aux abois ; et j'ai saisi aux cheveux le premier prétexte venu pour opérer entre nous une séparation à l'amiable, dont j'apprécie chaque jour les avantages.

L'EDITEUR, qui ne l'écoute plus.

Ah ! si mon neveu Berdriquet savait écrire !

L'AUTEUR.

Bon ! vous voilà revenu à votre point de départ.

L'ÉDITEUR.

Un si charmant garçon, plein de verve, de folie ! Un

drôle, qui m'a joué cent tours pendables, et qui écrirait rien qu'avec sa vie — s'il s'en souvenait — le plus beau roman du monde !

L'AUTEUR.

Ah çà ! mais c'est donc un Gilblas, un Casanova de Seingalt ?

L'EDITEUR.

Mieux que cela, mon cher Isidore, cent fois mieux ! — Quel dommage qu'il ne sache pas le français aussi bien que vous !

L'AUTEUR.

Flatteur !

L'EDITEUR.

Que d'intrigues il raconterait ! Que de ruses d'amour il dévoilerait ! — Bourguignon, voilà Lisette ! Lisette, voilà Bourguignon !

L'AUTEUR.

En vérité ?

L'EDITEUR.

Et ses algarades avec ses créanciers ! Il sait son Clichy par cœur.

L'AUTEUR.

Vous me donnez l'envie de faire sa connaissance.

L'EDITEUR.

Hélas ! voilà pourtant comment va le monde. Ce sont toujours ceux qui ne savent pas chanter qui ont de la voix. Ceux qui savent faire du roman ne savent pas en écrire.

L'AUTEUR, rêvant.

Il y aurait peut-être un moyen de tout arranger.

L'EDITEUR.

Comment cela ?

L'AUTEUR, à lui-même.

Oui... Ce serait bizarre.

L'EDITEUR, sur le gril de l'impatience, comme dirait Murger.

Expliquez-vous.

L'AUTEUR.

Après cela, peut-être n'y consentira-t-il pas... Ecoutez. Berdriquet a de l'imagination, dites-vous?

L'EDITEUR.

Incommensurablement.

L'AUTEUR.

De l'esprit?

L'EDITEUR.

Trop.

L'AUTEUR.

Des passions?

L'EDITEUR.

Toutes.

L'AUTEUR.

Eh bien! donnez-moi Berdriquet.

L'EDITEUR, stupéfait.

Que je vous donne mon neveu?

L'AUTEUR.

Sans doute.

L'EDITEUR.

Et... pourquoi faire?

L'AUTEUR.

Comment, vous ne comprenez pas?

L'EDITEUR.

Du tout.

L'AUTEUR.

Pour faire du roman. Rien de plus naturel.

L'ÉDITEUR.

Allons donc !

L'AUTEUR.

Vous ne comprenez pas que, puisque son imagination est si facile, je la mettrai à même de se développer dans un plus large cercle ; — que, puisqu'il ne demande que hasards et aventures, je lui fournirai des aventures et des hasards.

L'ÉDITEUR.

Eh bien ! et vous ?

L'AUTEUR.

Moi ? je le regarderai faire.

L'ÉDITEUR.

Ah bah !

L'AUTEUR.

Berdriquet sera un acteur qui ne jouera que par moi et pour moi. — Une fois en scène, je le daguerréotyperai.

L'ÉDITEUR.

Ce sera curieux.

L'AUTEUR.

Vous rappelez-vous par hasard la fable de l'aveugle, qui marche pour le paralytique — et du paralytique qui voit pour l'aveugle ?

L'ÉDITEUR.

Oui.

L'AUTEUR.

Il en sera de même de nous deux. Il vivra pour moi et j'écrirai pour lui. Il sera l'idée et je serai la plume ; à nous deux nous ferons peut-être un romancier complet.

L'EDITEUR, sautant au cou de l'auteur.

Bravo ! mon cher Isidore ! vous venez de me sauver la vie !.....

L'AUTEUR.

Que vous semble de mon projet ?

L'EDITEUR.

Sublime ! digne de vous, enfin ! Hâtons-nous d'être les premiers à l'exploiter.

L'AUTEUR.

Vous consentez donc ?

L'EDITEUR.

Belle demande !

L'AUTEUR.

Mais lui... le héros ?

L'EDITEUR.

C'est mon affaire. Berdriquet sera chez vous demain, à midi.

L'AUTEUR.

J'y compte.

L'EDITEUR.

C'est comme si vous aviez mon neveu.

L'AUTEUR.

C'est comme si vous aviez votre roman.

II.

Le lendemain, — à l'heure dite, — Berdriquet fut *livré* à son propriétaire.

Le matin, son oncle l'avait mandé dans son cabinet et lui avait tenu le discours suivant :

— Mon cher neveu, j'ai été longtemps pour toi un oncle sévère, j'en conviens. Je n'ai pas toujours eu pour tes fredaines l'indulgence que tu étais en droit d'attendre du frère de ta mère. Désormais je veux changer de conduite à ton égard, et, puisqu'il faut que jeunesse se passe, passe donc la tienne comme tu l'entendras, et le plus joyeusement possible. Un de mes amis, que tu vas aller trouver et qui te porte un grand intérêt, t'ouvrira un crédit suffisant à satisfaire ton inclination pour les plaisirs. Tu as l'esprit vif, les goûts romanesques, — arrange ta vie de la façon la plus originale que tu pourras. Aime, joue, bois, — cela ne me regarde plus ; c'est l'affaire de ton nouveau patron.

Berdriquet demeura étourdi.

Il fixa son oncle avec inquiétude, comme s'il eût craint un dérangement de ses facultés.

— Parlez-vous sérieusement ? lui demanda-t-il.

— Très-sérieusement.

— Que j'arrange ma vie de la façon la plus originale !... que j'aime, que je boive, que je joue, — c'est l'affaire de mon patron ?

— Oui, mon ami.

— C'est merveilleux !

— Je le crois bien.

— Et quel est, s'il vous plaît, le nom de cet étrange personnage ?

— M. Isidore Mongeard.

Berdriquet laissa échapper une exclamation de surprise.

— Isidore Mongeard ! s'écria-t-il, Mongeard le romancier ?...

— Tu l'as dit.

— Un petit ? un gros ? un décoré ?

— Précisément.

— Et c'est M. Isidore Mongeard qui veut bien ?...

— Sans doute. Cela te déplaît ?

— Du tout, mon oncle, au contraire... c'est que...

— Serait-ce par hasard un de tes créanciers ?

— Quelle idée !

— Alors qu'est-ce donc qui t'arrête ?

— Rien, mon oncle, absolument rien. Je suis prêt à contenter vos désirs et à me rendre à l'instant auprès de M. Isidore.

— A la bonne heure.

« *Berdriquet, — et je regrette sincèrement que mon héros s'appelât ainsi, dans la crainte que le lecteur ne suppose que ce soit un nom cherché avec une intention d'originalité, — Berdriquet, dis-je, était un grand jeune homme au teint brun, à la forte poitrine. Il y avait à la fois du Bacchus indien et de l'officier d'Afrique dans les lignes vigoureusement creusées de sa physionomie et dans l'épanouissement de ces larges ombres qui en tempéraient l'expression peut-être un peu commune. — Son front, splendidement découvert, semblait recéler une pensée vaillante. — De ses yeux sombres et voilés jaillissait par intervalles une lueur fauve qu'on eût dit échappée à quelque soupirail. Les extrémités de ses noirs sourcils rappelaient en se rejoignant les froncements traditionnels de Jupiter et de Napoléon. Une moustache touffue et recourbée tranchait sur l'espace compris entre le nez, — qui faisait souvenir des aquilins les plus célèbres, — et la lèvre supérieure, où l'ironie se tordait à chaque coin.*

« *Le costume de Berdriquet — lorsque Berdriquet m'apparut pour la première fois — était en complète désharmonie avec la beauté sévère de sa figure. C'est ainsi qu'il portait un de ces affreux petits habits à la mode dont les pans ridiculement châtrés se livraient derrière lui à une sarabande continuelle — et, au lieu de chapeau, un cylindre de feutre terminé à sa partie inférieure par un très-fort ourlet. Un pantalon, dit de Cosaque, et une cravate roulée en bout de corde composaient le reste de son ajustement...* »

Cette tartine n'est pas de moi, — elle appartient à M. Isidore Mongeard, qui, dans ce moment, ne se sentait pas de joie de posséder son héros et qui l'examinait sous tous ses aspects avec une satisfaction mal contenue.

Après avoir — instantanément — tiré de son portrait une vingtaine de pages environ, ce qui était déjà fort joli pour une première séance, il se hâta de fermer son manuscrit, et, s'adressant d'un air curieux à Berdriquet :

— Çà, lui dit-il, maintenant que vous voilà *posé*, qu'est-ce que vous comptez faire ?

— Ce que je compte faire ? répéta Berdriquet.

— Oui !

— Tout ce que vous voudrez.

— Permettez, dit l'homme de lettres en souriant, si j'avais l'idée d'ordonner quelque chose à quelqu'un, je n'aurais besoin de personne. C'est à vous d'imaginer un incident imprévu.

— Ah ! bon, bon, je comprends...

— Voyons donc.

— Et bien ! reprit Berdriquet, — après un temps de méditation, — si nous allions dîner ?

— Dîner !

— Pour commencer. Moi, d'abord, il me faut toujours une petite pointe pour avoir de l'imaginative.

— Soit. Vous voulez sans doute un bouge dans le goût de Régnier, un cabaret effroyablement borgne, avec des voix rauques et des nappes rougies? — Fort bien. Trente lignes de clair-obscur et de tons flamands, ajouta le romancier par manière d'aparté.

— Pouah! s'écria Berdriquet; est-ce que l'on dîne ainsi dans vos ouvrages? Mais vous ne connaissez rien alors à la cuisine littéraire.

— Diable! vous entendez le roman en grand, à ce qu'il paraît. Allons au Palais-Royal.

Le dîner fut des plus gais. Berdriquet avait une verve facile et communicatrice, avec laquelle il se grisait lui-même. Ses mots, qui eussent demandé un triage sévère, partaient de droite et de gauche comme des coups de pistolets. M. Mongeard en eut les oreilles meurtries.

Vers la fin du dessert, il tira son album et écrivit les lignes suivantes :

« *La nature de Berdriquet était une nature aussi puissante que gracieuse. Il n'aurait peut-être pas assommé un bœuf, — mais à coup sûr il l'eût mangé. Majestueusement renversé sur sa chaise, la serviette agrafée en guise de jabot, il savourait avec délices une tasse de café brûlant. Le plaisir resplendissait sur son visage. Ses lèvres respiraient cette sensualité de bon goût qui ne se retrouve que dans les grands voluptueux de l'histoire. — Son œil avait les facettes étincelantes d'un bouchon de carafe en cristal.* »

— Bravo! brava! mon cher romancier! c'est magnifique! s'écria Berdriquet.

— Vous trouvez?

—Je vous prédis trois éditions avant un mois. — A votre santé !

M. Mongeard fit porter la carte, — qui s'élevait à cinquante francs, — sur le compte de l'éditeur. Puis, ayant pris *son sujet* sous le bras, il l'emmena dans le jardin.

— Ah çà ! mon cher Berdriquet, commença-t-il, il ne s'agit plus de perdre notre temps. Nous nous sommes assez promenés dans le long et le large des préliminaires. Arrivons à l'action.

—Je le veux bien.

—Voici précisément le crépuscule, *qui favorise folle entreprise*, comme on dirait à l'Opéra-Comique. Tranchez donc dans le vif.

—Si je cassais quelques vitres pour me faire la main ?

—C'est assez œil-de-bœuf, je ne dis pas. Mais l'entourage n'est plus le même qu'autrefois. Le guet est mort. Le violon et les sergents de ville détruiraient toute l'harmonie de votre couleur locale.

—Vous croyez?

—J'en suis sûr. Tenez, arrangez-moi plutôt un bon petit duel pour entrer en matière. Les flanconnades sont toujours demandées. Marchez sur le pied du premier quidam qui se trouvera sur votre passage, et fourrez-lui plusieurs centimètres d'acier dans le ventre. Hein ?

Berdriquet fit la grimace, et regarda le bout de ses bottes.

—Si vous voulez m'en croire, répondit-il, nous réserverons cela pour le second volume. Car enfin, en supposant ce qui pourrait fort bien arriver, où en serait votre roman si j'étais tué dès le premier chapitre ?

—Cette raison est concluante, et je n'y avais pas songé. Voyons autre chose alors.

— Je vote plutôt pour une excursion au Château-Rouge ou au Ranelagh. Nous ne pouvons manquer d'y rencontrer des femmes charmantes, et là, l'occasion...

— L'herbe tendre...

— Et le diable aussi me poussant...

— Sur l'air du *tra la la*. — Peuh! c'est Paul de Kock en diable. Garons-nous du flan, ou nous aurions toutes les peines du monde à nous en tirer. Autre chose.

— Eh bien! achetons des gants et allons à l'Opéra. Vous me présenterez à une duchesse, — la première Campo-Mayor ou Villaréal.

— Pour filer six mois de parfait amour et être mis ensuite à la porte par le mari? Temps perdu, mon cher. Autre chose, répéta le romancier.

— Autre chose... autre chose... C'est que je ne trouve plus rien.

— Vous voulez plaisanter?

— D'honneur, je me creuse inutilement la cervelle.

— Mais alors je suis tout seul aussi avancé que dans votre compagnie, et votre oncle n'avait pas besoin de vous adresser à moi.

Ils marchèrent pendant quelque temps en silence. Berdriquet, les mains dans ses poches, sifflotait une ballade érotique du quartier latin. — M. Mongeard le regardait avec anxiété.

Tout à coup, en passant devant la cour des Messageries, celui-ci partit d'une exclamation :

— Parbleu! mon gaillard, voilà votre affaire!

— Qu'est-ce que c'est? demanda Berdriquet.

— Vous ne devinez pas?

— Non.

— Vous êtes un homme lassé, blasé, ennuyé, n'est-ce

pas? Tout vous obsède, vous ne savez que faire de votre pensée et de votre corps. Eh bien, prenez la poste et allez vous promener.

— Me promener... où cela?

— Partout où vous voudrez, en province, par exemple. Vous pénétrerez dans les familles; nous peindrons des intérieurs domestiques, nous ferons du drame bourgeois, des grandes et des petites bretêches. — Rien ne me retient à Paris, je peux donc facilement vous accompagner.

— Ah! oui... mais c'est que je ne peux pas, moi.

— Pourquoi donc?

— J'ai des affaires à terminer ici.

— Des affaires de cœur? dit vivement le romancier.

— Oh non! non, — répondit aussi vivement que lui Berdriquet, — des affaires... d'argent.

— Des dettes, peut-être? Bah! si ce n'est que cela, votre oncle se chargera de les arranger, je vous le promets.

— C'est que... ce ne sont pas des dettes non plus, dit Berdriquet un peu embarrassé.

— Qu'est-ce donc, alors?

— C'est...

— C'est?

— ... Un procès.

— Ah! un procès... dans ce cas, c'est différent. — Ouais! se dit tout bas M. Mongeard en le guignant avec méfiance, n'y aurait-il pas quelque mystère là-dessous? J'y aurai l'œil.

Il lui soumit encore quelques nouvelles propositions, qui partagèrent le sort des précédentes. Bonne ou mauvaise, Berdriquet avait une raison pour chacune.

— Il ne voulut pas escalader une muraille hérissée de pointes de fer; — il craignait de s'enrhumer en passant la nuit à jouer de la guitare sous une jalousie, — et il refusa obstinément de recevoir, à l'instar d'Antony, le timon d'une calèche en pleine poitrine.

En revanche, il proposa à son romancier — une partie de dominos au café Turc.

M. Mongeard accepta, de guerre lasse.

Mais, comme il fut complétement battu sur tous les points, sa mauvaise humeur ne fit qu'empirer. Berdriquet, pour le consoler, lui jura de commencer le lendemain — la nuit portant conseil — les premières scènes de son roman.

A dix heures et demie, tous les deux quittèrent le café.

Une fois sur les boulevards, Berdriquet s'arrêta, serra avec effusion la main de M. Mongeard et lui souhaita le bonsoir.

— Où allez-vous donc? lui demanda celui-ci.

— Je rentre chez moi.

— Vous ne demeurez plus chez vous, mon cher.

— Comment?

— J'ai un appartement délicieux à vous offrir, à côté du mien.

— Une semblable attention...

— Est dans nos conditions avec votre oncle.

— Mais je ne sais si je dois...

— Non, vous ne devez plus rien. Votre oncle a soldé vos trois mois d'arriéré.

— Cependant...

— Venez donc et ne faites pas l'enfant. D'ailleurs, votre mobilier a été transporté chez moi. Il y a force majeure.

Berdriquet était stupéfait.

Il se laissa entraîner d'un air visiblement contrarié, en maudissant les précautions officieuses de son oncle.

De son côté, M. Mongeard était considérablement revenu de son enthousiasme à propos de son sujet. Aussi, en arrivant à leur domicile commun, ne fut-ce qu'avec une extrême froideur — et un long soupir — qu'il lui souhaita le bonsoir, après lui avoir indiqué sa chambre.

— Ma foi! se dit-il, si ce Berdriquet ne me taille pas plus de besogne que cela, je le renverrai demain fort poliment à mon éditeur.

En proie à ces fâcheuses pensées, M. Mongeard chercha vainement le repos. Il se tourna et se retourna cent fois dans son lit. Le Sommeil semblait fuir ses paupières. En dernier ressort, il essaya d'une invocation à ce dieu, retapée des poëtes grecs par M. F. Ponsard, membre du conseil général de l'Isère.

Pendant qu'il aspirait à lentes doses les émanations sommifères de ces alexandrins, — il s'étonna d'entendre encore du bruit dans la chambre de Berdriquet. Le souvenir de ses hésitations et de son embarras lui revint en mémoire, et, la curiosité l'aiguillonnant de ses flèches les plus pointues, — il se leva avec la précaution de Psyché allant surprendre l'Amour, — et apposa un œil indiscret à l'huis de la serrure...

Quel ne fut pas son étonnement, en apercevant son héros frisé et pommadé comme pour un bal du faubourg Saint-Germain, et s'occupant devant la glace à faire entrer ses doigts dans des gants parfaitement jaunes.

M. Isidore Mongeard faillit en être renversé; mais il se hâta de reprendre ses sens et son poste d'observation.

Berdriquet apportait en ce moment les derniers soins à sa toilette. Il lissait son chapeau, tordait sa moustache, se souriait avec grâce. On eût dit un amoureux se disposant à entrer en scène pour aller chanter un couplet.

Après deux secondes d'une souriante méditation, il prit une canne à pomme d'or, pirouetta sur lui-même comme un marquis — et franchit d'un pied de sylphe le seuil de la porte.....

M. Mongeard resta quelques instants sous le poids d'une surprise furieuse et concentrée. Toutefois, en entendant le bruit de la porte cochère qui se refermait avec pesanteur, — il parut se raviser. En moins de temps qu'il n'en faut pour l'écrire, il passa un pantalon et un habit, — et il se mit à courir après son roman qui s'enfuyait.

III.

— Ah çà! où allez-vous, monsieur? s'écria-t-il essoufflé, en rejoignant Berdriquet au milieu de la rue.

Berdriquet se retourna, pétrifié.

— Qu'est-ce que c'est qu'une pareille conduite! Que veulent dire ces cachotteries, ces escapades? Comment! lorsque je vous crois couché, songeant aux événements du lendemain, voilà que vous vous esquivez comme un écolier, pour aller battre le pavé de Paris! — M'expliquerez-vous ce que cela signifie, monsieur?

Et le romancier, saisissant son héros au collet, le ramenait malgré lui sur ses pas.

— Le plus beau de votre histoire sans doute, un rendez-vous, un adultère peut-être... Allons, racontez-moi tout en confidence : nous déguiserons les noms, et nous ferons passer l'aventure sous la Restauration.

— Mais, monsieur... vous vous trompez.

— A d'autres !

— Je vous proteste qu'il n'y pas un mot de vrai dans vos suppositions.

— On ne me dupe pas de la sorte.

— Je sortais pour prendre l'air, pas autre chose.

— Ah !

Ils étaient revenus. Un vif mécontentement se peignait sur les traits de Berdriquet, — mais M. Mongeard, en diplomate, feignit de ne point s'en apercevoir, et l'accompagna lui-même jusque dans son appartement, où il l'enferma, cette fois, à double tour, et dont il eut soin de mettre la clef dans sa poche.

Après quoi, libre d'inquiétudes, il revint se coucher, et s'endormit en rêvant à une énorme publication en trente volumes, d'une conception tout à fait neuve, et intitulée : *les Mystères de Berdriquet*.

Le lendemain matin fut vraiment un beau jour pour M. Isidore Mongeard. Le soleil s'était levé dans toute sa magnificence printanière. — Le front limpide et le cœur épanoui, le romancier fit, à cette occasion, trois pages de style sur la nature, — les feuillages, — et les petits oiseaux. Couic ! Couic !

Au déjeuner, il enveloppa Berdriquet d'un réseau d'attentions gracieuses et de soins charmants, — qui, malheureusement, s'en vinrent tous échouer devant une insensibilité parfaite. Berdriquet lui gardait rancune, et paraissait plus que jamais disposé à rester muré dans son secret.

M. Mongeard ne se rebuta pas au premier choc. Il fit comme ces assiégeants qui tournent longtemps autour d'une citadelle, afin d'en découvrir les endroits mal gardés, préférant la ruse à la force.

— Berdriquet, lui dit-il de l'intonation la plus insinuante, malgré votre fugue d'hier, vous devez vous apercevoir que l'intérêt réel que je vous porte n'a pas diminué. Au contraire : je me suis de nouveau efforcé à vous venir en aide, et, dans cette intention, je crois enfin avoir mis la main sur l'idée qu'il nous faut...

Berdriquet hocha la tête à ce préambule.

— Vous ne voulez pas vous battre dans la crainte d'être tué, — continua M. Mongeard, qui ne s'arrêta pas à ce mouvement ; — vous ne voulez pas voyager, dans la crainte, sans doute, de ne plus revenir. Je conçois vos scrupules et je les apprécie. Aussi mon idée vous ira comme un gant ; avec elle, vous n'aurez à courir aucun risque de ce genre. Je veux vous marier.

— Me marier !

— Suivez bien mon raisonnement. — D'abord, vous vous mettrez en quête de la demoiselle ou de la dame. — Là, silhouettes de petites pensionnaires ou variétés de jeunes veuves. — Votre choix arrêté, j'analyse à la loupe les progrès, la marche et les développements de votre passion. — Ici, études morales, perturbations intellectuelles, chapitre de la sympathie, etc. — En ma qualité de témoin, je signe au contrat, et vous me présentez aux parents de votre femme, dont les portraits me fournissent un délicieux musée de grotesques.

— De grotesques !...

— Enfin, une fois marié...

— Une fois marié ?

— Eh bien ! nous nous arrangerons de manière à vous procurer quelque désagrément conjugal... un *flagrante delicto* des plus piquants, qui nous conduira insensiblement à la conclusion de nos deux volumes.

Berdriquet le regarda, comme pour s'assurer qu'il ne se moquait pas de lui.

— Qu'en pensez-vous? reprit le romancier d'un air de triomphe.

— Merci! Je ne veux pas me marier.

— J'en étais sûr, murmura M. Mongeard. Il y a quelque bonne amourette sous jeu.

— Mais enfin, savez-vous, mon cher, continua-t-il à haute voix, que vous êtes bien difficile. Rien ne vous convient, rien ne vous sourit. Auriez-vous, par hasard, de votre côté, quelque projet à me communiquer?

— Oui. J'ai songé à une chose.

— Bah! et à quoi, s'il vous plaît?

— J'ai songé tout simplement à m'en aller.

— Répétez! s'écria M. Mongeard en faisant un bond.

— A m'en aller, articula tranquillement Berdriquet. Depuis hier, voyez-vous, j'ai fait de nombreuses réflexions, d'où j'ai conclu que ce qu'il y avait de mieux pour l'un et pour l'autre, c'était d'arrêter notre collaboration aux premières pages. Vos idées de roman finiraient par me briser la tête. J'ai de la gaieté, c'est vrai; de l'imagination, on le dit. Mais je suis un peu comme les enfants, je ne peux rien faire lorsque je sais qu'on me regarde.

— Y pensez-vous? dit le romancier, qui voyait avec terreur ses deux volumes lui glisser entre les doigts.

— Ma résolution est irrévocablement prise.

— Mais vous ne pouvez pas vous en aller ainsi.

— Votre aimable insistance est inutile, je vous en préviens.

— Cependant...

— Dans quelques heures, j'aurai l'honneur de venir prendre congé de vous.

Berdriquet accompagna ces paroles d'un salut majestueux, — et rentra dans son appartement.

— Parbleu! se dit le romancier en le suivant des yeux, je saurai le mot de cette énigme, ou j'y perdrai mon nom...

Et, appliquant, comme la veille, son regard au trou de la serrure, il aperçut Berdriquet qui écrivait.

Il sonna son valet de chambre, et engagea avec lui le colloque suivant :

— Oscar !
— Monsieur ?
— Tu es un drôle d'intelligence et quasi d'esprit.
— Monsieur me flatte.
— Point. Mais je veux te voir à l'œuvre.
— De quoi s'agit-il ?
— D'un homme qui est là-dedans et qui écrit une lettre.
— Je comprends.
— Qu'est-ce que tu comprends ?
— Dame !... monsieur, je ne sais pas.
— Il me faut cette lettre à tout prix. Je te laisse le choix des moyens : la ruse ou la force; les menottes ou le narcotique, l'ancien ou le nouveau répertoire.
— Oui, monsieur.
— Si tu réussis, je ne te nomme plus désormais que Frontin, et je double tes gages.

Le valet s'inclina et sortit.

— Vertubleu! dit le romancier en se frottant les mains avec jubilation, je crois que me voici moi-même à la tête d'une petite intrigue assez congrûment menée. C'est du Marivaux tout pur ou la peste m'étouffe!

Un quart d'heure ne s'était pas écoulé, que le valet rentra, tenant en main la lettre de Berdriquet.

M. Isidore Mongeard recula d'admiration.

— Tu as du Figaro dans les veines! s'écria-t-il. Par quel enchantement es-tu parvenu à te procurer subito cette épître?

— Ce monsieur me l'a remise lui-même, avec ordre de la porter à son adresse.

— Je rabats un peu de mon opinion sur ton mérite. C'est égal, je tiendrai mes promesses. Songe que tu ne t'appelles plus maintenant que Frontin.

Une fois seul, le romancier, — sans s'arrêter aux conséquences de cette turpitude, — s'empressa de décacheter la lettre de Berdriquet, et lut avidement ces quelques lignes :

« Chère belle, — un incident dont le récit ne pourra manquer de vous égayer, m'a privé du plaisir d'aller vous rendre mes hommages. Attendez-moi ce soir comme à l'ordinaire, vers neuf heures, et comptez cette fois sur une exactitude royale. — Mille baisers d'amour sur vos blanches mains.

« ARTHUR DE BEAUSÉJOUR. »

— Arthur de Beauséjour! fit le romancier; un pseudonyme aristocratique! c'est ravissant de rouerie!—Voyons maintenant la suscription : « A madame, madame la baronne de Lammermoor, rue Richer, 19. » — De plus en plus fort! D'honneur, je suis sur la voie du plus délicieux proverbe qui se puisse imaginer... — Mascarille et Cathos, je gage, métamorphosés en vicomte et en baronne... Ah! ah! ah!

Mais M. Mongeard réprima presque aussitôt les éclats brusques de sa gaieté; — le dos renversé sur son fauteuil, une jambe et les deux bras en l'air, il s'immobilisa soudainement dans cette pose, comme s'il eût été frappé d'une crampe.

C'est qu'une idée venait de surgir dans son esprit !

— Si je prenais la place de Berdriquet? s'était-il dit; ce serait d'une adorable scélératesse. Un tour digne des don Juan et des Fronsac ! Jouer moi-même un rôle dans mon roman, quelle tentation ! — Après tout, continua-t-il, puisque j'ai tant fait que d'intercepter sa lettre, pourquoi ne jouirais-je pas jusqu'au bout des bénéfices de cet abus de confiance?... Allons, allons, c'est décidé ! je ne suis plus ce soir M. Isidore Mongeard, je suis M. Arthur de Beauséjour... — Frontin !

— Monsieur ?

— Écoute avec attention ce que je m'en vais te dire.

Sur ce, empoignant vigoureusement la main de son valet de chambre, à la manière des acteurs des boulevards, il lui fit faire quelques pas en avant et lui hurla sourdement ces mots dans l'oreille :

— Il y a ici une volonté qui gêne ma volonté, une liberté qui enchaîne ma liberté. Sur deux que nous sommes, un seul doit passer par le chemin où je m'engage. Il ne faut pas que cet homme sorte de cette chambre!

— Cela suffit, monsieur, dit le domestique en essayant de dégager sa main de l'étreinte de son maître.

— Malheureux ! que vas-tu faire? s'écria le romancier; pas de sang inutile, au moins !

— Soyez tranquille, monsieur, je vais mettre le verrou.

— A la bonne heure, Frontin.

M. Mongeard, ce jour-là, changea six fois de costume. Il avait fait porter la lettre de Berdriquet à madame la baronne de Lammermoor, et attendait avec impatience l'heure de se rendre chez elle. — Ce fut donc avec un vif contentement qu'il accueillit l'instant où, selon l'expression du poëte, les ombres répandues

Du faîte des maisons descendent dans les rues.

— Vêtirai-je un manteau couleur de muraille? se demanda-t-il en réfléchissant ; non, il vaut mieux ménager nos nuances et les graduer. Contentons-nous pour aujourd'hui de mon poignard et de ma canne à épée.

— Ainsi, reprit-il en se retournant vers son valet, tu es certain que Berdriquet ne peut sortir ?

— J'en réponds.

— Sa fenêtre n'est pas grillée, cependant.

— Trois étages donnant sur une cour avec puits.

— C'est bien, Frontin. Je vais en rendez-vous, Frontin. Je te permets de te griser, Frontin.

Et M. Isidore Mongeard sortit de chez lui, en affectant les airs évaporés de la Régence, et fredonnant l'*Andalouse* de Monpou. — Son pas était léger comme le pas d'une grisette à jeun. Il rasait l'asphalte du bout de sa botte vernie, et faisait tournoyer à six pouces au-dessus de sa tête un petit jonc. Sa figure radieuse, sur laquelle flamboyait un immense sourire, semblait dire à tous les passants : — Je vais à un rendez-vous d'amour chez madame la baronne de Lammermoor, rue Richer, 19.

— C'est égal, pensait-il parfois en se grattant l'oreille, c'est furieusement immoral pour un homme marié... Après tout, je ne le suis presque plus... et puis, d'ailleurs, tant pis pour les scrupules !

Ce fut dans ces dispositions qu'il arriva devant l'hôtel de madame la baronne. Mais là il s'aperçut qu'il n'était tout au plus que huit heures, et il résolut de se promener quelques instants encore avant d'entrer. A le voir affecter des poses tristes, et lever langoureusement les yeux au ciel, il n'est personne qui ne l'eût pris pour un hidalgo de la Castille-Vieille.

— O ma tant douce jeunesse! disait-il en poussant des soupirs aux fenêtres, — ma jeunesse si vite évanouie, si vite effeuillée, t'aurais-je donc ressaisie dans ta fleur? O mes premières émotions et mes premiers frémissements! vous voilà donc revenus en foule, comme aux beaux jours de mes vingt ans? — Et vous toutes, ô mes charmantes maîtresses, mes belles échevelées, Sophie, Emma, Rosalinde, vous à qui j'ai donné tout l'amour de mon cœur, est-ce vous, est-ce vous que je revois? Est-ce votre voix si pure qui murmure encore à mon côté? Sont-ce vos boucles soyeuses qui flottent de nouveau sur mon front? — Folles et blanches visions qui tournoyiez jadis autour du soleil de mon printemps, revenez aujourd'hui danser au clair de lune de mon âge mûr!...

En ce moment, une horloge sonna neuf heures.

— Madame la baronne de Lammermoor? demanda le romancier, en se précipitant comme une avalanche dans la loge du concierge.

— Au quatrième, répondit-on.

Deux secondes lui suffirent pour s'y transporter. Là, sa main agita discrètement un cordon, — et il avança aussitôt la tête dans l'entre-bâillement de la porte.

— Est-ce vous, de Beauséjour? dit une petite voix.

Un cri de surprise partit de la poitrine de M. Isidore Mongeard, qui recula de trois pas, — en reconnaissant dans cette baronne de Lammermoor — l'ancienne figurante de la Renaissance, — Félicia, — sa femme!

IV.

M. *** libraire éditeur, rue des Beaux-Arts, reçut le lendemain matin une lettre de M. Isidore Mongeard, dans laquelle celui-ci lui annonçait son prochain départ pour Inspruck, — avec l'intention d'y achever un roman tyrolien, intitulé : *La! la! itou!*

Quant à Berdriquet, — rendu immédiatement à la liberté, il ne songea jamais à demander raison de la violence qui lui avait été faite.

— C'est singulier, lui dit un jour son oncle ; — moi qui croyais si bien que tu lui aurais joué quelque joli roman. Je me suis bien trompé.

— Non, mon cher oncle, vous ne vous êtes pas trompé, lui répondit Berdriquet ; je lui en ai joué un, en effet, et tel que vous le désiriez, — mais c'est le seul qu'il n'écrira pas.

CHAPITRE XIV.

Digression. Influence des feuilles publiques. TACITE ET SON JOURNALISTE, histoire qui fait pendant à la précédente.

— C'est assez drôle, dit M. de Cupidon ; et je commence à croire que la vie littéraire est ce qu'il y a de plus plaisant dans votre dix-neuvième siècle.

— Vous ne vous trompez pas, dit Justin Ronan.

— Une seule chose m'étonne ; c'est l'importance que l'on paraît accorder aux journaux et aux journalistes, bien qu'ils soient manifestement soudoyés pour exprimer telle ou telle opinion.

— Que voulez-vous ? répondis-je ; en France, on a des paresses singulières, et l'on ne fait par soi-même que le moins de chose possible. Les journalistes sont en politique ce que les *claqueurs* sont au théâtre : ils vous dispensent de penser, comme les autres vous dispensent d'applaudir.

— Oui, ajouta M. de Cupidon ; c'est toujours le système de ce Turc, qui disait : Comment ! vous avez des domestiques, et vous dansez *vous-même !*

— Cette influence des journaux, continua Justin Ronan, dépasse d'ailleurs toutes les idées que vous pouvez vous en faire ; et pour servir de pendant à l'histoire de *Berdriquet et son romancier* que Monselet vient de nous dire, je vais, moi, vous raconter l'histoire de *Tacite et son journaliste*.

— Tacite ! fit M. de Cupidon, étonné.

— C'est, si vous le voulez bien, le pseudonyme sous lequel je désignerai un de mes amis, écrivain de mérite et garçon de cœur, s'il en est.

— Va pour Tacite, dîmes-nous.

Evidemment, Justin Ronan cherchait un exorde.

— Vous vous rappelez, nous dit-il, un bruit qui a couru pendant quelque temps : selon les journaux, un de nos meilleurs poëtes, Brizeux, l'auteur de *Marie* et des *Bretons* venait de se faire moine en Italie. Moine de quel monastère, la chronique oublia de le dire. Cela me fait souvenir du temps où les gazettes criaient à qui les voulait entendre que M. Gustave Planche s'était fait premier ténor au théâtre de San-Carlo. — Hélas ! toutes ces fadaises répétées et amplifiées font souvent plus pour l'éclat d'un nom que les appréciations sérieuses et les articles de revues. Qui osera soutenir que le pantalon de George Sand n'entre pas pour moitié dans les succès de l'auteur de *Valentine*, — et que la petite chanteuse de café n'a pas contribué à l'engouement du public pour la tragédienne Rachel ?

Or, mon ami Tacite racontait un matin ses déboires à un journaliste influent.

— Vous vous plaignez de n'être pas célèbre ? répondait celui-ci ; et qu'avez-vous donc tant fait pour l'être ? Vous avez eu du talent ; la belle avance ! Mais examinez-vous, mon cher, et dites-moi, s'il vous plait, ce que vous avez de remarquable en vous et sur vous. Vous êtes vêtu avec une propreté digne d'un parfait commerçant de la rue du Mail; vos favoris sont taillés à pans symétriques, et votre chapeau reluit. Est-ce là, je vous le demande, la tenue convenable à un homme célèbre? Regardez, au contraire, celles de nos illustrations qui font votre envie; chacune d'elles a quelque chose qui force votre regard, attire votre attention : Méry porte six manteaux superposés; Gautier a un burnous blanc ; Castil-Blaze a un chapeau d'Avignon. Ne vous étonnez donc point de passer tellement inaperçu, vous qui n'avez que ce qu'ont tous les autres. La gloire est une courtisane qui aime à voir ses amants revêtus des livrées les plus folles.

Tacite n'était pas médiocrement étonné ; malgré lui, il lui répugnait de s'associer à ce qu'il nommait des mascarades. Il l'avoua au journaliste.

— Défaites-vous de cette candeur, secouez cette répugnance, mon cher. Alcibiade était tout aussi Athénien que vous pouvez l'être, et Alcibiade coupait la queue de son chien. Mascarades, dites-vous. Eh! mon Dieu, un peu plus, un peu moins, ne sommes-nous pas tous en effet de la grande famille des comédiens et des enfarinés, nous, les poëtes, les peintres et les musiciens ? C'est votre habit noir qui est un déguisement. Si Janin l'osait, il sortirait en plein jour avec son bonnet de coton. En vérité, je vous le dis, essayez de devenir célèbre par tout autre chose que par votre talent. On en parlera plus tard, de votre talent. L'homme fera lire le livre. En attendant, sauvez des cuirassiers comme Alphonse Karr, ou faites des petits pains comme Reboul. Cela vaudra mieux pour vous.

Et comme Tacite ne paraissait pas se rendre à ces raisonnements qui sentaient le paradoxe :

— Allons ! dit le journaliste en souriant et en lui frappant sur l'épaule ; je vois bien qu'il faut que je me mêle un peu de votre affaire. Soyez tranquille, je vais mettre la main à la pâte. Trois mois ne se passeront pas avant que vous ne soyez populaire comme Crédeville.

— Comment allez-vous faire ?

— Rentrez chez vous et ne vous inquiétez de rien.

— Soit. Quel livre faut-il que je commence, alors ?

— N'en commencez aucun ; c'est inutile.

Là-dessus ils se séparèrent, Tacite, toujours incrédule comme un exemplaire du *Dictionnaire philosophique*, et n'acceptant les paroles du journaliste que sous bénéfice d'inventaire.

Trois jours après, il avait entièrement perdu la mémoire de cet entretien, lorsqu'en ouvrant une gazette ses yeux furent attirés par l'article que voici : — « On s'entretient beaucoup, dans le monde des arts et dans le monde du monde, d'un singulier pari gagné ces jours derniers par son auteur. Le jeune écrivain Tacite de K..., si connu par ses excentricités de toute nature, a gagé de louer tous les joueurs d'orgues de Paris et d'exécuter à leur tête une promenade triomphale et musicale. C'est ce qu'il a accompli mercredi sur tout le parcours des boulevards, depuis la place de la Bastille jusqu'à la Madeleine, au milieu d'un concours immense de spectateurs. »

Après quelques minutes données à une surprise bien légitime, Tacite, devinant d'où le coup était parti, courut immédiatement chez le journaliste à qui il exprima en termes assez vifs son mécontentement :

— Vous me livrez au ridicule, lui dit-il, vous faites de moi un objet de risée, un bouffon...

— D'accord. Mais je vous fais célèbre.

— Eh! ce n'est pas la célébrité de Bobèche que je brigue!

— Vous êtes bien dégoûté.

— Encore si vous aviez trouvé autre chose; mais cette promenade à travers Paris...

— Cette promenade est renouvelée de M. de Saint-Cricq, qui loua un jour tous les fiacres, et qui monta sur le siége du premier d'où il jetait des fleurs sur les balcons aux dames de sa connaissance.

— Au moment, dit Tacite, où j'allais obtenir une mission du gouvernement!

— Votre mission ne vous aurait pas fait faire un pas de plus vers la célébrité.

Tacite sortit de chez le journaliste, à demi ébranlé, et se demandant si en effet la réclame n'était pas comme cette lance souveraine qui guérissait les blessures qu'elle faisait.

Fidèle à son système, pendant l'année qui suivit, le journaliste ne cessa de mettre Tacite à toutes les sauces de la réclame. Il ne lui en fit pas grâce d'une seule. Il le fit tour à tour attaquer en chaise de poste par des bandits; enlever aux eaux par une princesse palatine; héritier de quelques millions et d'une galerie de tableaux; puis se ruiner pour des cantatrices fameuses.

A chaque nouvelle invention de ce genre, Tacite faisait un soubresaut; mais en fin de compte il se résignait, car toutes ces balivernes commençaient à apporter leur bénéfice, et, à force de courir les journaux, sa réputation avait fait boule de neige.

Depuis quelques mois cependant, le journaliste gardait le silence. Avait-il oublié son protégé? Non; il préparait un coup de maître.

A peu de jours de là, on lisait ceci dans une feuille du matin : « — Un procès récent vient de dévoiler une de ces supercheries littéraires, si fort en usage aujourd'hui, et dont le savant bibliophile M. Quérard fera bien d'enrichir son curieux et instructif recueil. Il s'agit d'un de nos jeunes et déjà célèbres auteurs, connu sous le nom de Tacite de K***. Loin d'appartenir à cette illustre famille descendue en droite ligne des comtes de Champagne, il paraîtrait que ce jeune homme n'est que le fils d'un simple charcutier de Pantin, nommé Guillot. Ce n'est pas la première fois que nous voyons des hommes de lettres troquer leurs véritables noms contre des pseudonymes d'une euphonie plus satisfaisante. C'est ainsi qu'Arouet (que Fréron écrivait : *à rouer*) se baptisa lui-même M. de Voltaire; et que, de nos jours, pour aller chercher un exemple plus rapproché, l'auteur de Jocelyn, qui se nomme réellement M. *Pradt*, a jugé préférable de signer des syllabes harmonieuses d'Alphonse de Lamartine. »

Cette fois, Tacite ne prit pas aussi bien la chose. Lorsqu'il se trouva face à face avec le journaliste, il ne parla rien moins que de lui coller, selon l'expression de Vadé, son moule de gants sur le visage.

Celui-ci eut toute sorte de peine à le contenir.

— Savez-vous, dit Tacite, bouillant de colère, que vous venez de me faire manquer un mariage de deux cent mille francs!

— Allons donc?

— Tout était convenu, j'allais épouser la fille unique

de madame la marquise de Sainte-A...; il n'y avait qu'à publier les bancs, lorsque, ce matin, quelle est ma surprise de me voir refuser la porte. J'insiste. La marquise paraît, et me toisant d'un air sec : Tenez, monsieur Guillot ! me dit-elle en me jetant un numéro de journal, puis elle me tourna le dos.

— Bah ! vous vous justifierez aisément.

— Mais le ridicule ! le ridicule !

— C'est un des pseudonymes de la célébrité.

— Au diable la célébrité ! s'écria Tacite.

— Lorsqu'il n'y avait plus que si peu de chemin à faire pour l'atteindre...

— Rendez-moi mon nom, je ne vous demande pas autre chose.

— Soit ! répondit le journaliste, vous aurez une rétractation demain. C'est pourtant bien dommage ! ajouta-t-il en soupirant.

Le croira-t-on ? il ne s'en tint pas encore là. Dans sa rage de *pousser* Tacite en dépit de Tacite, un an plus tard, il crut indispensable de lui consacrer une dernière réclame, afin de parachever son œuvre, disait-il, dût-il même obliger un ingrat. En quelques lignes pompeuses et désolées, il annonça publiquement la mort de Tacite, «noyé dans l'Elster, comme Poniatowski.» Tacite, qui, effectivement, était en voyage lors de la publication de cet article nécrologique, prit la poste et retourna sur-le-champ à Paris. Il ne se donna même pas le temps d'essuyer la poussière de la route, et, accompagné de deux témoins, il se rendit aussitôt chez le journaliste.

— Eh bien ! suis-je mort ? lui cria-t-il du plus loin qu'il l'aperçut.

Le journaliste prit un air triomphant.

— Vous venez me remercier, dit-il.

— Je viens vous demander raison.

— Raison de quoi ? de ce que j'ai pris la petite licence de trancher un peu prématurément le fil de vos jours ? c'était un moyen excellent de publicité. Allez chez votre libraire, il vous dira qu'en vingt-quatre heures l'édition de votre dernier ouvrage a été enlevée comme par enchantement. Cela ne manque jamais. Quand Téniers voulut vendre ses tableaux, il se fit passer pour mort. Au reste, me voilà prêt à vous ressusciter quand vous voudrez. L'effet est produit, c'est tout ce qu'il faut.

— Monsieur, dit Tacite, il n'est plus l'heure de plaisanter ; tant que vos mystifications n'ont porté que sur moi, j'ai pu faire bon marché de ma dignité, mais aujourd'hui le cas est différent.

— Que voulez-vous dire ?

— Je veux dire que la nouvelle de ma mort, annoncée par votre journal et répétée par les autres, a mis à deux doigts du tombeau une femme que j'aime, et répandu la douleur parmi tous mes parents.

— Mais alors, une rétractation...

— Non. Une réparation.

— Parlez-vous sérieusement, mon cher Tacite ?

— Très-sérieusement ; demandez plutôt à ces deux messieurs, qui ont bien voulu me servir de témoins ?

— Quoi ! vous vous battrez avec moi ! s'écria le journaliste presque indigné ; avec moi *qui ai tant fait pour vous !*

— Pourquoi pas ? Vous êtes bien posé, plus connu que moi. Eh bien, si je vous tue, cela me fera encore une réclame. Je reste toujours dans votre système.

Il n'y avait pas à reculer. On alla sur le terrain ; fort heureusement le journaliste en fut quitte pour une égratignure.

A partir de ce jour, il renonça définitivement à faire des réputations.

CHAPITRE XV.

Où l'intérêt prend des proportions colossales. Nuit sombre. Trois inconnus. Embarras de M. de Cupidon. Une prise de tabac. Quelle heure est-il ? Les trois hommes l'obligent à monter dans un coupé, malgré son peu de résistance. Fouette cocher ! Le coupé s'arrête. Certainement il va se passer des choses incroyables.

Le soir de ce même jour, — M. de Cupidon sortait de son hôtel de la Boule-Rouge, après avoir fait un excellent repas. Il allait je ne sais où, l'œil allumé, les lèvres entr'ouvertes, et contemplant avec recueillement son petit ventre qui marchait devant lui.

Cet état de douce quiétude pesa bientôt à notre héros, qui commença à se créer une foule de passe-temps, tels que de fredonner un air que personne n'avait inventé, de sourire aux vieilles femmes, de frapper sur sa tabatière sans l'ouvrir, de regarder l'heure sans la voir.

Mais il se trouva qu'il chantait juste, que les vieilles femmes lui rendaient ses sourires, que sa tabatière résonnait sous son doigt, que sa montre allait bien.

De sorte qu'il rengaîna ses chansons, ses sourires, sa montre et sa tabatière.

Il songea alors à faire une pirouette ; — mais rien ne s'y opposait : il ne la fit pas.

Lecteur, je n'étais point ce jour-là dans l'habit de M. de Cupidon ; néanmoins, j'ai de fortes raisons de croire que la disposition d'esprit dans laquelle il se trouvait peut se définir par le mot *perplexe*, pris dans toute son indétermination.

M. de Cupidon était donc perplexe, quand il lui sembla apercevoir au loin, et devant lui, une machine agitant une chose. Il reconnut bientôt que cette machine était un homme, cette chose un chapeau.

L'homme fit un premier salut. M. de Cupidon dit :

— C'est un mari.

L'homme fit un second salut. M. de Cupidon dit :

— C'est un créancier.

— L'homme fit un troisième salut. M. de Cupidon dit :

— C'est un exempt.

Puis se frottant les yeux, il reconnut qu'il était plus que jamais perplexe. Sur ce, faisant un demi-tour sur les talons, il prit le pas sur l'inconnu.

Mais il réfléchit qu'il avait dû faire un tour entier, car il vit toujours s'avancer vers lui l'homme et le chapeau, ce dernier toujours saluant. Il fit donc un second demi-tour, puis un autre, puis un autre ; — et il comprit que c'étaient deux inconnus.

M. de Cupidon, deux fois perplexe, prit le milieu, et les laissant derrière lui, l'un à droite, l'autre à gauche, il se dirigea vers une troisième rue.

Il ne tarda pas à apercevoir un troisième homme et un troisième chapeau.

M. de Cupidon fut persuadé qu'il était très-naturel, je

dirai même très-urgent, de lever sa canne, — c'est pourquoi il ne fit aucun mouvement.

Le premier homme l'aborda et, s'étant incliné à plusieurs reprises, lui demanda des nouvelles de sa santé.

M. de Cupidon se fouilla, et parvint à grand'peine à lui offrir sa bourse. — L'inconnu la pesa dans sa main, en considéra la rotondité, et la lui remit d'un air convaincu.

Le deuxième individu l'aborda, et lui demanda une prise de tabac.

M. de Cupidon lui offrit sa tabatière à filets d'argent. — L'inconnu l'ouvrit, huma trois grains de nicotiane, et, l'ayant hermétiquement refermée, la lui rendit d'un air approbateur.

Le troisième homme l'aborda et lui demanda l'heure qu'il était.

M. de Cupidon lui offrit sa montre de Genève. — L'inconnu contempla avec une vive attention la marche des deux aiguilles, et la lui remit d'un air reconnaissant.

Là-dessus, un quadruple salut fut échangé, et notre héros sentit presque aussitôt deux bras passés sous les siens. Le troisième inconnu formait l'arrière-garde, emboîtant tantôt son acolyte, tantôt M. de Cupidon lui-même.
— Celui-ci se sentait satisfait ; il était tiré de sa perplexité, il savait enfin où il allait : — c'était, parbleu ! où le conduisaient ses compagnons.

M. de Cupidon comprit que la chose du monde la plus simple était de questionner ces gens ; — il trouva très-drôle de n'en rien faire, très-drôle de se laisser conduire.

Tout à coup, l'un d'eux :

— Si nous prenions une voiture ?

— Hum ! dit M. de Cupidon.

A ce mot, il butta contre un petit *coupé* à la mode, plus petit que le coupé de madame Doche, — sans blason, sans armoiries.

— Ah! ajouta-t-il, comme qui dit : — C'est différent.

Sur un geste réitéré avec infiniment d'instance, il fit un pas en avant; mais, sur réflexion, il ne put s'empêcher de proférer ces paroles :

— Croyez-vous que...? et, pour compléter sa pensée, il ramassa du regard ses compagnons, et les reporta sur la banquette exiguë.

— Bah! fit le premier.
— Bah! fit le second.
— Bah ! fit le troisième.
— Au fait! dit M. de Cupidon.

Alors commença le chapitre des civilités et des *après vous, s'il vous plaît;* — ce que voyant, les trois inconnus poussèrent par les épaules M. de Cupidon, qui alla tomber sur le siége avec fracas. Tout aussitôt la porte fut fermée, les rideaux tirés, et le coupé partit avec la rapidité de la flèche : — un inconnu devant, — un inconnu derrière, — un inconnu à la portière.

M. de Cupidon eut une violente envie de se fâcher ; il essaya même plusieurs objections; mais le gardien de la portière se prit à tousser d'une façon tellement assourdissante, qu'il finit par se taire, — non sans rouler dans sa gorge deux ou trois jurons en guise de soulagement.

Au bout de quelques minutes, le coupé s'arrêta devant une maison de noble apparence dans la rue de Lille, au faubourg Saint-Germain ; — les trois inconnus se rangèrent en haie. Il descendit bruyamment, respira avec force, et regarda autour de lui. La nuit était sombre et la rue déserte.

— Par la sambleu ! dit-il, c'est clair, on m'enlève.

Il mit le pied sur le seuil.

CHAPITRE XVI.

Dans un boudoir. Comment le somnambulisme est toujours à la mode. Le cordon de sonnette. La baronne de Bois-Laurier, et l'*et cætera* de son portrait en pied. Conversation. Deux vers de *Tartufe*. Façon ingénieuse de mettre la puce à l'oreille d'un mari. M. de Cupidon est myope. Un roman entr'ouvert. On revoit le cordon de sonnette. Qui veut la fin veut les moyens.

M. de Cupidon fut reçu par un grand escogriffe galonné, qui le guida jusqu'à l'antichambre, où il fut remplacé avec avantage par une soubrette de vingt ans qui lui sourit de son sourire le plus rose, en l'invitant à monter l'escalier. Pour une cause ou pour une autre, M. de Cupidon la fit monter devant lui.

Au bout de l'escalier, une main subtile le débarrassa de son chapeau et de sa canne, sans qu'il eût à peine le temps de s'en apercevoir; et comme il avisait d'un œil curieux une portière doucement entre-bâillée, on le poussa, — il entra tout à fait. Une clef grinça dans les rosaces de la serrure. Il était prisonnier.

M. de Cupidon pirouetta, sourit avec grâce, jeta son regard autour de lui, — et finissant par s'apercevoir qu'il était seul, en homme prévoyant, il se mit à examiner les lieux et leur disposition. C'était un délicieux boudoir, avec des dessus de porte peints et quelques meubles d'une richesse incomparable, tels qu'un sofa, une glace vénitienne et une table de mosaïque. Point de pendule, mais un déluge de roses, qui achevaient de mourir sur la cheminée dans de beaux vases ventrus et bleus.

Son inspection vite terminée, il se tourna résolûment vers le sofa, dont l'attitude nonchalante provoquait au repos. Il leva le pied droit, s'inclina en avant, fléchit le genou, et, se renversant en arrière, il se trouva plongé dans de moelleux coussins. Une fois assis, ses yeux s'arrêtèrent avec plus d'attention sur les cadres du boudoir : j'ai le regret d'avouer qu'ils n'étaient ni de Boucher ni de Watteau. Pas possible ?

M. de Cupidon en fut étonné ; — néanmoins il fit bonne contenance, et fermant à demi les yeux, il croisa les jambes et fit aller son pied de droite à gauche. Cette apparence mystérieuse, cette lumière en quelque sorte palpable, cet air chaudement parfumé, et, par-dessus tout, la disposition de son esprit, ce soir-là, le plongèrent dans une espèce de somnambulisme. Il vint à penser qu'il n'était pas impossible qu'il fût en ce moment chez lui, couché sous la table, ronflant comme un mousquetaire rouge et faisant là-bas le joli rêve dont il avait ici la réalité. — Cette idée lui fit plaisir ; il cligna les yeux, changea la position de ses jambes et fit aller son autre pied de gauche à droite.

Ayant soulevé ses paupières sur les panneaux d'en face, mille petites figures moqueuses, qu'il lui sembla voir à travers les cires odorantes d'un flambeau à trois branches, lui parurent s'agiter et prendre vie ; une toute mignonne bergère le regarda avec malice, glissa des bras de son amant, se détacha d'un groupe, s'avança vers lui, se pencha en souriant, — et fit bâiller son corsage.

M. de Cupidon ne se dérangea pas ; il en avait vu bien d'autres.

Puis c'étaient Églé et Tircis qui lui débitaient des madrigaux pomponnés, un galant Sylvain qui lui offrait des fleurs, *tendres fruits des pleurs de l'Aurore ;* une Philis-Camargo qui l'éblouissait de passe-pieds et d'entrechats; et les arbres bruissaient, et les chiens jappaient, les moutons bêlaient.

Tout à coup la troupe champêtre s'arrêta devant lui, s'inclina révérencieusement — et lui fit signe de venir se mêler à leurs jeux.

M. de Cupidon se souleva précipitamment, ouvrit largement les yeux, avança vivement le bras ; — mais les arbres, les chiens, les bergers, les agneaux, tout avait disparu, lui seul ne s'était point endormi tout à fait. Cela le fit réfléchir ; il comprit le désavantage que lui pouvait causer sa nonchalance dans un cas semblable, et il entreprit une seconde tournée dans le boudoir, entremêlant cette fois ses observations de — hum ! hum ! — qui voulaient dire : Eh bien !... rien encore ?...

Pendant qu'il se livrait à des investigations puériles en apparence, il s'arrêta tout à coup devant un cordon de sonnette.

C'était un cordon de soie tressé, — un cordon de sonnette idéal — terminé par un gland large et touffu, tout de dentelles et de broderies.

M. de Cupidon était resté le nez en l'air, le regard fixé sur ce cordon de sonnette.

Le souffle d'une porte, qui s'ouvrit en ce moment, le tira de sa contemplation.

Néanmoins, il resta quelques minutes à décider s'il se retournerait.

Il se demanda qui ce pouvait être.

Il conclut que ce devait être une femme.

Il se demanda si elle était jolie.

Il conclut qu'elle devait être jolie.

Instinctivement il tournait déjà les yeux vers la porte, lorsque ses yeux rencontrèrent une glace en chemin. Il s'y arrêta, et vit que ses espérances n'avaient pas été déçues. Alors, et sans changer de position, il salua le plus galamment du monde, comme on savait saluer autrefois ; — la glace lui rendit son salut en y ajoutant un aimable et charmant sourire, si aimable et si charmant, qu'il voulut en avoir sur l'heure deux exemplaires : il était en face de la glace, il se mit en côté, et contempla ainsi, presque à la fois, l'image et la copie, la vision et la réalité, sans qu'il lui vînt à l'idée d'opter entre elles deux.

— Nanine ! s'écria une adorable petite voix, venez décrocher mon miroir ; monsieur a juré de m'en rendre jalouse.

Notre héros regarda d'où partaient ces paroles ; et après s'être bien assuré que la glace ne rendait pas d'écho, — il se retourna tout à fait — et s'inclina devant la jolie femme qui l'examinait en rougissant, et qu'il reconnut pour être la dame du balcon, à laquelle il avait décoché une flèche entre six et sept heures du soir. La prenant par la main, il la conduisit vers le sofa, où il prit respectueusement place à côté d'elle.

C'était une petite femme, qui tenait à la fois de la Chinoise et de la marquise ; elle avait de ces grands yeux qui n'en finissent pas, de ces beaux yeux noirs qui s'asseoient avec tant de volupté sur l'œil d'un amant ; — sa bouche, divinement vermillonnée, offrait d'imperceptibles ondulations de flot et de vipère ; — son nez était un des nez de Paris les plus spirituellement ciselés qu'on ait vus. Ses cheveux étaient de la soie, son cou était de la neige; encore ne parlé-je ni de son pied, ni de sa taille, ni de sa main, ni de toutes les autres perfections de son individu.

— Madame, lui dit aussitôt M. de Cupidon sans lui laisser le temps d'ouvrir la bouche (il savait d'expérience qu'on ne doit laisser parler les femmes que le moins possible), je faisais à l'instant, à cette même place, le plus beau rêve qui se puisse rêver. Figurez-vous...

Et il se prit à lui raconter d'une seule haleine ses visions de tout à l'heure. Arrivé au chapitre de la nymphe au corsage entre-bâillé, la jeune femme l'arrêta et lui dit à travers les fleurs de son éventail :

— Monsieur, je suis vertueuse.

— Madame, je l'espère bien.

Il reprit :

— Du reste, ceci n'est qu'une question de corsage ; celui de ma nymphe avait six nœuds de rubans, le vôtre n'en a que trois ; ils étaient verts, les vôtres sont roses.

— Mais, monsieur, répliqua la dame, que cet examen commençait à embarrasser, je ne vois pas quel rapport...

— Pardonnez-moi, il y a d'abord celui de la grâce et de la beauté, qui est incontestable ; quant au second...

— Quant au second?

— Mon Dieu ! que de ce point l'ouvrage est merveilleux !
On travaille aujourd'hui d'un air miraculeux.

— Monsieur !

— Jamais en toute chose on ne vit si bien faire.....

— Vous plairait-il de m'avancer ce fauteuil, monsieur, et de m'accorder un instant d'entretien sérieux ?

M. de Cupidon obéit et revint s'asseoir sur une chaise, à distance bienséante.

— Évidemment, monsieur, vous vous êtes mépris sur le motif qui m'a fait vous appeler ici à cette heure. Les apparences étranges, mystérieuses, j'en conviens, auront pu vous faire supposer....

— Ah! nullement, belle dame, il n'y a point à se méprendre.

— J'attends de vous un grand service, un service dont je vous serai reconnaissante toute ma vie.

— Oh! parbleu, cela est autre chose, et il n'y aura là-dedans d'obligé que moi.

— Il est probable que vous ne me connaissez pas.

— Faites absolument comme si je vous connaissais.

— J'arrive de province, et j'ai vingt-sept ans.

— Vous mentez déjà ; ma nymphe n'en avait que vingt.

— Enfin, je me nomme la baronne de Bois-Laurier.

— Ah bah! ce cher Bois-Laurier!

— Vous le connaissez! demanda la baronne.

— Je le connaîtrai, répondit M. de Cupidon.

— Mon mari est jeune, beau, bien fait, spirituel...

— Diantre! je ne vois pas alors ce que vous pouvez exiger de moi.

— Par malheur, il est atteint d'un de ces crimes bien communs aujourd'hui, et contre lesquels les lois demeurent sans effet : il n'aime pas sa femme.

M. de Cupidon bondit sur son siège, et fit à cet endroit une série d'exclamations, comme tout homme bien élevé doit faire en semblable circonstance.

— Le barbare! le Welche! l'ignorant! l'académicien!

— Hélas! soupira madame de Bois-Laurier.

— Hélas! flûta M. de Cupidon.

— A l'heure qu'il est, reprit-elle, il hante sans doute vos déesses de l'Opéra, Cymbeline la danseuse, ou Penserosa l'aventurière ; il passe la nuit dans les tripots ; bref, depuis quinze jours, le croirez-vous ? il n'a pas adressé un seul mot d'amour à sa femme.

— Depuis quinze jours ! répéta notre héros avec un énorme soupir de componction.

— Il faut que cela cesse, je le veux, je l'ai résolu. Monsieur le baron se fie toujours à ma gaucherie, à ma *provincialité;* mais il se trompe, — et je le lui ferai bien voir.

— Nous le lui ferons bien voir, ajouta M. de Cupidon de l'air d'un homme qui pose un point sur un *i*.

— Vous serez mon guide, mon soutien ; je vous ai vu depuis quelque temps aux spectacles, aux promenades...

(Elle mentait audacieusement, mais M. de Cupidon n'y prit point garde.)

Elle continua :

— Du jour où je vous ai rencontré, je me suis sentie portée vers vous instinctivement, sans frayeur et sans trouble ; car vous êtes un galant homme, j'en suis sûre, et vous me seconderez dans ma croisade conjugale ?

— De toutes mes forces, baronne ! s'écria M. de Cupidon émerveillé.

— Nous inspirerons de la jalousie à M. le baron ; nous lui mettrons la peur dans l'âme ; nous lui ouvrirons les yeux... Oh ! pardonnez-moi ! vous devez me trouver bien folle, bien excentrique, bien Parisienne ; mais l'intention excuse tout.

— Corbacque ! le remède est excellent, — et je vous reconnais bien là, baronne de Bois-Laurier ; vous, la grande dame éternelle qui représentez l'esprit, l'élégance, la beauté et la passion de la France ; ces choses de toujours, ces modes de tous les temps ! Vous n'avez plus, il est vrai, ni falbalas, ni thérèses, ni mouches, ni paniers; mais qu'importe ! et qu'avez-vous besoin de cet attirail ? Ne vous reste-t-il pas la coquetterie, et, avec la coquetterie, la malice, cette toilette du cœur ?

— Ainsi vous avez parfaitement compris ?

— Je serais un bien grand ignare s'il en était autrement.

— Ainsi vous avez vu que je suis une honnête femme qui ne vise qu'à l'amour de son mari.

— C'est entendu. Il ne faut jamais se mettre mal avec sa conscience.

— Ainsi, vous consentez à me faire société une heure ou deux et... à me compromettre... de temps en temps par votre présence ?

— Si j'y consens ! ! !

— En ce cas, permettez-moi de prendre mon tambour à broder et d'achever cette tapisserie.

M. de Cupidon s'élançant, roula le tambour auprès de la céleste baronne de Bois-Laurier, et, avisant un tabouret dans un coin du boudoir, il l'approcha et s'y installa dessus, presqu'aux pieds de la jeune femme.

— A présent, madame, dites-moi un peu ce qui se fait à la cour ? Se coudoie-t-on sans cesse au lever du roi ? Quelle est la favorite en règne, le pont-neuf en vogue, le petit-maître à succès ? Parlez-moi de la duchesse, de la maréchale, de la vicomtesse; les petits collets existent-ils encore avec leurs rabats de gaze et leurs manteaux de soie ? A-t-on toujours des duels, des dettes, des lettres de cachet ? Et l'aventure amoureuse du jour, quelle est-elle ? Prenez votre éventail, baronne, et contez-moi cela au travers en rougissant à votre aise, — à moins que M. de

Bachaumont n'ait oublié sur la dormeuse un feuillet de sa gazette.

Il continua longtemps de la sorte, — comme un feuilleton, — évoquant autour de lui les mânes enrubannés et les ombres souriantes de son beau dix-huitième siècle.

Ce ne fut que lorsque l'haleine vint à lui manquer, qu'il s'aperçut enfin que la baronne de Bois-Laurier l'écoutait et le regardait avec les signes du plus indicible étonnement, comme on regarde un homme après boire, ou comme on écoute un roman macabre. Elle attendit patiemment néanmoins qu'il eût dévidé tout au long l'écheveau de sa période ; — et, alors, fermant à demi les yeux et allongeant sous sa robe l'extrémité d'un soulier de satin nacarat, elle se mit à lui répondre avec la complaisance paresseuse d'une femme qui renverse à son tour dans autrui les mêmes illusions qu'on a jadis renversées chez elle.

— La cour ? vous parlez de la cour ? Pourquoi ne parlez-vous pas en même temps de Pluton, de Flore et de Zéphyre, d'Alexandre le Grand, des tournois du moyen âge, de la bataille de Lépante? La cour ; quelle cour ? celle du prince Percinet et de la fée Gracieuse ? Ignorez-vous donc que la cour. . . . .

. . . .

. . . . que le roi . . . . . .

. . . .

. . . . un autre régime . . . .

. . . .

. . . . Quant aux abbés, ils disent la messe et pas autre chose. Un duel coûte très-cher.

L'autre jour, un tailleur a rossé le marquis de Bonnefin pour une centaine de pistoles ou à peu près. On a très approuvé le tailleur. C'est mon mari qui m'a raconté cette anecdote, et qui vous en raconterait certainement bien d'autres, s'il n'était occupé dans le jour à recueillir les suffrages d'un collége municipal, qui balance entre lui et un forgeron.

Cette fois, — ce fut au tour de M. de Cupidon à ne pas comprendre ; aussi mettant ses beaux yeux sur ceux de la baronne de Bois-Laurier, il revint brusquement à son rôle de roué et d'amoureux :

— Bast ! que me fait, après tout, s'écria-t-il, que la cour et le monde s'en soient allés, s'il reste encore la femme du monde et de la cour ! Laissez, la cour n'est pas morte, le monde n'est qu'endormi : — tant pis pour M. le baron s'il chausse des sabots, et s'il se commet avec des rustres. Nous, tirons les rideaux ; mettons un doigt de verrou ; et causons, s'il vous plaît, baronne, de votre déshabillé galant et du bizarre bracelet d'acier qui torture votre bras de satin.

Mais madame la baronne recula son fauteuil avant de répondre.

— Fi ! monsieur, nous ne sommes plus les effrontées coquettes en paniers, de votre connaissance ; — notre chambre à coucher n'est pas un cercle où l'on vienne jouer le *pharaon* et les proverbes libertins de vos rimailleurs. — Quand nous n'organisons pas de loteries de bienfaisance ou de concerts au profit des pauvres, et qu'un besoin d'aimer nous *mord au cœur*, nous ne voulons pas de vos amours mignards qu'un coup de vent emportait du soir au matin, — mais une grande et fière passion, à la bonne heure, un sentiment psychologique et fatal, appuyé sur la philosophie moderne et débarrassé des sophismes de la conscience. Crébillon fils n'a pas fait école, voyez-vous, et vous vous tromperiez étrangement si vous reveniez à prendre avec nous les façons de mousquetaire dont usent les héros de ses histoires dorées sur tranche.

— La peste! dit à part lui M. de Cupidon, l'amour est-il donc devenu en effet une chose aussi difficile et aussi entortillée que cela?

— J'ai cru lire sur votre front, reprit d'un ton rêveur la baronne de Bois-Laurier, les traces d'un isolement amer. Il y avait hier, dans votre manière de regarder mon balcon, une mélancolie pénétrante qui venait de l'âme et montait aux cieux. Il me sembla alors que vous souffriez, aussi vous, de cette indéfinissable maladie du siècle, qui a été la serre chaude où se sont étiolées les belles fleurs de mes années d'insouciance. — Me serais-je trompée, dites?

M. de Cupidon ne comprit pas.

Aussi sa réponse fut-elle beaucoup trop Louis XV, et força la baronne à reculer tout à fait son fauteuil d'un air sérieusement sévère. Ce que voyant, il se prit à songer en mordant ses lèvres qu'il en aurait pour un mois de cabinet de lecture avant d'être au courant de cette nouvelle variété d'amour. Cependant la baronne de Bois-Laurier était bien une des plus séduisantes personnes qu'il eût jamais vues, en ce moment surtout que, penchée et attentive, son col dessinait une courbe veloutée, miroitant à la lueur des bougies.

Après trois minutes de silence, elle quitta son ouvrage, et levant sur lui les yeux :

— Ce que c'est pourtant que de se confier à un galant homme ! dit-elle en souriant longuement.

M. de Cupidon fit un geste : il tressaillit et lança un regard olympien sur la jeune femme inclinée devant lui.

— Galant homme ! galant homme ! murmura-t-il mielleusement entre ses dents et en *composant son visage ;* certainement cette qualification a son prix, mais elle a aussi ses désavantages : ainsi, chère baronne, permettez-moi une supposition ; mettons en fait pour un instant que vous ayez affaire, non pas précisément à un malhonnête homme, mais à un infortuné sur qui vos charmes ont produit une si vive impression qu'il ne peut résister plus longtemps au désir de vous en faire l'aveu...

Et M. de Cupidon, dont la voix s'éteignit à propos, se laissa glisser le plus doucement possible aux pieds de la baronne, sans plus de bruit qu'un peloton qui tombe.

Elle ne le regarda pas, mais répondant directement à sa question :

— Oh ! j'avais pris mes mesures, dit-elle ; en admettant votre supposition comme probabilité, j'eusse fait placer auprès de moi et à la hauteur de mon bras... un cordon de sonnette... tenez, absolument comme celui que vous voyez au-dessus de ma tête, et que vous examiniez si fort quand je suis entrée...

— Ah ! ah ! fit M. de Cupidon en se relevant à demi.

— Lequel cordon, continua-t-elle, aurait communiqué à l'antichambre, où quatre de mes laquais...

— Peste ! fit M. de Cupidon en se relevant tout à fait.

Il y eut un moment de silence. M. de Cupidon était désarçonné, il alla s'asseoir sur le sofa.

— Comment trouvez-vous ce dessin? articula négligemment la jeune femme.

— Hum! hum! grommela-t-il sans se déranger.

— Mais il est impossible que vous puissiez y voir d'aussi loin, reprit-elle avec dépit.

C'était une invitation formelle.

M. de Cupidon sembla se lever avec effort, il alla lentement s'accouder sur le dossier du fauteuil, se pencha, — plus encore, — encore plus, — si bien qu'il effleura de ses lèvres le cou satiné de madame de Bois-Laurier.

— Monsieur! s'écria celle-ci.

— Je suis myope, baronne.

— Prenez-y garde, dit-elle, en montrant la sonnette vengeresse, je ne suis pas la baronne de Bois-Laurier pour rien.

— Soit, mais je suis M. de Cupidon pour quelque chose, répliqua-t-il, en rompant visière et attaquant de front l'ennemi. — De grâce, baronne, humanisons-nous un peu ; je ne demande pas mieux que de gagner mes égratignures en tout bien, tout honneur ; vous voyez que j'y mets de la bonne volonté ; mais songez que la vertu n'est plus de mode, que nul n'y croit et ne veut y croire ; c'est un habit que personne n'ose vêtir, tant il est râpé et rapiécé en cent endroits.

— Mon Dieu! vous êtes un homme effrayant ; mais je vous en préviens, si vous avez la monomanie de l'esprit, j'ai celle de la vertu.

— Il ne s'agit que de s'entendre, chère baronne. Nous avons encore notre espèce de vertu, si vous tenez absolument à vous draper de ce mot. Notre vertu, c'est un amant de moins que la comtesse, c'est un amant de plus que la présidente ; mais quoi que vous fassiez, ce ne sera jamais la grâce, la jeunesse, l'enjouement....

M. de Cupidon était très-éloquent, c'est-à-dire qu'il avait des dents blanches et des regards pleins de feu. La baronne se sentit troublée malgré elle, et ce fut en vain qu'elle essaya de donner le change à son émotion.

— Là, là, qu'avons-nous donc fait de si coupable pour nous attirer si verte mercuriale ?

— Madame, reprit sérieusement notre héros, — qui jouait depuis quelques instants avec une paire de ciseaux, « — vous vous êtes amusée sans remords de l'amour d'un « malheureux, d'un homme qui hier encore ne vous « connaissait pas, ne demandait pas à vous connaître, et « qui aujourd'hui emporte dans son âme et pour toujours « une passion profonde et invnicible qui le conduira au « tombeau. »

Disons, pour l'instruction du lecteur, que M. de Cupidon venait très-heureusement de jeter les yeux sur un roman moderne, — qu'il avait aperçu, entr'ouvert, sur le coin de la cheminée.

— Allons ! êtes-vous fou ? dit la baronne en posant vivement la main sur le bras de M. de Cupidon, — qui brandissait déjà les ciseaux dans un mouvement dramatique.

— Eh ! comment pourrait-il en être autrement, répondit-il d'un air mélancolique (*les yeux toujours tournés vers le roman*), « lorsque vous avez si cruellement refoulé « dans mon cœur tout ce qu'il pouvait y avoir de bon et « d'aimant... » (*Parlé.*) Quoi ! baronne, vous voulez inspirer de la jalousie à votre époux, et c'est moi que vous choisissez pour un semblable manége, et (*lisant*) « cela « sans me faire entendre un seul mot d'espoir ou de con-

« solation, sans me laisser deviner seulement le prix de
« mon sacrifice. » — Ah ! baronne, baronne, — qui veut
la fin veut les moyens....

Ici, M. de Cupidon coupa le cordon de sonnette de madame la baronne de Bois-Laurier.

CHAPITRE XVII.

Le plus court, mais le mieux rempli; — et qui prouve surabondamment que les baronnes d'aujourd'hui sont plus avancées que les baronnes d'autrefois.

Le lendemain, M. de Cupidon raconta cette bonne fortune à ses nouveaux amis.

— Eh bien! que dites-vous de mon aventure? demanda-t-il à Justin Ronan, qui l'avait écouté avec une grande attention.

Justin Ronan répondit :

— Je pense qu'il y manque une moralité, et je m'en vais vous la fournir.

— Voyons.

— Madame de Bois-Laurier est veuve depuis deux ans.

CHAPITRE XVIII.

Violente sortie de M. de Cupidon contre les grandes dames. Justin Ronan chante. Le musicien Brévignon devient narrateur à son tour. Une femme franche ; personne ne veut croire à son existence. Débats.

— Mais il n'y a donc plus aucune franchise aujourd'hui ! Vos mœurs sont donc entièrement et absolument acquises à la dissimulation ! Que ne revenez-vous au masque, dans ce cas, et aux roues de voiture enveloppées de linge ? Je ne reconnais plus là les Françaises, encore moins les Parisiennes ; la diplomatie en a fait des monstres !

Ainsi se désolait M. de Cupidon, tandis que Justin Ronan fredonnait cette vieille ariette :

> J'aime beaucoup les femmes blanches,
> Mais j'aime encor mieux le vin blanc ;
> Je n'ai pas vu de femmes franches,
> Mais j'ai bu souvent du vin franc.

Là-dessus, le musicien Gaspard Brévignon prit la parole :

— J'ai cependant connu une femme franche, dit-il.

Ce début fut accueilli par un hourra d'incrédulité.

— Quand je dis que je l'ai connue, reprit Brévignon, je me trompe ; mais j'ai beaucoup entendu parler d'elle.

— Ce n'est pas tout à fait la même chose, fit Justin Ronan ; et tu parles, mon cher Gaspard, comme cet *ana :* Connaissez-vous l'Amérique ! demandait un voyageur à un bourgeois. — Non, monsieur, mais j'ai un de mes beaux-frères qui a failli y aller.

— J'insiste, dit M. de Cupidon, pour avoir des renseignements sur cette femme franche.

On écouta le musicien Brévignon.

CHAPITRE XIX.

Un beau brin de fille.

I.

Aimez-vous les romans de cour d'assises, écrits par les forçats avec un instrument contondant ou signés avec une dose d'arsenic par une femme contrariée dans son amour. Voici un de ces écrits auquel il n'a manqué que fort peu de formalités pour figurer sous la rubrique *Tribunaux*. Je le tiens d'un vieux paysan de la Marche, qui me l'a donné *pour rien*, aux vacances dernières.

On ne savait pas, me disait-il, dans toute la province un plus adroit et plus courageux braconnier que le père Talon. Le son de sa carabine était connu à plus de dix lieues à la ronde, et de mémoire de garde-chasse il n'avait pas quatre fois manqué son coup dans sa vie.

Le père Talon s'était bâti dans les broussailles du hameau de Veldez une espèce de tanière, au-dessus de laquelle il avait accroché un brandon, sans doute dans le but de faire croire à la présence d'une auberge. Mais je vous eusse bien défié d'y rencontrer l'ombre d'une marmite ou le soupçon d'une casserole. C'était une manière de concession faite par lui aux exigences de la justice, qui, du reste, se souciait médiocrement d'avoir des démêlés avec un si habile tireur.

Le vieux braconnier ne se mettait jamais en campagne sans être escorté de son chien et de sa fille. Son chien était un animal fort laid, fort sale et fort intelligent, auquel il avait donné le nom ironique de *Gendarme*. Quant à sa fille, elle s'appelait Jeanne. Vous avez vu de ces belles et fortes natures chez les Arlésiennes et chez les Basquaises. Elle portait fièrement ses dix-sept ans écrits en flamme dans ses yeux curieux et grands, et dans ses cheveux tordus en câble. *Un beau brin de fille,* disaient les paysans en parlant d'elle, et cet éloge robuste Jeanne ne l'avait pas volé. Seulement trop de dédain peut-être éclatait sur sa lèvre d'un rouge sombre, cerise écrasée; ce front, traversé à son sommet par un pli grave, accusait peut-être une énergie trop virile; mais en revanche dans le duvet rose de ses joues, et surtout dans la fossette de son menton, il y avait suffisamment de quoi faire oublier le sérieux de certaines lignes, l'âpreté de certains contours. Sa gorge aurait brisé trois corsets de marquise. Jeanne était grande et la mieux faite de toutes les paysannes qui dansaient le dimanche la *sabotière* sous les ormes.

Les liens du sang étaient à peu près les seuls qui existassent entre Jeanne et le braconnier; protection d'une part et respect de l'autre, là se bornait l'échange. En fait de tendresse, ils n'en savaient ni n'en pouvaient davantage. Les devoirs de Jeanne se réduisaient à peu de chose. Pieds nus, la robe retroussée et attachée derrière la jupe, elle portait la carnassière de son père, en se suspendant de temps en temps aux branches d'arbre rencontrées.

A force de battre les buissons et les étangs, Jeanne finit par demander à son tour un fusil et de la poudre. Le jour où elle tira sa première poule d'eau fut pour elle un jour de fête. A partir de ce moment, hardie, mais docile écolière, l'œil brillant, le geste certain, elle ne tarda pas à devenir l'orgueil du vieux Talon, dont elle balança plus tard la terrible renommée.

Ces deux êtres de nature primitive et presque sauvage, le père et la fille, allaient à la chasse comme ils auraient été à la guerre. Ils y apportaient tous deux le même calme, la même conviction ; tous deux faisaient quelquefois des lieues entières, côte à côte, sans s'adresser un seul mot, sans échanger un seul regard. Leur pensée ne se rencontrait alors que dans un même appel à *Gendarme,* ce trait d'union vivant posé entre eux deux.

Mais en même temps que Jeanne faisait la chasse aux hôtes de l'air et des champs, l'amour faisait la chasse au cœur de la braconnière et la couchait en joue au tournant de chaque sentier. *Gibier des bois, gibier d'amour,* comme dit une vieille chanson. Plus d'une fois elle laissa partir l'oiseau — pour s'arrêter, rêveuse, devant les ailes d'un moulin où demeurait un beau garçon de vingt ans qui avait les plus charmants cheveux blonds qui se puissent trouver sous un bonnet de coton blanc. Plus d'une fois, elle rentra au logis, à la nuit tombante, les mains vides et le regard singulièrement ému.

On se doute bien que le père Talon s'aperçut de ce changement. Un jour qu'elle avait laissé échapper devant lui une caille, il fit entendre un juron d'impatience, et se mit à siffler entre ses dents, ainsi qu'il avait habitude de le faire lorsqu'il se trouvait sous l'empire d'une contrariété. Jeanne marchait en baissant la tête.

Tout à coup, après quelques minutes de silence, il se tourna vers elle et lui dit brusquement :

— A propos, Jeanne, j'ai songé à te marier.

— Moi, mon père?

— Pierre Lachaux m'a demandé ta main ; c'est un brave homme et un de mes amis ; je la lui ai accordée.

La jeune fille, qui avait d'abord beaucoup rougi, releva la tête d'un air étonné ; puis, souriant avec indifférence :

— Je n'aime pas Pierre, répondit-elle.

— C'est possible, mais je l'aime, moi.

Jeanne regarda son père, comme pour s'assurer s'il parlait sérieusement.

— Je ne veux pas me marier, dit-elle avec tranquillité.

Mais son père ne l'écoutait plus. Il venait de lancer son chien sur une pièce magnifique à laquelle il préparait un coup triomphal. Ce ne fut qu'après avoir relevé le canon de son fusil qu'il reprit l'entretien en ces termes :

— Pierre Lachaux viendra demain. Voilà trois ans qu'il a ma parole. Il sera ton mari dans huit jours.

C'était précis et concluant. Il n'y avait rien à répondre à cela. Jeanne garda ses réflexions pour elle.

II.

Après tout, c'était un assez bon parti que Pierre Lachaux, surtout pour la fille d'un quasi-brigand comme le vieux braconnier. Il avait fait les guerres d'Afrique et s'était vaillamment battu dans les buissons contre les chouans noirs de l'émir. On citait de lui beaucoup de traits de courage et de force. C'était surtout un homme d'entêtement et qui aurait mérité de naître en Bretagne, là où on trempe les hommes dans la mer et où on les met à sécher sous les chênes. Il était froid et parlait rarement; mais ce qu'il disait était toujours bien dit. Après avoir fait son service de sept ans, il était rentré au pays avec le grade de sergent-major, et il vivait en repos du produit d'une métairie que lui avait laissée sa mère. Ses traits, énergiques mais calmes, attestaient la double et salutaire fierté du soldat et du paysan.

Pierre Lachaux arriva le lendemain à l'auberge de Veldez, ainsi que l'avait annoncé le père Talon. Il écouta sans sourciller les observations de la jeune fille et l'aveu qu'elle lui fit de son amour pour un autre; quand elle eut fini, il lui prit cordialement les deux mains, et lui répondit en les serrant entre les siennes :

— Vous êtes une honnête fille. Merci.

Puis il lui tourna le dos.

— A quand la noce? dit le vieux braconnier, qui vint à passer dans la chambre.

— Toujours pour la huitaine, répondit Lachaux.

— Qu'est-ce que vous dites donc? fit Jeanne.

— Je dis que nous nous marions dans huit jours.

— Mais vous savez bien que je ne vous aime pas !

— Je le sais.

— Mais vous savez bien que j'aime Basile !

— Bon! cela se passera. Ce n'est pour moi qu'une affaire de patience.

A ces mots, qui annonçaient une sérieuse résolution, Jeanne vit bien que sa dernière chance d'espoir était perdue. Elle n'aimait déjà pas le sergent, elle comprit qu'elle allait le détester. Un profond et premier sentiment de haine se glissa au fond de ce jeune caractère, obligé de ployer pour la première fois devant la volonté de deux hommes.

Basile, le beau garde-moulin, reçut le soir même ses confidences et n'eut pas le courage de chercher à la consoler. Tous les deux, assis sur la mousse de la clairière, renouvelèrent à la face du ciel leurs serments d'amour éternel. Il y a des dandys au village comme à la ville, à Veldez comme à Paris, dans les moulins comme dans les salons ; Basile était de ceux-là. Une blouse a ses coquetteries de même qu'un habit noir ; et des sabots de bois blanc donnaient à Basile une grâce nonchalante, qu'il n'eût pas sans doute obtenue d'une paire de souliers vernis.

Comment Jeanne s'était laissé prendre d'abord à cette statue enfarinée, nous n'avons pas la prétention de l'expliquer ; c'est par cette même raison inconnue qui fait que les femmes les plus fortes s'éprennent des hommes les plus niais. Toutefois est-il qu'elle ne lui avait donné rien que son cœur ; mais ce rien était encore trop. Basile commençait à s'effrayer sérieusement de l'amour qu'il avait allumé par imprudence, éclair chez lui, incendie chez elle ; et, dans sa lâche pensée, il cherchait déjà les moyens de s'y soustraire. Jeanne, au contraire, nourrissait d'audacieux projets ; — et quand elle releva son pâle visage de dessus l'épaule de son amant, celui-ci vit briller à travers ses larmes l'éclair d'un regard étrange, qui le remplit d'effroi malgré lui.

Depuis cette entrevue, Jeanne sembla résignée à son sort. Le vieux Talon poursuivait avec activité les formalités nécessaires à la célébration du mariage.

La veille de la cérémonie nuptiale, il était parti de

grand matin pour la ville, laissant sa fille seule à la maison.

Il faisait beau temps, le soleil était à son midi.

Jeanne, le front songeur, le pied posé sur un escabeau, fourbissait avec soin une vieille carabine, lorsqu'un coup de marteau retentit à la porte de l'auberge.

C'était Pierre Lachaux.

Il ôta respectueusement son feutre gris, s'informa du père Talon, et, en attendant son retour, alla s'asseoir auprès de la fenêtre ouverte, — en bourrant sa pipe.

Jeanne n'avait pas quitté sa carabine.

C'était un tableau d'une simplicité à donner froid à l'âme.

Au dehors il y avait un ciel pur, de grands frémissements d'arbres, de l'herbe haute et mouillée.

Pierre regardait tout cela, et regardait aussi sa fiancée, à travers le nuage de tabac dont il s'environnait.

Jeanne eut un mouvement d'impatience à la vue de cette tranquillité si parfaite.

Elle suspendit son travail, et après l'avoir longtemps fixé d'un air singulier :

— Est-ce que vous avez toujours envie de m'épouser? lui demanda-t-elle.

— Demandez-moi si j'ai toujours l'envie de vivre, répondit Pierre. Je n'ai jamais aimé que trois personnes au monde : ma mère, la France et vous.

— Mais, moi, je vous ai dit que je ne vous aime pas, fit-elle avec amertume.

— Cela viendra.

Jeanne tressaillit et se mit à marcher dans la chambre. Au deuxième tour elle s'arrêta, et vint de nouveau se poser devant Pierre Lachaux, qui fumait toujours.

— Écoutez-moi, lui dit-elle d'une voix brève, et réfléchissez bien à ce que je vais vous dire. Sur mon honneur je vous l'affirme, si vous m'épousez, — je vous tue !

— C'est bien, fit-il avec calme ; je vous épouserai.

En ce moment le braconnier Talon rentra.

Jeanne retourna lentement à sa place, appuya son pied sur l'escabeau, et se reprit à fourbir la carabine.

III.

Une semaine environ s'était écoulée depuis les noces de Jeanne Talon et de Pierre Lachaux.

La jeune femme, dévorait ses larmes en silence ; souvent elle restait des heures entières, penchée sur l'appui de sa croisée, l'œil fixe, les lèvres pâles, sa pensée montant et descendant tour à tour dans l'abîme de sa douleur.

Dans ces instants, Pierre avait la discrétion de s'éloigner sans souffler un mot, une plainte.

Un vendredi, il la prévint qu'il avait besoin de se rendre au village de Chauny, en n'annonçant son retour que pour le soir. Jeanne lui répondit par un signe de tête ; et le sergent sortit en étouffant un soupir.

Ce jour-là, le père Talon et sa fille braconnèrent de compagnie ; c'était la première fois depuis trois semaines que cela leur arrivait, et le bonhomme ne se sentait pas d'aise. Comme à l'époque de son enfance, Jeanne avait retroussé sa robe autour de sa jupe, et les sentiers les plus rudes n'étaient que gazon à son pied nerveux ; une animation extraordinaire enflammait sa figure ; jamais son coup d'œil n'avait été plus heureux : jamais ses balles n'avaient porté si juste. *Gendarme* courait devant eux, et manifestait son allégresse par ses bonds.

Le temps passe vite en chassant, et il ne fallut rien moins que le coucher du soleil pour venir mettre un terme à cette ardeur guerroyante.

Au carrefour d'un bois, le père et la fille se séparèrent pour suivre chacun un chemin opposé. Jeanne rentrait au logis conjugal.

Elle marchait dans un sentier élevé en saillie au bord de la route et masqué par un rideau de chênes. Les ombres de la douleur descendaient dans son cœur avec les ombres de la nuit. Son sang battait plus vite dans ses artères, échauffé par les violents exercices de la journée. De temps en temps elle se retournait pour regarder aux alentours, et elle respirait péniblement.

Tout à coup elle s'arrêta.

Un homme passait sur la route en chantant un refrain de garnison.

Jeanne serra convulsivement sa carabine, — cette carabine que vous savez, — et elle s'agenouilla entre deux arbres.

C'est un assassinat ! lui murmura sa conscience ; c'est un serment ! lui répliqua son orgueil.

Un nuage sanglant descendit sur ses yeux, et un coup de feu se fit entendre.

Pierre Lachaux tomba sans pousser un cri.

— Touché ! dit-il ; je sais ce que c'est.

Jeanne demeura quelque temps étourdie sous le poids du crime qu'elle venait de commettre ; mais s'arrachant à son épouvante, elle jeta aussitôt son arme dans les broussailles et s'enfuit comme une folle dans la direction du moulin de Veldez.

— Basile ! Basile ! cria-t-elle, en battant éperdument le seuil de ses deux mains...

Mais Basile ne répondit point, et par une bonne raison, c'est que depuis trois jours Basile avait quitté le pays.

Le soir retrouva Jeanne en pleurs au pied du lit de son époux.

Des paysans l'avaient ramassé dans la poussière et transporté de chez lui sur un brancard ; sa blessure, quoique dangereuse, n'était pas mortelle.

Jeanne épiait son moindre souffle et se penchait à chacun de ses mouvements ; lorsque, — en voulant donner de l'air à la poitrine du blessé, — sa main rencontra un papier cacheté adressé au *procureur impérial*. Elle l'ouvrit avec vivacité, et lut, à la lueur d'une chandelle, les mots suivants : « Qu'on n'accuse personne de ma mort, c'est volontairement que je me tue. ».

Une larme roula le long de sa joue, — et ses lèvres s'appuyèrent pieusement sur le front de son mari.

La convalescence de Pierre dura quinze jours, pendant lesquels Jeanne ne cessa de montrer un dévouement sans exemple. Elle ne voulut céder à aucun autre le soin de le veiller, et ses nuits tout entières s'écoulèrent auprès de son chevet.

Aujourd'hui Pierre a une jambe cassée, mais il est adoré de sa femme.

CHAPITRE XX.

Si l'on faisait un vaudeville avec M. de Cupidon? Le bois de cerf. Chez la Gourdan. On cotoie le genre égrillard. Par qui ont été remplacées les courtisanes et les maîtresses. Justin Ronan prend congé de nous. On parle de lui. Je m'offre à raconter son histoire.

Nous passions ainsi notre temps à raconter des nouvelles comme dans le *Décaméron*. Gaspard Brévignon et Justin Ronan jouaient dans cette partie les rôles de Pamphile et de Dioneo.

Il vint une heure où l'on essaya de faire *poser* M. de Cupidon.

— Savez-vous, lui dit Ronan, qu'on pourrait écrire avec votre nom et avec votre personne, un très-gracieux vaudeville à travestissements? Je vois déjà cela sur l'affiche : *Mademoiselle Déjazet remplira le rôle de M. de Cupidon.* Il y aura matière à plusieurs actes. D'abord, au lever du rideau, un orage, les vents, la grêle, et puis un coup de sonnette à la porte d'un château isolé : *Ouvrez, dit-il, je suis nu.* Au deuxième acte, M. de Cupidon s'est habillé;

il a un œil de poudre, l'habit à basques murmurantes, le mouchoir parfumé aux lèvres; son talon a été frotté de rouge, car, semblable à un acrobate, il va s'élancer tout à l'heure sur la corde roide du couplet, il va bondir sur la grande scène de l'ivresse, il fera même l'exercice à l'arme blanche et donnera un coup d'épée au major. Ce sera un vaudeville fort agréable et écrit dans un charabia, que les dames du pourtour prendront pour le plus fin langage de la Régence. Je conseillerai surtout à l'auteur — que dis-je, à l'auteur? aux trois, aux quatre auteurs — de ne pas manquer de faire passer la tête d'un mari par une lucarne, surmontée d'un bois de cerf. Cela est d'un effet irrésistible.

— Mon cher monsieur, dit M. de Cupidon, il y a un peu d'amertume sous votre gaieté, et l'on devine sans effort que les directeurs de théâtre vous ont refusé plusieurs pièces.

— Bien touché! nous écriâmes-nous.

— C'est vrai, répondit Justin en riant; mais est-ce une raison pour que je me taise? J'ai la franchise de mon dépit, moi. Et je ne crois pas d'ailleurs me compromettre infiniment en avançant que les deux tiers des membres de la Société des auteurs dramatiques manquent absolument de grammaire.

— Oh! oh! murmurâmes-nous, d'un ton désapprobateur.

— Comment, oh! oh? continua le feuilletoniste; vous prenez le parti de ces gaillards-là, maintenant? Ah çà! ils ont l'argent, ils ont les applaudissements, ils ont les plus charmantes actrices, ils ont les honneurs de la critique unanime et régulière; et vous trouvez que ce n'est pas encore assez! Est-ce qu'ils voudraient prétendre par hasard au respect, à la valeur littéraires? Ah non! non, non. Ils auront tout, mais pas cela. Cela est à nous, et nous le gardons. Il faut bien que nous ayons quelque chose, au moins.

On dut imposer silence à Justin Ronan.

— Assez de littérature! implora M. de Cupidon; vous êtes trop exclusif, en vérité. Je ne suis pas venu à Paris pour apprendre les nouvelles façons de bien dire; j'y suis venu pour faire l'amour. Menez-moi chez la Gourdan.

Nous nous regardâmes d'un air stupéfait; et nous lui fîmes réitérer sa demande.

— Menez-moi chez la Gourdan, répéta-t-il en tournant sur le pied gauche.

Le dieu devenait immoral.

Du reste, j'avais prévu ce moment-là; il était impossible que les couplets licencieux de Collé ne se réveillassent point tôt ou tard dans la mémoire de M. de Cupidon, et qu'il ne voulût au moins quelques détails sur la Vénus tarifée.

— Nous ne vous mènerons, lui dis-je, ni chez la Gourdan ni chez la Pâris, non plus que chez les dames qui leur ont succédé; d'abord parce que de telles parties sont devenues d'un goût détestable, ensuite parce que je suppose que vous n'y apprendriez rien de nouveau. Le libertinage, cette poésie du vice, n'a plus les formes excessives d'autrefois; les princes du sang s'abstiennent à présent d'aller jouer au bouchon sur le sein des courtisanes, et Cambacérès, s'il revenait au monde, n'oserait plus s'arrêter à causer en plein jour avec les donzelles du Palais-Royal.

M. de Cupidon hocha la tête, et répondit :

— Je veux bien vous croire, mais pourtant vous savez

comme moi que le vice ne disparaît pas à Paris : il se transforme. Par quoi donc est-ce que vous avez remplacé les courtisanes, au dix-neuvième siècle ?

— Par les concubines.

— C'est moins réjouissant, murmura-t-il.

— D'accord. Mais nous n'avons pas autant que vos petits-maîtres l'esprit tourné vers la dissipation. Et puis, la bourgeoisie et le peuple, qui ont ramassé les vices de l'ancienne noblesse, manquent de l'argent nécessaire pour changer sept à huit fois par an de maîtresses, comme faisaient vos chevaliers et vos marquis. Dans ce cas, il faut prendre un parti moyen, et ce parti moyen c'est le concubinage. Le concubinage est à la portée de toutes les classes de la société; aussi, le moindre jeune homme qui arrive à Paris s'empresse-t-il de faire choix d'une jeune femme, pour balayer sa chambre, tenir ses pipes en bon ordre et partager son lit. Il arrive que cette femme se maintient un an, deux ans, trois ans, à ce poste élevé; elle s'y trouve aussi bien qu'à l'hôpital ou chez la Gourdan. Le jeune homme a également tout avantage à cet arrangement, car vous comprenez qu'une concubine, avec laquelle on loge, boit et mange, coûte infiniment moins qu'une maîtresse à caprices; et elle économise une bonne. On la domine, on la bat, on s'en fait aimer. Les étudiants et les ouvriers se sont particulièrement rendu compte de l'excellence de ce système. C'est ainsi que la jeunesse moderne fait l'apprentissage du mariage. L'autel de la nature, tant prôné sous la première République, a fini par s'installer à côté du vieux et mythologique autel de l'hyménée. On ne se cache plus; on dit : ma femme ! presque tout haut. Cela est parfaitement admis et n'étonne personne. Le jour d'un véritable mariage, par exemple, on prend son beau-père à part, et, dans une embrasure de croisée, on lui accuse trente mille livres de dettes et un enfant naturel. Le beau-père répond : Très-bien ! et l'on rentre au salon comme si rien ne s'était passé. On a même vu des beaux-pères qui signaient des contrats de rente pour les anciennes concubines de leur gendre. C'est touchant, n'est-ce pas ?

— Hum ! fit M. de Cupidon ; voilà des mœurs qui me semblent bien basses.

— Je ne dis pas le contraire, mais vous demandez à être éclairé. Je vous mets la lumière sous le nez ; tant pis si elle sent mauvais.

M. de Cupidon ne répondit rien.

Ce qui fut cause que la discussion sur ces graves matières en resta là.

Lorsque Justin Ronan nous quitta, à l'effet d'aller continuer son grand ouvrage, ce fut sur lui que tomba notre entretien.

M. de Cupidon dit :

— Ce jeune homme est réellement très-spirituel, mais il y a en lui quelque chose d'amer qui éloigne ou retarde la sympathie. L'un de vous sait-il ses aventures, ou du moins l'épisode auquel il doit cette moquerie perpétuelle ?

— Oui, répondis-je, et je connais d'autant mieux la vie de Justin Ronan, qu'à l'imitation de beaucoup d'esprits vaniteux, faibles et blessés, il ne s'est pas fait faute de l'écrire dans plusieurs de ses romans. En voici la version la plus fidèle, c'est-à-dire la première ; vous excuserez ce qu'il y a d'un peu puéril et de beaucoup *connu* dans ces infortunes d'un *tout jeune homme*, comme disent les feuilletons.

CHAPITRE XXI.

La bouteille vide et les feuilles de rose.

I.

L'égratignure

Un matin d'été, sous les saules, en Saintonge, Justin Ronan faisait ses adieux à Blonde d'Isernay, son amoureuse.

C'était un enfant de vingt ans qui partait pour Paris, seul, pauvre, à pied, afin d'aller écrire des livres d'amour pour les libraires et pour les journaux.

— Adieu, Blonde, disait-il à la jeune fille; le ciel aime ceux qui ont la force et la foi, et il les protége. Laisse fleurir deux fois les lilas et je reviendrai.

— En es-tu bien sûr, Justin?

— Oui, ma belle attristée, répondit-il en lui posant des fleurs dans les cheveux; — et alors j'aurai un nom, une fortune; tu seras ma compagne à jamais, je t'épouserai.

Blonde sourit mélancoliquement.

— Au moins, dit-elle, ne deviens ni trop riche, ni trop illustre : tu ne voudrais plus de moi.

— Moqueuse ! n'es-tu pas mon premier et mon seul amour ; ne nous sommes-nous pas donné notre jeunesse et notre vie tout entière ; ne sommes-nous pas fiancés jusqu'à la mort, comme les deux amants de Vérone ? — Ce ne sont pas des phrases de roman ; seule au monde avec ma muse, tu as ma pensée ; c'est pour toi que je veux la gloire et non pour moi ; je l'aurai, sois tranquille.

Mais Blonde répliqua :

— On dit que cela est bien difficile ; Justin, n'as-tu pas peur ?

— Regarde mon front, touche mon cœur. Partout l'audace, la sérénité, la confiance. Difficile, alors c'est possible !

Il se leva ; et tous les deux se mirent à marcher dans une allée, sous le soleil levant.

— Vois-tu, Blonde, lui disait-il, jamais le temps ne fut plus favorable aux poëtes ; la mode est aux aventures, aux fantaisies, aux contes fringants ou sentimentals. C'est le règne de l'intelligence. Le théâtre et la presse ouvrent leurs portes à tout battant devant les jeunes ambitions ; celui qui a *quelque chose là* peut se présenter hardiment. Les seuls incompris d'aujourd'hui, ce sont les impuissants et les paresseux. — La rime mène à tout ; c'est la clef d'or qui ouvre toutes les portes ; des poëtes, à présent, on en fait des consuls et des ambassadeurs. — Je te dis, mon ange, que j'ai raison de partir. Les obstacles ! j'ai vingt ans et je crois en moi ; que faut-il de plus pour les surmonter ? Le monde n'est-il pas toujours un peu pour les téméraires et pour les fous ? Tu prieras pour moi, d'ailleurs ; de loin tes vœux m'arriveront pour me rendre le courage aux heures de lassitude. Dieu et ma volonté feront le reste ; je t'aime !

Ce jeune homme parlait ainsi, un matin d'été, sous les saules, en Saintonge.

La jeune fille, elle, lui répondit de la sorte :

— Je t'attendrai, Justin. Ne me fais pas attendre toute ma vie. Je t'attendrai à ma fenêtre, comme ces pauvres châtelaines des ballades. Là-bas, pense à moi, le soir et le matin surtout, et puis aussi dans la journée, et puis toujours. — Oui, tu fais bien de t'en aller, mais je suis triste malgré moi devant ton espérance aux ailes ouvertes. Je crois à ton bonheur dans l'avenir, mais je ne crois pas au mien, je n'ose y croire. Aie donc de la confiance pour deux, et reviens bientôt.

Justin Ronan fit pencher la tête de la jeune fille jusqu'à ses lèvres, et mit un baiser sur son front.

— Adieu, Blonde.

— Déjà ? fit-elle tout effarée.

— Chaque mois, lorsque tu m'écriras, mets dans ta lettre une feuille de ces roses en bouquet qui sont à ta ceinture.

— Et quand il n'en restera plus ?

— Je reviendrai.

Blonde eut un soupir. Ils allèrent comme cela jusqu'au bout de la saulée, à un endroit fermé par une palissade, à quinze pas de la route. Là, ils s'arrêtèrent pour la dernière fois. Le soleil était le plus beau du monde, et, quoiqu'il ne fût pas midi, on voyait des étincelles d'or briller dans l'air. Le chemin se déroulait à perte de vue, blanc et poudreux ; mais personne n'y passait en ce moment.

A travers des bouquets de bois, on apercevait Saintes et ses jardins. La petite ville souriait d'aise en regardant couler la rivière.

Justin Ronan avait sa main dans celle de Blonde d'Isernay. La jeune fille ne pouvait se décider à le quitter ; ses yeux étaient fixés sur lui avec une inquiétude vague.

— Paris, c'est bien loin, murmura-t-elle.

— Qu'importe ?, dit le jeune homme qui se méprit sur le sens de ces mots, je suis fort et je ne connais point la fatigue. Dans huit jours, je serai arrivé. Callot et Goldsmith voyageaient de cette façon, et c'est la bonne. On a pour compagnon de route ce merveilleux personnage qui s'appelle le hasard ; on se couche sous les étoiles, on se réveille sous le soleil. La curiosité vous talonne, en bavardant à vos yeux, et l'amour vous fait le cœur vaillant.

— Justin, Justin, aime-moi bien !...

Le jeune homme sauta par-dessus la palissade. Un seul fossé le séparait maintenant de la route. Il envoya un dernier sourire à mademoiselle d'Isernay, qui pleurait, adossée contre un arbre, et il se trouva sur le chemin en quelques enjambées.

— Adieu, Blonde, dit-il ; — et, posant un baiser sur une rose mourante qu'il tenait, il la lui jeta avec son adieu.

La fleur tomba sur le visage de Blonde, et ses épines lui firent une égratignure à la joue.

— O mon Dieu ! pensa la jeune fille, est-ce un pressentiment que vous m'envoyez ?

II.

Kilomètres.

Justin Ronan s'en allait donc à Paris. — Le mal n'est pas là. Il se croyait du talent, et il voulait en vivre; c'est tout naturel. — Il avait dit adieu le soir à sa mère, et le matin à sa maîtresse; et maintenant il suivait en chantant la route que nous avons tous suivie, la grande route de l'espérance et de l'avenir. Bon courage, jeune homme! la chance peut vous sourire, comme elle a souri à tant d'autres, qui n'avaient peut-être ni votre esprit ni votre cœur. Marchez devant vous et toujours tout droit; au bout sont vos visions réalisées, assises en rond et couronnées d'épis!

Il écoutait la voix qui lui disait cela, tout en marchant. Son pied était leste et son regard rayonnait. C'était un brave garçon, ni grand, ni petit, élégamment proportionné, aux cheveux bien longs, bien tombants, — trop longs peut-être; mais je m'en vais vous dire: Justin Ronan donnait dans tous ces charmants caprices du bel air et des vêtements. Un rimeur lui semblait devoir être toujours un peu l'homme de ses rimes, comme Rubens et Wan-Dick étaient les hommes de leurs tableaux.

Passe donc pour ses longs cheveux. — Mais un autre tort, c'est qu'il paraissait moins amoureux de l'art lui-même que de la vie extérieure de l'artiste; — un grand tort, celui-là, et qui a égaré bien des intelligences de notre temps. Il ne voyait que le côté chatoyant de toute chose, le cadre au lieu de la toile, l'étoffe au lieu de la chair.

La biographie d'un grand homme l'arrêtait plus longtemps que son œuvre. — Que vous dirai-je enfin ? Il aimait Byron autant pour son *humour* que pour son génie ; Hoffmann au cabaret, et Beaumarchais accordant sa guitare le faisaient rêver pendant de longues heures.

Et parce qu'il se sentait le cœur bourdonnant de rêveries, comme Sterne ; parce qu'il aspirait après l'orgie, le champagne et les comédiennes, comme Chamfort ; parce qu'il voulait enfin la vie de ces gens-là, il avait commencé par leur emprunter leur allure flottante, et il s'était mis dévotement à refléter leurs travers en attendant de refléter leur talent. C'était donc moins un poëte qu'un *comédien de poésie*. Beaucoup s'en vont de la sorte, le nez au vent, les manchettes chiffonnées : — Parbleu ! disent-ils, s'il ne faut qu'une bonne mine, la strophe sur les lèvres, le désir des belles choses, l'amour, du fantasque et de l'imprévu, nous pouvons bien, nous aussi, prendre notre part de gala. Ainsi avait raisonné Justin Ronan, qui mesurait la force de ses dents à l'étendue de son appétit.

Mais ce Justin Ronan était jeune ; cela pouvait le sauver. Il arrivait avec son esprit tout neuf, son unique bagage. De la science, peu ou point. A quoi bon s'embarrasser de ce lourd convoi ? Le travail de la province ne devait donc pas lui être compté ; la province ne lui avait appris qu'à connaître de près le soleil, les champs, les collines, les eaux, et généralement toutes les petites bergeries que Dieu a créées et mises au monde pour l'agrément des bouviers et des phthisiques.

La province lui avait appris aussi l'amour. C'était quelque chose. Il avait rencontré la fille d'un gentillâtre, du comte d'Isernay, — et, depuis ce jour, il n'avait qu'un désir, qu'une pensée : se faire un nom qui lui valût un titre, une réputation qui lui tînt lieu de blason, une fortune qui lui tînt lieu de tout ; pour venir mettre titre, blason et fortune aux pieds de la jeune fille qui lui avait donné son âme.

C'est pourquoi Justin Ronan partait pour Paris, la ville aux pommes d'or.

III.

Le n° 6 de la place Royale.

« Blonde, ma chère Blonde, me voici depuis avant-hier en plein Paris, en plein océan. — Je loge là-bas, près des barrières ; là-haut, tout près du ciel. — Ah ! la *vilaine ville*, la *belle ville*, la *singulière ville !* comme dirait maint journaliste de ma connaissance. Tu ne saurais t'imaginer, toi, Blonde, ce qu'il y a de tapage, d'éclat, de misère, de laideur, de déraison, de pluie et de beau temps partout par là. — Il y a tant de choses à voir que j'ai pris le parti violent de n'en voir aucune.

« Pauvre Blonde, je suis triste cependant, plus triste que toi. Plus de mère, plus d'amante. Seul, tout seul. Aime-moi bien et de toutes tes forces, car tu es mon inspiration, mon rêve doré et adoré. — Tout le long de la route, j'ai eu ton nom dans le cœur, et à mes lèvres la boucle de cheveux que tu m'as donnée. Moi qui riais autrefois des amoureux de roman, cela m'apprendra désormais à être plus révérencieux vis-à-vis des Esplandian et des Amadis !

« Et tout d'abord, en arrivant, les pieds encore poudreux, le front encore brûlant de la fatigue du voyage, —

tu vas voir, — ma première pensée a été d'aller saluer celui qu'on nomme — le maître, — et dont, à l'ombre des saules, nous avons lu si souvent, avec des larmes dans les yeux, les poëmes sonores et les merveilleux drames. J'ai fait comme le soldat qui, la veille de la guerre, va faire bénir ses armes et demander au prêtre sa bénédiction.

« Il demeure, le grand poëte, en un coin obscur de Paris, sur une place aux maisons de briques, derrière des arbres. — Je me découvris respectueusement avant de frapper à sa porte. On m'introduisit dans une antichambre, et au bout de quelques minutes je me trouvai en présence d'un homme simple et bon, qui m'aborda en souriant, et se prit à causer avec moi de choses et d'autres. — D'où venez-vous? me demanda-t-il; et je m'enhardis à lui parler vivement de la Saintonge, ce beau pays où les collines sont si vertes, et où l'on aime tant. Lui ne me blâma pas d'être venu demander mon pain à la poésie; il ne chercha pas à m'en dégoûter par des lieux communs, par de vieilles phrases sur les *embûches*, les *orties*, les *précipices* qui attendaient mes premiers pas. Je lui en sus gré.

« — Seulement, me dit-il, avec sa voix douce et pénétrante, sachez résister aux entraînements faciles, aux tentations imprudentes de la muse. Si vous avez la conscience de votre talent, ayez le talent de votre conscience. N'allez pas chanter dans la rue, si vous avez la voix qui charme les palais. Respectez-vous, afin de faire respecter la poésie en vous. Mon ami, vous allez trouver tout à l'heure, qui sait? au tournant de ce faubourg peut-être, de jeunes fous avinés, qui viendront vous prendre par la main et vous inviter à entrer dans les guinguettes où ils se grisent avec la poésie et le style. Passez. Ne vous éparpillez pas, concentrez-vous. Ayez l'ambition haute, soyez hardi, soyez brave. Il y a des gens qui commencent par chasser au loup, afin d'apprendre à chasser au lion ; chassez au lion tout de suite. Ne vous amusez pas à modeler des statuettes, si vous pouvez tailler des statues. Pas de chemin de traverse ; frappez du premier coup là où vous voulez entrer. — Est-ce la comédie qui vous tente? alors ne prenez pas par le vaudeville pour y arriver. Est-ce le roman? alors n'essayez pas de la critique, qui dessèche et qui blase. — Laissez aux autres la ruse et la diplomatie, si vous avez la force [1].

« Blonde ! entends-tu bien ! entends-tu bien !

« — Vous n'êtes pas riche peut-être, reprit-il en me fixant avec intérêt ; — vous êtes pauvre, et le souci de votre existence pourra souvent vous détourner du travail sérieux et continu. Là est le danger réel. Prenez garde, Justin Ronan, car alors ces jeunes fous de tout à l'heure passeront devant votre souvenir ; vous vous aventurerez d'un pas distrait sur le seuil de leur orgie, regardant aux vitres, écoutant les couplets, hésitant et affamé, jusqu'à ce que, du premier étage, un convive vous appelle, la serviette au jabot. Alors vous assisterez à cette débauche intelligente, fascinatrice ; peut-être serez-vous étourdi, peut-être serez-vous perdu ; ce que font là tous ces cerveaux à l'envers, vous le verrez : ils font de l'esprit, un

---

[1] Ceux qui savent lire devineront facilement dans ces lignes un pastiche du style de M. Victor Hugo. L'auteur repousse néanmoins tout soupçon de raillerie. Mais comme tous les hommes de lettres d'avant 1851 ont gravi l'escalier du célèbre lyrique, je ne pouvais me dispenser de compléter par ce trait d'histoire mon esquisse littéraire.   (Note de l'auteur.)

esprit infernal, bouillant, alcoolique. Ils font de l'esprit avec tout ce qui leur tombe sous la main, avec la littérature, avec la politique, avec qui et quoi que ce soit, mais surtout avec l'esprit des autres. — Prenez garde ! s'ils vous mettent un verre à la bouche, ils vous mettront une plume à la main, et adieu votre liberté ! Vous écrirez, mais ils dicteront ; et adieu votre drame ou votre roman commencé ! Vous êtes désormais tout à l'esprit ; chez vous, la grimace a remplacé le sourire ; vous ne jouez plus dans la salle, vous paradez devant la porte. Vous n'êtes plus un poëte, vous êtes un bateleur poétique ; vous faites des tours de force, parce que vous sentez chaque jour que votre force s'en va.

« Composez des sermons comme Diderot, copiez de la musique comme Jean-Jacques, plutôt que de tremper votre plume dans une encre mauvaise. Le jour, faites du pain comme Reboul, ou des barbes comme Jasmin : — et quand vient le soir, montez dans votre mansarde, et faites des vers ! D'ailleurs, faut-il donc si longtemps pour pousser une œuvre hors de son cœur ? Vigny a écrit *Chatterton* en dix-sept nuits ; *Hernani* a été fait en trois mois. Quel âge avez-vous ? vingt ans. Au travail, mon ami ! au travail ! La main vous démange et la tête doit vous brûler ; qui sait s'il n'en sortira pas quelque Minerve rayonnante ? Venez me voir, quand vous aurez terminé quelque chose. Isolez-vous, soyez laborieux, pensez à votre mère, — à votre amante ; — fermez les yeux au tourbillon de Paris ; restez à la fois un brave poëte et un brave garçon, et si vous avez le talent, je vous promets la gloire. — A bientôt, n'est-ce pas ? »

« Et il me tendit la main, à moi qui l'écoutais, tremblant, avide, ému.

« Sur le seuil du salon :

« — Drame ou roman ? me dit-il avec un dernier sourire, comme il me reconduisait.

— Oh ! drame ! drame ! m'écriai-je, l'éclair dans les yeux.

— Je vous attends.

« Blonde plus de larmes, plus de regrets. Je serai un grand poëte. Il me l'a dit. Croyons-le. Blonde, voici la nuit qui vient, la nuit grave et silencieuse, la nuit du travail. Ma lampe est allumée, les cloches se taisent au lointain. Il est l'heure. Pense à moi.

« Blonde, adieu. »

IV.

Framboise.

Quinze jours après, Justin Ronan fumait un cigare dans l'appartement d'une petite actrice qui habitait la même maison que lui, trois étages au-dessous.

Elle s'appelait Framboise, et elle jouait dans un théâtre infime des boulevards. Il l'avait rencontrée plusieurs fois sur l'escalier. La première fois, c'était à peine s'il avait jeté les yeux sur elle, tant son drame l'absorbait. La seconde fois, il l'avait saluée. La troisième fois il lui avait souri ; et, le soir, il était descendu chez elle, son premier acte sous le bras, dans l'intention de le lui lire.

C'était une petite brune, toute mignonne et vive, fort gentiment chiffonnée. Elle trouva Justin de son goût, écouta son fragment de drame à demi couchée sur un sofa, lui dit que ce *n'était pas mal*, et lui donna quelques conseils. — Ils se mirent ensuite à la croisée et causèrent un peu à l'aventure. Puis, à un certain coup de sonnette, qui annonçait sans doute un Turcaret ou un Moncade, elle le poussa dans une armoire où il demeura trois quarts d'heure.

Ce premier chapitre de roman eut pour résultat de le rendre au travail pendant quelques jours. — Néanmoins, l'image de mademoiselle Frambroise galopait dans sa tête, en dépit de lui-même. Il ne pouvait se dissimuler qu'elle ne fût excessivement agaçante. Ainsi devait être Fannier, la maîtresse de Dorat, — et il songeait qu'il serait charmant d'imiter Dorat. Son esprit, toujours préoccupé du côté pittoresque des choses, caressait cette idée en souriant. Il finit par en faire part à la petite actrice.

Framboise lui jeta un éclat de rire au bout du nez, et, comme elle étudiait en ce moment un rôle d'innocente dans une pièce nouvelle — de M. Léon Laya — elle se prit à jouer la vertu avec Justin Ronan, qui lui servit de répétiteur sans le savoir en lui donnant la réplique. Elle lui laissa entendre aussi qu'elle voulait tous les bénéfices d'une amourette littéraire; et, dans l'espoir de subjuguer cette — *inhumaine* — il ne s'occupa plus qu'à tourner des rondeaux, à aiguiser des épîtres et des stances, dont Framboise, le matin, faisait des papillotes.

Cependant Justin, dont le drame n'avançait guère, dépourvu de ressources, se vit bientôt dans la nécessité de chercher un emploi qui l'aidât à vivre pendant un temps. Il ramassa une place de commis quelque part, et partagea dès lors sa vie en deux moitiés, donnant l'une au négoce et l'autre à son drame, ou plutôt à mademoiselle Framboise.

Mais il arriva que lorsque cette dernière eut créé son

rôle d'ingénue dans la pièce nouvelle de M. Léon Laya, elle se trouva tout à fait à court de *ficelles* dramatiques vis-à-vis de Justin ; et, ne voulant toutefois ni se rendre ni le mettre à la porte, elle lui dit formellement entre deux yeux :

— Mon petit, je n'aurai rien à vous refuser quand vous m'aurez fait un rôle dans un vaudeville de votre façon.

— Mais, ma chère Framboise, vous savez bien que je ne fais pas de vaudeville, avait-il répondu.

— Eh bien! vous en ferez, voilà tout.

Justin Ronan monta chez lui fort embarrassé. On lui demandait la seule preuve d'amour qu'il ne crût pas devoir donner, sans dévier de sa ligne de conduite. Il travailla mal à son drame ébauché, et, malgré lui, en se couchant, il se surprit à fredonner deux ou trois refrains sur les timbres les plus connus de la *Clef du caveau.*

En conséquence, deux mois ne s'étaient pas écoulés, que l'affiche du théâtre des Folies-Dramatiques annonçait la première représention de : *Sous le lit de madame la baronne,* vaudeville en un acte, dans lequel mademoiselle Framboise devait se montrer sous un ravissant costume de mousquetaire.

La pièce alla aux nues.

V.

Sous le lit de madame la baronne.

On avait flanqué Justin Ronan de deux collaborateurs, un à droite, l'autre à gauche, — qui avaient abondamment saupoudré son vaudeville de poivre, de gros mots, d'assiettes cassées et de bastonnade. Grâce à eux — et surtout grâce au maillot de mademoiselle Framboise — ce brillant début d'un jeune homme frais débarqué de la province fut remarqué du feuilleton, qui s'empressa de signaler le lever de ce nouvel astre à l'horizon du boulevard du Temple. Justin ne laissa pas que d'être un peu honteux de son succès, mais comme il avait *ses entrées dans les coulisses* et qu'il était devenu l'amant en titre de Framboise, — il assoupit ses remords. J'ai dit qu'il avait de l'esprit et de la verve, trop de verve. Un petit journal entreprit de le gagner et lui fit à ce sujet quelques propositions. Justin Ronan, disons-le à sa louange, refusa nettement et de prime abord.

Mais pour cela, il ne crut point devoir rompre avec cette vie mal cousue — dans laquelle il avait déjà un pied, et qui lui semblait une des conditions nécessaires du talent. Il se trouva par suite entraîné dans un monde de folie et de dissipation, qui lui ravit un temps inestimable. Au travail continu, régulier, fécond, succéda bientôt chez lui le travail intermittent, fiévreux, stérile. — La tête chaude des fumées d'un souper, il écrivait sur le bord d'une table ou dans la loge de Framboise, — plutôt la nuit que le jour, — dans les estaminets qu'il s'était mis à fréquenter, au bruit des conversations, des dominos ou de la musique. Il jouait enfin à ce jeu fatigant de l'originalité, qui avait tant d'attrait pour lui. Ses cheveux inondaient son épaule maintenant, il ne portait plus que des cravates bizarres et des habits fantastiquement coupés. Il avait une canne comme M. de Balzac, des lévriers comme M. de Lamartine, — et une collection aussi variée que nombreuse de tics nerveux et de distractions, empruntés diversement à toutes les célébrités.

Justin Ronan avait à peu près renoncé à sa mansarde, pour vivre dans le bruit. La mansarde, cette seule chose qui eût pu le sauver ! Il avait lu tant de fois que l'esprit et le génie couraient les rues, qu'il s'était mis à courir après eux, parce que cela lui semblait plus simple et plus sûr que de les inviter à monter chez lui. Il avait entrepris cette course à travers le hasard et toutes les passions mal contenues de la jeunesse. En peu de temps, il fut signalé comme un des plus joyeux bohêmes de la petite littérature, de la littérature du ruisseau. On cita deux ou trois mots de lui, qui étaient excellents ; on lui en prêta cinq ou six autres parfaitement détestables ; — et de ce jour il se vit à la tête d'une réputation en profil.

Ce n'est pas tout. Un soir qu'on parlait de lui au divan Le Pelletier, quelques journalistes du *Corsaire* imaginèrent de lui donner le baptême du tropique, dans un article mordant et bien fouillé. Une vingtaine de lignes firent l'affaire. On y causait entre autres choses de sa liaison avec Framboise, de son drame dont il avait laissé percer quelques mots, et que l'on éreintait par avance, de ses prétentions à l'art sérieux. L'article était hérissé de traits aigus, comme un porc-épic. On le lut à haute voix avant de l'envoyer à l'imprimerie. Il n'y eut qu'un éclat de rire dans un bravo. Tout le monde décréta que Justin Ronan était supérieurement démoli.

Il se trouvait le lendemain dans les coulisses, le dos contre un arbre en carton, s'entretenant avec une *queue-rouge*, lorsque Framboise, pâle de colère, vint lui montrer l'article en question. Justin ne dit pas un mot ; il s'informa seulement des auteurs et serra la feuille dans sa poche ; et comme il avait vu descendre à l'orchestre le directeur du *Sifflet d'argent*, — le plus abominable pamphlet de Paris, — celui-là même qui lui avait fait des avances dans le principe, il alla droit à lui dans l'entr'acte et lui posa la main sur l'épaule.

— Tiens, c'est vous, Ronan, qu'est-ce que vous me voulez?

— Demain, dit-il, je vous enverrai de la copie.

— Ah! ah! mon gaillard, vous avez lu l'entre-filet du *Corsaire?* A la bonne heure, au moins. Il ne faut que piquer les taureaux pour les exciter. Entre nous, ils ont été un peu loin pour la petite. Ne les ménagez pas.

— Soyez tranquille.

Dans le foyer des comédiens, sur une table à toilette, entre un pot de rouge et un poignard en fer-blanc, Justin Ronan écrivit trois colonnes de diatribes sur les habitués du divan Le Pelletier.

Il trouva chez lui une lettre de Blonde.

VI.

Une feuille de rose.

Château d'Isernay, 20 septembre.

« Justin, voilà quelque temps que tu ne m'écris plus. — C'est que sans doute tu es bien occupé. Travaille, mon ami, oh! travaille. Seulement envoie-moi un mot, rien qu'un, pour me montrer que tu penses toujours à moi.

« Tu ne sais pas combien la tristesse m'enveloppe dans cette campagne si déserte depuis que tu l'as quittée. Je ne te dis pas les larmes répandues silencieusement dans notre allée des saules, au pied des arbres qui nous ont si souvent abrités de leur ombre et qui vont bientôt s'effeuiller. — Tu les devines, ces larmes.

« Depuis trois semaines, mon père est malade, — bien malade. Je ne le quitte presque pas de la journée. Avant-hier, dans l'après-midi, il a voulu un peu sortir. Nous avons été jusqu'à la ferme de Seguin. Il s'est assis sur le banc qui est devant la porte, et s'est amusé à regarder trois ou quatre petites filles de sept à dix ans. — Oh! mon ami, pourquoi les hasards les plus simples nous remuent-ils parfois si profondément? Pendant que mon père regardait danser en souriant ces chères petites, moi je les écoutais chanter en tenant mon cœur à deux mains; — elles disaient une vieille ronde que voici :

> Dans l'eau d'une fontaine
> Me suis lavé les pieds;
> D'une feuille de chêne
> Me les suis essuyés.
> — Que ne m'a-t-on donné
> Celui que j'ai tant aimé !
>
> J'ai entendu la voix
> D'un rossignol chanter;
> Chante, rossignol, chante,
> Tu as le cœur tant gai.
> — Que ne m'a-t-on donné
> Celui que j'ai tant aimé !
>
> Tu as le cœur tant gai,
> Et moi je l'ai navré;
> C'est de mon ami Pierre
> Qui s'en est en allé.
> — Que ne m'a-t-on donné
> Celui que j'ai tant aimé !

« Je ne puis pas t'exprimer la peine que m'ont causée ces paroles si naïves. Le soir, je me suis aperçue qu'elles étaient dans mon souvenir.

« Ne tarde pas à me répondre, mon bon Justin. — Mon âme est si triste! — Songe que personne ici ne me parle de toi. L'autre jour pourtant, en parcourant le journal de mon père, — comme je le fais tous les matins, afin de voir si tu deviens célèbre, — j'ai su que l'on venait de représenter une jolie petite pièce signée de ton nom. Pourquoi ne m'en as-tu rien dit?

« Aime-moi toujours et n'aime que moi. J'ai peur de ton Paris. Rassure-moi donc! — Travaille sans cesse, afin de ne voir personne et pour ne penser qu'à ta Blonde, à cette pauvre jalouse, qui ne vit là-bas que par ton amour et pour ton amour.

> Que ne m'a-t-on donné
> Celui que j'ai tant aimé!...

« *P. S.* La fièvre de mon père vient de redoubler cette nuit. Je suis dans une vive inquiétude. Le médecin ne le quitte presque plus. »

VII.

Le Sifflet d'argent.

Ce n'est pas précisément un tableau de mœurs littéraires que nous avons voulu tracer. — D'autres ont déjà dit les misères, les joies, les scandales, les turpitudes et les héroïsmes de cette vie. Il n'y aurait que présomption de ma part à venir ajouter aujourd'hui quelques traits au tableau. J'ai seulement entrepris de peindre dans Justin Ronan un caractère jusqu'ici relégué dans l'ombre et qui se fait de jour en jour plus commun. Force m'a bien été de le suivre sur un terrain exploité.

Une fois sur la pente du journalisme de bas étage, l'auteur de *Sous le lit de madame la baronne* roula de degré en degré jusqu'au fond de la fosse. Les prédictions s'étaient réalisées. Il eut beau chercher à se cramponner à la rampe, — la rampe était en cuivre, elle glissa sous ses doigts. D'ailleurs, sa singulière nature lui fit trouver un certain charme dans cette lutte de tous les jours, dans cette fougue dépensée à tort et à travers. Du feu de sa pensée, dont il aurait pu faire un astre en le concentrant, il ne fit qu'un paquet de pétards et de marrons d'artifice. D'abord, il n'avait guère voulu que venger Framboise. Mais ses premiers articles dans le *Sifflet d'argent* eurent un retentissement fâcheux. C'était neuf, c'était violent, c'était *jeté*. Il se ruait sur ses adversaires avec une force qui n'excluait ni l'esprit, ni l'élégance. Supposez Goliath journaliste, Goliath en rubans. — Plusieurs lui firent l'honneur de lui répondre. Une polémique s'engage. Justin Ronan fit face à tous. Par malheur, son style eut des éclaboussures qui atteignirent de çà de là plusieurs personnages désintéressés dans l'affaire. Ce furent autant d'ennemis. Il n'y prit pas garde. Il alla son train.

— Pourquoi, se disait-il, ne ferais-je pas comme Fréron, comme Voltaire, comme Rivarol, qui n'hésitaient pas, eux, à se jeter dans cette grande arène pour venir secouer sur la foule les grelots de leur esprit ? Le poëte est-il un bénédictin pour se cloîtrer sans pitié? Ne doit-il pas, au contraire, vivre au milieu de la multitude, s'il en veut reproduire les vices et les passions? Je déblaie moi-même ma route, où est le tort? Je me fais mon propre annonciateur et mon avocat. Je puis devenir une puissance, être redouté, être envié, enlever toutes positions à la pointe de ma plume! Ce serait folie que de ne pas marcher en avant.

Il marcha donc en avant. Il fit merveille. Ce fut bientôt un des plus vaillants tirailleurs de la petite presse. Après deux ou trois escarmouches dans lesquelles l'avantage resta tout de son côté, on le nomma d'une voix unanime rédacteur en chef du *Sifflet d'argent*. Il triomphait. — Parvenu à ce poste dangereux, Justin Ronan ne connut plus de bornes à son débraillé de convention. Il trouva de bon goût de changer de maîtresse, il donna son congé à Framboise. Sur toute la ligne des théâtres du boulevard il joua le rôle de Jupiter-tonnant et de sultan Saladin, faisant et défaisant des réputations, protégeant les plus bêtes créatures du monde, jetant à droite et à gauche son talent, son cœur et sa santé, — joyeux ou mélancolique, — mais d'une joie et d'une mélancolie toujours ironique et moqueuse, car il ne vivait plus maintenant que pour le sarcasme. Les plus beaux sentiments ne lui arrivaient qu'à l'état de pointe et de saillie. Au fond d'une action sublime, c'était une plaisanterie qu'il cherchait. Il eût laissé bien loin derrière lui Cicéron, qui se consolait de la mort d'un des siens en songeant aux belles pages qu'elle allait lui inspirer.

En littérature, c'était un ogre. Il flairait la chair fraîche. Il attaquait les auteurs au coin des feuilletons, les détroussait et les laissait pour morts sur la place. Ce fut lui, un des premiers, qui mit à la mode la peine des indiscrétions de la vie privée applicable aux infiniment petits.

Dans sa fureur de faire ressortir tout éclat et toute enluminure, il ne contribua pas peu à discréditer dans ces derniers temps la jeune école littéraire, par ses révélations. Cet homme, peintre à sa manière, coloriste endiablé, se créait un monde à sa fantaisie, tout rempli d'écarts, de lazzis, de gambades, d'extravagances; un monde de pasquins et d'hidalgos, qu'il empilait bon gré mal gré dans le chariot d'un nouveau *Roman comique* dont il se faisait le Scarron, et qu'il conduisait à grands coups de fouet, au milieu des éclats de rire des passants.

Cet amour du paillon lui fit donner un surnom qu'il a toujours gardé ; on l'appela : la *dernière lame de Tolède*.

Vous dire s'il avait laissé là son drame, vous le devinez. A peine avait-il répondu à cette lettre de Blonde qu'on vient de lire tout à l'heure. Depuis, les autres lettres de la fille du comte d'Isernay étaient toutes demeurées sans réponse, et elle avait fini par ne plus écrire Justin Ronan eut bien quelquefois l'intention de ressaisir cette affection pure de ses premières années, qui se réveillait souvent dans son cœur ; mais l'entraînement de sa vie, le cours de sa destinée étaient venus chaque fois le remporter dans le gouffre parisien, — au moment où il tendait les bras vers l'image gracieuse de la jeune fille qui, là-bas, s'en allait d'amour pour lui.

Un an après son départ de la Saintonge, voilà donc à quoi étaient venus aboutir les rêves ardents et les espoirs superbes de Justin : à la rédaction du *Sifflet d'argent !* Du moins la fortune lui avait-elle souri, dans ce mauvais et trop facile métier? Mon Dieu ! non ; et c'est là encore ce qui plaide en faveur des voies tranquilles et probes. Sa position lui avait créé des besoins exceptionnels, déréglés, luxueux, qu'il voulut satisfaire à tout prix et pour lesquels il ne recula point devant les dettes. Au contraire, cela lui semblait rigoureusement indispensable d'avoir des créanciers. Il les traitait à la façon du *Don Juan* de Molière et des marquis de l'ancien répertoire.

Cependant un d'entre eux, qui ne possédait point les hautes traditions, l'envoya pour un mois à la prison de Clichy, — ce qui parut à Justin du *dernier plaisant*, mais ce qui ne le corrigea pas davantage.

Il eut deux ou trois procès en diffamation, tout l'attirail d'une renommée à faire peur. Les artistes le détestaient, les bourgeois en étaient épouvantés. Il n'était point de réputation qu'il n'eût écornée par quelque bout, point de statue dont il n'eût ébranlé le piédestal. Il n'était pas né méchant pourtant, mais il sacrifiait tout à l'esprit, au bon mot, au *besoin de copie* surtout, car le besoin de copie renferme à peu près toute la partie odieuse de l'histoire de la petite presse. C'est le besoin de copie qui met l'épigramme à la main. L'homme qu'on admire et qu'on respecte le plus, devant le talent de qui l'on dresse un culte au fond de son cœur, — cet homme-là sera peut-être celui qu'on sacrifiera demain au besoin de copie. On ne sait que dire, il se fait tard, l'imprimeur est là qui attend; on prend alors à partie le premier venu qui nous tombe sous l'idée, celui qui passait tout à l'heure en nous souhaitant le bonsoir, un ami de la veille — un ennemi du lendemain. C'est le besoin de copie qui a brisé tant de courages, tué tant d'avenirs, anéanti tant d'espérances en fleurs, qui a souvent été cause que l'écrivain a déchiré son livre, que le peintre a lancé son pinceau, que le musicien a lancé son Amati contre le mur, dans un instant de désespoir. Telle critique d'un homme ou d'une œuvre ne devait avoir qu'une douzaine de lignes; mais l'imprimeur en veut davantage, et l'on enfile cinq ou six injustices à la suite, — peu importe, — pourvu qu'il y en ait suffisamment et que l'imprimeur soit satisfait. Le besoin de copie est au petit journal ce que le *post-scriptum* est à la lettre d'une femme.

Or, voici ce qui arriva à Justin Ronan, — un jour qu'il avait besoin de copie.

VIII.

M. J. B. Nazanje.

Il pouvait transcrire une page du *Télémaque*, — rhabiller de neuf un vieil ana et le mettre sur le compte de M. Trois-Étoiles, — puiser dans le sac aux puffs américains, — faire enlever Fanny Elsler par les pirates du Levant, — asseoir M. Clairville ou M. de Roosmalen dans un fauteuil d'académie. Il préféra, comme l'on était à l'époque du *steeple-chase* de la Croix-de-Berny, s'en prendre à un brave homme, grand amateur de chevaux, — sur lequel il fit tomber le ridicule, à petits grêlons de la grosseur des pois chiches.

M. J. B. Nazanje, élevé dans les mœurs britanniques, ne s'étonna de cette agression que tout juste ce qu'il fallait pour ne point déranger le nœud de sa cravate. En déjeunant au café Anglais, il relut trois fois le paragraphe du *Sifflet d'argent* qui le concernait, et conclut qu'il était injurieux pour sa personne. En conséquence, à l'heure de midi, prenant par le boulevard, il se dirigea nonchalamment vers le bureau du journal.

Justin Ronan n'y était pas. Le dandy s'installa, pour l'attendre, dans le cabinet de rédaction. Il vit tour à tour arriver les habitués de l'endroit, critiques en herbe, feuilletonistes dans l'œuf. — M. J. B. Nazanje, qui était un homme de savoir-vivre, mit son porte-cigare à la disposition de ces messieurs et causa volontiers avec eux. — Sur ces entrefaites, Justin Ronan entra.

M. Nazanje l'attira dans une embrasure de croisée et lui tint ce langage :

— Vous avez fait contre moi un article fort spirituel, monsieur. Toutefois, vous avez oublié que je n'appartiens ni à la politique, ni à la littérature, ni à aucun emploi public susceptible du contrôle de l'opinion. Je ne suis rien qu'un homme du monde. La partie n'est donc pas égale entre nous. Un artiste répond à la critique par des œuvres; comment faut-il que réponde un gentleman?

— Je vous comprends, monsieur, dit Justin Ronan avec hauteur.

— Autrefois, poursuivit M. J. B. Nazanje, je ne me serais point donné la peine de monter chez vous. La noblesse du siècle dernier ne traitait pas elle-même ces affaires-là. M. de Rohan fit bâtonner M. Arouet et lui tourna le dos ensuite lorsque celui-ci vint lui demander raison de son outrage. Mais nous ne sommes, vous et moi, ni M. Arouet ni M. de Rohan.

— Assez, monsieur! s'écria Justin, dont le sang pourprait le visage.

Le dandy secoua la cendre de son cigare.

— Permettez, dit-il; je me bats avec vous, mais je tiens à expliquer, — devant ces messieurs, — les motifs de ma complaisance. Supposez que nous sommes deux journalistes : vous m'avez envoyé votre bordée, je vous envoie la mienne; et vous n'ignorez pas que la loi m'accorde en étendue le double de l'article incriminé.

Justin Ronan se posa devant lui, croisant les bras :

— Dites, monsieur.

— D'abord, vous allez emmener un témoin. J'ai fait arrêter une citadine devant la porte. J'ai le choix des armes. Je prends le pistolet. C'est fâcheux pour vous, monsieur; j'y suis de première force.

Il disait vrai.

— Ensuite? demanda le journaliste.

— Voici. Nous allons à la porte Maillot. Une fois dans une allée déserte, nous nous plaçons. Je vous ajuste, et je vous casse l'épaule.

Justin Ronan sourit. Il était brave, du moins.

— Est-ce tout, monsieur ?

— C'est tout.

— Alors, partons.

En passant devant le Jockey's Club, M. J. B. Nazanje prit un témoin. Arrivés au plus épais du bois de Boulogne, les deux adversaires se mirent en position vis-à-vis l'un de l'autre.

M. Nazanje leva son pistolet.

— A l'épaule, dit-il en souriant.

— Bah ! lui cria Justin, visez au cœur. Je vous ai déjà mis en feuilleton. Au sortir de convalescence, je vous mettrais en vaudeville !

Le coup partit.

Justin Ronan tomba, l'épaule fracassée.

On le transporta dans sa chambre, où les premiers

soins lui furent prodigués par un médecin. La blessure était grave, et elle entraîna une fièvre de quelques jours. Lorsqu'il revint à lui, il aperçut une jeune fille, vêtue de deuil, qui sanglottait à son chevet.

— Blonde! s'écria-t-il.

Il referma les yeux.

IX.

Blonde.

L'automne jetait alors au vent ses dernières feuilles. C'est le moment des élégies par excellence et des romans sensibles. Justin Ronan se consola de sa blessure avec cette idée, et ne songea plus qu'à exploiter le côté romanesque de son duel. Il s'encadra, du mieux qu'il put, dans cette aventure de *cape et d'épée*, et se composa une physionomie intéressante avec ses souvenirs de cabinet de lecture. — Étendu dans un grand fauteuil, pâle, le visage penché, devant la fenêtre ouverte, il envoyait son regard vers les étoiles naissantes et laissait pendre un de ses bras à l'abandon.

Blonde était assise à ses pieds.

Elle lui racontait la mort de son père, à elle, sa douleur profonde à cet événement, son départ de la Saintonge où tout n'était que souvenirs amers, son départ avec une sienne tante, — et enfin son arrivée à Paris, où elle n'avait eu qu'une pensée, le voir encore une fois, — lui, Justin — et s'en aller après finir ses jours dans un couvent.

— Tu m'as oublié, disait-elle; j'avais mis ma vie dans

ton amour, tu m'as repris ton amour ; que ferais-je maintenant de la vie ?

Mais il la consolait en lui jurant que, dans ses plus grands écarts, son souvenir était toujours monté à son cœur, comme un remords; qu'il n'avait eu jamais de véritable amour que pour elle ; que c'était la vie de Paris qui l'avait empêché de répondre à ses lettres ; et aussi les soucis de sa position littéraire. Il lui disait cela avec une voix éteinte, avec un sourire soupiré, en tenant ses deux mains dans les siennes. Et la jeune fille se laissait aller malgré elle au charme de ce sourire, de cette voix, à ce tendre sentiment mêlé de sollicitude, à cette poésie de la convalescence, un soir d'automne, au crépuscule, dans la mansarde du premier amant.

— Tu ne sais pas que j'ai failli en mourir, Justin ? Tu ne sais pas que j'en serais peut-être morte, si je n'avais pas eu mon père à veiller jusqu'au dernier jour ? Est-ce que j'aurais jamais pensé, moi, que tu pouvais m'oublier ? Vois-tu, je suis une fille chrétienne, et pourtant, un jour, en passant près de l'étang où se baignent les saules, là où nous nous sommes vus la dernière fois — que le ciel me pardonne ! — mais je croyais y voir ton image, et il me semblait t'entendre m'appeler du fond de l'eau...

— Oh! Blonde ! Blonde ! je suis un misérable !

— Non, fit-elle avec un admirable sourire, c'est moi qui t'aime trop. Je tâcherai de me corriger. Mais ne parlons plus de cela, je suis une folle et je ne songe plus que tu es encore malade. Ah ! que j'ai souffert, mon ami, quand je t'ai vu ramener presque mort : j'ai senti que mon âme s'en allait, parce que, sans doute, elle est liée à la tienne, et que Dieu ne veut pas qu'elle en soit séparée, même par le tombeau. — Dis donc, Justin, j'ai toujours conservé nos feuilles de rose. T'en souviens-tu ? je devais te les envoyer une à une, mois par mois, jusqu'à la dernière. A la dernière, tu devais revenir. Pauvres feuilles ! elles sont chez moi, bien fanées, bien flétries, va ! dans un coffret d'ébène que je te montrerai. Ce sera ta seule punition.

Justin eut une larme dans les yeux. Elle l'essuya sous un baiser.

— Justin, nous allons être heureux désormais. Soyez sérieux et *causons affaire*. Je suis maîtresse de ma fortune, — mais tu es maître de mon cœur. Veux-tu changer?

Le poëte la regarda, ému. Il ne put que tomber à ses genoux, en levant les mains vers elle.

Elle continua :

— Tu travailleras tout à loisir, alors. Tu écriras de belles choses ; et puis aussi tu enverras ta démission au *Sifflet d'argent*. Car j'ai bien deviné : c'était pour vivre que tu t'étais fait journaliste, au lieu de rester ce que tu voulais être, — un poëte ! Sais-tu que tu étais devenu bien méchant? on ne te reconnaissait plus. J'en avais une peine affreuse. — Après cela il ne faut pas te fâcher de ce que je te dis ; tu sais que je ne m'y connais pas. C'était drôle quelquefois, et l'on devait bien en rire ; mais, moi, j'en pleurais.

Et elle se jeta à son cou.

Justin Ronan lui dit :

— Tu seras mon ange sauveur.

— Mieux que cela, monsieur, je serai votre femme.

— Chère belle ! répondit-il (et en effet il se sentait

vaincu par cet amour si vrai et si puissant), tu m'as donné une seconde vie, tu m'as retiré de l'abîme, je te devrai tout : l'honneur, la gloire et le bonheur ! Oui, tu as raison. Plus de libelle, plus de pamphlet. C'est ce qui m'a perdu. Rien que la poésie, la poésie dans l'amour, le saint rayonnement des deux plus belles passions !

Justin était sincère, en parlant ainsi.

— La douce soirée ! dit la jeune fille en couchant sa tête sur la poitrine du jeune homme, si bien qu'en levant les yeux elle pouvait rencontrer ses yeux, et qu'en baissant les lèvres il pouvait rencontrer ses lèvres.

X.

La bouteille vide.

Ils étaient douze ou quinze à table, chez Justin Ronan. La rédaction tout entière du *Sifflet d'argent* fêtait le rétablissement de son chef de file. Les vins capiteux circulaient en abondance. On buvait, on disait des folies d'esprit. Toutes les questions s'agitaient, flambantes, secouées, brûlées et noires en un clin d'œil. — C'étaient tour à tour la littérature, la politique, qui servaient de thème à ces mangeurs d'huîtres et à ces buveurs de sauterne. Avec les mots qui se firent là, il y aurait eu de quoi défrayer vingt numéros du journal (phrase consacrée).

Justin Ronan disait adieu à cette vie âcre et frivole qu'il avait menée jusqu'à présent. — La *lame de Tolède* rentrait au fourreau, selon l'expression du second rédacteur;

— Satan se faisait ermite, suivant un autre. Et tout le monde de boire à la grandeur et à la décadence de Justin Ronan, — aux victoires et défaites de Justin Ronan!

Il écoutait, il riait, il applaudissait ; il se mêlait encore à ce tapage de la pensée, s'enivrait de cette fumée, de cette lumière, de ce cliquetis. Il appelait cela voir le canon pour la dernière fois. Eux cependant l'assaillaient de leurs coups d'épingles ; et de cet homme piqué, torturé, aux abois, il faisait beau voir sortir les réparties dernières, les attaques désespérées, les parades soudaines et les dithyrambes frétillants avec leur queue en éclats de rire, — semblables à ces fusées d'artifice qui s'élancent dans la nue pour retomber en pluie d'étoiles rouges, vertes, bleues !

Adieu, Ronan ! que le calembour te soit léger ! — Adieu, Ronan ! Sois bon père, bon époux et bon agronome ! — Adieu, Ronan ! que nos œuvres et que nos pompes ne viennent plus troubler ta solitude ! — Ame échappée du purgatoire à deux sous la ligne, prie pour nous dans le ciel où tu t'envoles. Il te sera beaucoup pardonné, parce que tu auras beaucoup assommé. — Ci-gît Justin Ronan, décédé à la fleur de son âge. Il fut de son vivant l'effroi des cabotines et la terreur des gens de lettres. Ses amis inconsolables continuent comme par le passé la rédaction du *Sifflet d'argent*. Prix de l'abonnement : quarante francs par an, vingt-cinq francs les six mois, et douze francs le trimestre !

La conversation s'en allait de la sorte, sur ce ton et en zigzag. Cela ne finissait jamais, et cela recommençait toujours. — Mais de quoi allé-je m'aviser de vous raconter cette petite orgie, tant racontée déjà, avec toutes les fanfreluches de ce style dont chacun sait le secret aujourd'hui?

Cependant, au déclin du dessert, un des convives se leva en annonçant qu'il venait d'avoir une idée. Une idée! cela valait la peine d'être entendu. — Le convive décréta que Justin Ronan se devait encore une fois à ses compatriotes; qu'il n'était pas bienséant à lui de se retirer dans l'arène sans fifre ni tambour; que Napoléon, avant son départ pour l'île d'Elbe, avait prononcé ses adieux de Fontainebleau; — et il termina en demandant à Justin Ronan un article final pour le numéro du lendemain.

— C'est cela, un article final! un article final! hurlèrent tous les convives.

— Justement, poursuivit l'orateur, il se présente une occasion digne de Justin. Un rimeur nouveau vient de trouer la foule, un poëte rose, et tout neuf, que les fourches caudines du *Sifflet d'argent* ont jusqu'à ce jour épargné. Justin, il t'est offert. M. Claude Tréneuille (tel est son nom) a publié hier ses premiers *Poëmes*. Réjouis-toi, maître; je les ai apportés sous mon paletot.

Il y eut un long bravo dans l'assemblée.

— Messieurs, je ne puis... balbutia Justin...; c'est impossible... j'ai promis...

— Ronan, ce sera le dernier; Ronan, nous t'en conjurons. Tu te dois à toi-même, Ronan. Il faut un épilogue au drame de ta vie, un coup de théâtre à ton cinquième acte littéraire. Libre à toi d'écrire ensuite : *La toile est tombée*. Mais auparavant empoigne M. Claude Tréneuille; ce sera ton feu de Bengale, ton Capitole, ton apothéose en lampions de couleurs!

Le convive fit passer devant ses yeux un petit volume

couvert d'un papier gris-perle, avec des enjolivures aux angles.

— Vois, dit-il, la victime est parée de fleurs. Allons, un dernier sacrifice aux Muses.

— Vous le voulez, dit Justin ébranlé et à moitié ivre.

— Nous le voulons, répondirent-ils en chœur.

— Alors, dit Justin Ronan, laissez-moi seul, et allez m'attendre au Café de Paris. Dans une heure, je vous y rejoins.

— Avec l'article final ?

— C'est convenu.

— Vive Justin Ronan !...

XI.

La bouteille vide.

Resté seul, et la table desservie, Justin alla s'asseoir, la tête chaude, devant un pupitre noir sur lequel il avait jadis commencé son drame. Ce ressouvenir lui traversa le cerveau comme une vision. Mais il ne s'y arrêta pas. Il avait gardé une bouteille de porto qu'il plaça auprès de lui, pour y puiser la verve. C'était ainsi qu'il procédait dans les occasions solennelles. Puis il rejeta sa grande chevelure en arrière, avec les airs de Liszt au piano; il retroussa ses manches — et commença son dernier article.

De temps en temps, il s'interrompait pour boire une gorgée.

Au moment où sa plume courait avec le plus de furie

sur le papier, la porte de la chambre s'ouvrit doucement, et Blonde parut sur le seuil.

Elle s'avança à pas lents, et vint passer sa jolie tête par-dessus l'épaule de Justin, sans qu'il s'en aperçût.

— Qu'écrivez-vous donc avec tant d'aptitude, mon ami? demanda-t-elle, souriante.

Justin Ronan la regarda.

— C'est... c'est... mon drame, murmura-t-il. Et il s'empressa de couvrir le papier de ses deux mains.

— Bon Dieu ! quels regards singuliers tu me lances ! s'écria-t-elle. Qu'as-tu, Justin ? Pourquoi ce trouble ? Réponds-moi.

— La chaleur... le travail... Laisse-moi un instant, chère ; il faut que je finisse, vois-tu...

— Finir quoi ?

Il porta la bouteille à ses lèvres.

Blonde d'Isernay ouvrit les yeux avec stupeur. Revenue de cette impression, elle posa vivement la main sur le bras de Justin.

— Oh ! que fais-tu ? dit-elle.

Le jeune homme partit d'un éclat de rire.

— Parbleu ! tu le vois bien, je bois ! je bois comme Anacréon, comme Horace, comme tous les grands poëtes qui étaient aussi de grands buveurs. Le vin ! c'est le génie, disait Panard ; c'est la vérité, c'est le soleil au cœur. Laisse-moi donc boire pour écrire. Car tous les poëtes font ainsi, je t'assure, du moins la plupart, et ce sont les meilleurs...

Blonde détourna la tête.

— Du reste, sois tranquille. C'est un vin-gentilhomme, un vin de grand seigneur, du porto, s'il te plaît, et il ne faut pas le dédaigner. Ne t'étonne pas, ma petite. Le vin est partout, c'est un hôte universel Scribe te dira comme il rime à *divin*. Tu ne sais donc pas que le vin était pour moitié dans le talent de la Dumesnil, cette tragédienne d'il y a cent ans, et que Malibran elle-même, la *diva*, l'inimitable, ne chantait jamais mieux qu'avec un verre de madère tapageant dans la poitrine? — Le vin! mais c'est notre blason, à nous autres! Demande plutôt à Théophile, à Chapelle, à Rabelais, à Dufresny, à Lattaignant, à Santeuil! Je ne serais pas digne de tenir une plume, si je ne savais pas vider un flacon comme eux. — A leur santé !

Il se renversa sur sa chaise, et but un second coup.

— Laisse-moi écrire à présent.

Une pensée soudaine éclaira l'esprit de Blonde, qui jusque-là était restée muette de saisissement.

— Ah ! ce n'est pas un drame que tu écris !

Le front de Justin Ronan devint sombre.

— Eh bien! non, dit-il, ce n'est pas un drame, c'est autre chose; mais qu'importe?

Elle s'était précipitée sur son papier. Dire avec quelle rapidité elle le parcourut, c'est impossible. A la dernière ligne, il lui tomba des mains et elle fondit en larmes.

— Blonde, dit-il, c'est mon dernier article, je te le jure. Mais j'ai promis. C'est une faiblesse, je sais bien... Ce sera la dernière, vrai !

— Un poëte ! s'écria-t-elle, un jeune homme !... le traiter ainsi !... Oh ! c'est mal !

— Bah ! un Tréneuille, que sais-je, moi ? Et puis, ce n'est qu'une plaisanterie, une chose sans conséquence; tu n'entends rien à ces affaires-là.

— Justin ! vous ne livrerez pas cet article. Promettez-le-moi. Cela serait affreux, je vous l'atteste, Justin, je vous en prie, par grâce !

— Impossible ! Ils comptent dessus. Aurélien et les autres m'attendent au Café de Paris. C'est mon dernier article.

— Justin ! Justin !

— Voyons, dit-il, rends-moi ce papier ; sois raisonnable. Le temps se passe.

— Oh ! je vous croyais meilleur que cela !

— Rends-moi ce papier.

Et il avançait la main.

— Jamais ! dit Blonde.

Par un mouvement rapide, elle le présenta à la flamme de la bougie. En ce moment, et comme s'il eût été mû par un ressort, Justin Ronan se leva de dessus sa chaise. Mais une fois debout, le vin agissant, il chancela sur ses jambes ; et pour ne pas perdre entièrement l'équilibre, il fut obligé de s'appuyer à la bouteille qu'il rencontra sous sa main. Son visage était ardent. — A cet aspect, la jeune fille poussa un cri et laissa échapper le papier à demi brûlé.

Le poëte essaya vainement de faire deux ou trois pas pour le ramasser. — Il tomba sur ses genoux.

— Ah ! vous me faites horreur ! s'écria Blonde, qui s'enfuit.

Justin Ronan resta sur ses genoux, foudroyé, tenant la bouteille à la main.....

XII.

La bouteille vide.

La leçon devait être complète. Le lendemain, quand

il évoqua ses souvenirs de la veille, il courut éperdument à l'hôtel de mademoiselle d'Isernay. Il apprit qu'elle avait quitté Paris le matin, sans lui laisser un mot d'adieu. Le coup qu'il en ressentit fut terrible. Il rentra chez lui désespéré, — sans une larme.

Les émotions puissantes sont souvent décisives. Dans un retour sur lui-même, il embrassa tout son passé. Qu'avait-il fait de sa jeunesse et de sa force native? Rien, moins que rien. Quelle page humble et douce devait-il compter dans son œuvre de mal et de bruit? Pas une. Il avait joué au bohême et au matamore. Peut-être avait-il pensé que le désordre était la serre chaude du talent. Dans ce cas, il s'était grossièrement trompé. A qui ferez-vous croire que c'est du cabaret seulement qu'est sorti le génie de Lantara?

Justin Ronan reconnut son erreur. Heureusement il n'était pas à l'âge où il est trop tard pour revenir sur ses pas. Quoiqu'il eût envisagé les difficultés sans nombre de sa position, difficultés qu'il s'était créées lui-même, il résolut de les vaincre une à une en se retrempant dans une résolution énergique. Il se condamna au travail dans la solitude, au travail, élevé. Et pour être rappelé incessamment à sa tâche et au souvenir de la jeune fille dont il avait perdu l'amour par sa faute, il plaça sous ses yeux cette bouteille que vous savez, — une bouteille vide.

Ce fut alors qu'il eut vraiment à lutter, vraiment à combattre, et qu'il put compter les barricades qu'il avait amoncelées devant son avenir. Ce fut alors qu'il apprit que la critique n'est pas un chemin, mais un impasse, et qu'il lui fallut sauter par-dessus bien des haies et bien des murs, au risque de s'écorcher vingt fois les pieds et les mains, pour rejoindre la grande route, la route droite, la route commune dont il s'était si fort écarté. A force de soins, d'attention, de persévérance, il lui fallut rallier les amitiés enfuies, calmer les ressentiments, endormir les haines.

A chaque pas, c'était un ennemi oublié qui se dressait devant lui, une vengeance anonyme qui l'attendait dans un buisson.—Et premièrement il lui fut impossible d'aborder aucune scène importante : acteurs et directeurs se trouvèrent tous d'accord pour le repousser. Je ne parle pas de ses ennemis nés les critiques, qui, sûrs maintenant de l'impunité, le voyant seul, triste et les griffes rentrées, tombèrent sur lui à bras raccourcis, en veux-tu, en voilà. — Que de bois vert! eût dit Figaro. — Lui, ne disait rien, il regardait la bouteille ville.

Il se tourna vers le roman. Parlez-moi du roman, où l'on peut faire déborder son cœur et sa tête tout à son aise, rêver, rire, pleurer autant que cela vous fait plaisir, et cela sans crainte d'être rappelé à l'ordre par le coup de sifflet d'un spectateur ennuyé; le roman, qui brave tous les directeurs et qui se moque de tous les acteurs du monde, qui invente avec sérénité les complications les plus absurdes, qui se fait des décors splendides qui ne lui coûtent pas une obole; le roman, qui est aujourd'hui le seul et le véritable Théâtre-Français de notre époque! — Il fit un roman.

Eh bien ! je dois le dire, son roman n'était pas bon. Cela se sentait encore et trop du petit journal, cela n'avait pas d'âme, cela chantonnait du bout des lèvres, cela pleurait du bout des yeux; il s'était tant raillé jadis des beaux sentiments, qu'il en avait effacé jusqu'à l'ombre dans son livre, et il n'y avait là ni chaleur, ni élan, ni aspiration. C'était une histoire romanesque racontée froidement par un agent de change en gant noirs, assis sur le bord d'un fauteuil, tournant son chapeau entre ses doigts, et qui tient essentiellement à ne point passer aux yeux de ses clients pour un homme atteint de sensibilité.

Après le peu de succès de son livre, Justin Ronan se sentit glacé. Il eut une grande tentation de jeter là sa plume et de renoncer à toute gloire littéraire ; mais ses regards étant venus à tomber sur la bouteille vide, — il soupira et se rassit devant son pupitre.

Et il commença un nouveau livre.

XIII.

Dont le titre est à la dernière ligne.

Un beau jour, — à la fin, — voici comment se termina l'histoire amoureuse et littéraire de Justin Ronan.

Deux ans étaient écoulés. Il avait forcé la critique, la haine et l'envie. — On venait de représenter son drame, et il avait gagné sa première cause devant le public. Désormais, toutes les portes lui étaient ouvertes, il pouvait prétendre à tout.

Or, quelques jours après, comme il songeait au temps heureux de ses amours, il reçut une lettre, je me trompe, une enveloppe, rien qu'une enveloppe.

Elle renfermait une feuille de rose.

Je ne dirai pas le délire qui s'empara de lui à cette vue. Blonde pensait à lui, Blonde l'aimait encore ! On dit qu'on meurt de joie, je le crois, car il faillit en mourir.

Pendant quelque temps, et à de courts intervalles, il

reçut d'autres envois semblables. Cela dura un printemps. Au commencement de l'été enfin, comme il venait de décacheter une de ces missives d'une éloquence si simple, il poussa un grand cri de joie et fit demander des chevaux de poste pour la Saintonge, route de Saintes, château d'Isernay. — C'est que cette fois, outre le gage habituel, l'enveloppe contenait un tout petit morceau de papier, — sur lequel une main de femme avait tracé ces mots d'une mignonne écriture :

« *La dernière feuille de rose.* »

CHAPITRE XXII.

Second dénoûment.

— Il semblerait, — ajoutai-je après un *temps*, — que l'histoire de Justin Ronan dût s'arrêter à cette page fortunée. Il n'en est pas ainsi malheureusement. Trois mois avant les fiançailles, mademoiselle d'Isernay mourut, des suites d'une chute de cheval. Privé désormais de son ange gardien, Ronan s'en revint à Paris, où peu à peu ses anciennes habitudes le reconquirent. Aujourd'hui, vous le voyez sans courage, mais non pas sans verve, continuant le métier littéraire uniquement parce qu'il l'a commencé, semblable en cela à beaucoup de jeunes gens d'aujourd'hui, fils d'une génération intermédiaire, arrivant à la chute du romantisme qui n'a pas voulu d'eux parce qu'ils étaient trop jeunes, et attendant le lever d'une nouvelle école pour laquelle ils seront trop vieux.

— Laissez-moi donc tranquille avec votre romantisme et avec vos écoles! s'écria M. de Cupidon; la littérature est toujours *une*; arrivez quand bon vous semblera, sans vous inquiéter de la date ni de l'heure, dites ce que vous avez à dire, et ensuite allez-vous-en. La passion et l'esprit sont de toutes les époques.

CHAPITRE XXIII.

Les femmes du jardin Mabille. Musquette, Frisette, Hermance, Fanchonnette-Dandin, Mauviette, les quatre filles Aymon. Elles ont succédé aux Eliante et aux Zirphé de l'autre siècle. Chapitre indispensable. Danses modernes. La carte du Tendre. M. de Cupidon fait des économies sur ses flèches.

— La soirée est douce et le ciel plein d'étoiles ; qu'avez-vous à faire, monsieur de Cupidon ? Pas grand'chose. Venez donc avec moi, venez. On en parle tant de ce délicieux endroit de mauvais ton, de ce jardin renommé tout rempli de lumière, de musique, de bosquets bien sombres, qu'il faut pourtant finir par y mettre le pied. Je veux donc vous conduire non pas chez la Gourdan, mais au jardin Mabille, une fois par hasard, incognito. C'est à connaître.

Un brin d'amour et d'esprit est d'ailleurs niché dans ce monde-là, monde nouveau, amusant et mélancolique. Tout y est doré du haut en bas, les arbres, les bancs, les vases, les fleurs. Imaginez une nature en métal. On ne saurait trouver un meilleur cadre à des tableaux de fantaisie aventureuse, comme il s'en improvise tous les soirs là-dedans. Les hommes qu'on y voit passer sont de jeunes fils de famille, l'éternel lord, tout le monde. La Maison d'Or y envoie assez régulièrement les beaux de sa noblesse à pied et à cheval. Mais ils ne dansent guère et se contentent de regarder ceux qui dansent, valsent, polkent, mazurkent et redowent : c'est la galerie. — Les acteurs, je n'en parlerai pas. Les actrices, à la bonne heure. On parle toujours des actrices. Celles-là sont gentilles si elles ne sont pas jolies, et jolies si elles ne sont pas belles. Elles ont de certains airs de tête, de certains sourires, de certains regards qui ne ressemblent à rien de connu. C'est du Mabille tout pur. On ne saurait s'exprimer autrement. Je me prends quelquefois à songer à Lisette, et à Manon Lescaut, et à la Duthé, en présence de ces petits museaux frottés de champagne et d'amour, fagottés avec quelques aunes de soie et de malines, qui roulent de l'œil, mangent de l'or, boivent les illusions des jeunes hobereaux, — et partent du pied gauche au premier coup d'archet de Pilodo. De pareilles femmes m'ont toujours préoccupé. C'est un jargon qui n'a d'équivalent dans aucune langue, une moquerie perpétuelle, une fièvre de plaisir, de coquetterie, de parade, au fond de laquelle je trouve une philosophie amère. Mais je suis bien bon, n'est-ce pas ? de m'attrister de la folie des autres et de faire une élégie sur ces gracieux minois qui s'amusent.

Elles s'amusent. Tout est dit. De leur jeunesse, de leur gaieté, de leur innocence, de leur fraîcheur, de leur esprit, de leur naïveté, de leurs rêves, de leur dix-sept ans sans mère et sans avenir, elles font un beau feu de joie qui flambe, tourbillonnant, jusqu'au ciel et jusqu'au soleil. Elles s'amusent. Personne ne voit de mal à cela ; c'est leur âge. Les cheveux noirs ou blonds, les yeux langoureux, les lèvres de fraise, les pieds de duchesse, les doigts effilés, que voulez-vous qu'on en fasse si l'on n'en fait pas du plaisir, des baisers mélodieux, un peu d'amour et beaucoup de polka? Elles s'amusent. — Quand elles se sont bien amusées, elles cèdent le pas à d'autres. Ordinairement cela dure trois ans, bonne mesure. Au bout de ce temps, nos belles Cydalises éreintées disparaissent de la scène du monde et de l'allée des Veuves. Rien de plus naturel. Ce qu'elles deviennent alors, peu importe. On sait la mort de Rosita Pomaré (née Sergent) sous les étoiles parfumées du ciel de Naples. Au détour d'une maladie de poitrine, la chanson était devenue élégie. Celle-là est la mieux morte de toutes. Les autres, comme Clara Fontaine et Céleste Mogador, en ont fini plus prosaïquement; on les a vues dans les petits théâtres *Parcs-aux-Cerfs* du boulevard et jusque sur les scènes les plus infimes de la banlieue, où elles se sont fait sauter la cervelle d'un coup de vaudeville [1]. Quant à Rose Pompon, maintenant retirée sur les hauteurs accessibles de la rue de Labruyère, on affirme que, semblable à la Lucrèce antique,

<blockquote>Elle reste chez elle à filer de la laine.</blockquote>

Bizarre nomenclature! D'autres se sont jetées par la fenêtre et se sont cassé la tête sur le pavé d'une cour. Cela est un *Fait-divers* atroce. Augustine, la pierrette de l'hiver dernier, est devenue figurante à l'Opéra; elle est rangée, sérieuse, — et a du Lyon.

Voilà pour les vieilles reines. Les reines nouvelles, écloses avec ce printemps, à l'odeur des lilas, sous les pre-

---

[1] Céleste Mogador a, en outre, écrit deux volumes de Mémoires; et puis, on dit qu'elle est comtesse.

mières ombrelles, commencent bravement leur métier, de tout cœur, de toute tête, de toutes jambes. C'est une chose si piquante que l'usurpation. Aussi, la fougue et l'audace, la verve et tout le grand *tralala* de l'excentricité féminine ne font-ils pas défaut aux soirées du jardin Mabille. Ah! l'on danse comme on n'a jamais aussi bien dansé. Une demi-douzaine de têtes à la Gavarni font surtout merveille chaque samedi. Des robes de satin, s'il vous plaît ; du point d'Angleterre, des brodequins de couleur bleue, des rivières de diamants à n'en plus finir. Pas plus gênées que cela, nous autres. Voilà comme nous entendons la royauté de ce côté de Paris, au fond des Champs-Élysées, sous des bosquets semés de billards polonais, avec un bâton de sucre de pomme pour sceptre et une couronne en lanternes chinoises !

La majesté d'aujourd'hui, peut-être encore celle de demain, c'est Musquette. Musquette, c'est un nez camard, un œil émoustillé, un coup de talon sans rival. Elle est descendue du quartier latin comme tant d'autres, et maintenant elle fait la pluie et le beau temps du monde des gentilshommes et des fermiers généraux de la Chaussée-d'Antin. Musquette fait cercle quand elle danse, cercle quand elle se promène, cercle quand elle parle, cercle toujours. C'est d'ailleurs une fille vêtue avec goût. Autant donc la reine vivante que la reine défunte. Et puis, elle est moins maigre.

Une pièce du Palais-Royal, lestement jouée par la petite Fréneix, actrice mignonne et cendrée, et quelques lithographies semées avec profusion dans les vitrines des marchands de musique, ont européennisé le nom pimpant de la Frisette. Il faut reconnaître du moins que le calendrier de ce temps est saupoudré d'une dose brillante de pittoresque. Cette nouvelle enfant perdue des jardins de danse est une brune charmante, aux cheveux ondés, qui a quelque chose de la créole dans la physionomie et dans le maintien. L'an dernier, elle était sans cesse avec une autre jeune fille nommée Follette, qui lui ressemblait traits pour traits, et que l'on eût prise pour sa sœur. — Follette est morte maintenant, et voilà Frisette dépareillée; mais qui s'en inquiète, je vous le demande, et quel autre que moi, en plein milieu de valses et de quadrilles, s'en irait prendre souci tout à coup des jeunes filles enterrées ?

Par exemple, — une beauté fièrement vêtue, harnachée, pomponnée, secouant les perles à son cou, les bracelets à ses bras, les dentelles partout, qui jouait de l'éventail comme une grande dame du faubourg Saint-Germain, taille élancée, œil superbe, toujours en chapeau à plumes, avec un air décent et un ton exquis, c'était madame Panache, — Amélie Panache (par où a-t-elle donc passé?) qui représentait à merveille l'aristocratie *lorettière* au XIXe siècle. — Dites bonjour, en passant, à cette jolie tête italienne, qu'on ne connaît guère que depuis peu de mois : c'est Marionnette, un nom moqueur et coquet, débutante remplie d'une bonne volonté impatiente, et qui ne tardera point, au dire des maîtres ès-polka, à balayer quelques-unes de ses rivales émérites.

Si cette chronique vous amuse un peu, monsieur de Cupidon, je vous prierai de regarder encore les quatre filles Aymon, ainsi nommées parce qu'il leur sera sans doute beaucoup pardonné ; — et puis mademoiselle Pélagie, une fort jolie personne que vous rencontrez souvent au bois de Boulogne, un vampire adorable, qui ne compte plus les patrimoines qu'elle dévore, sans cesse entourée de gentillâtres titrés, mignarde, altière, ne dansant pas. Une autre promeneuse aussi, c'est Mauviette, une taille des plus minces, un pied de Cendrillon ; c'est Hermance de l'Hippodrome ; c'est Julie ; c'est Fanchonnette-Daudin, qui a les cheveux du soleil ; — c'est enfin Maria, qui a renoncé à la mazurka, mais renoncé définitivement, et que l'on voit seulement passer de temps à autre, dans les allées obscures, avec les airs souverains d'une marquise d'autrefois traînant par les gazons sa robe à queue.

Vous le voyez. Ces femmes d'aujourd'hui sont presque de l'histoire. Encore en passé-je plus de la moitié. Ce sont les Éliante, les Zulmé, les Mirza, les Bélise du siècle dernier ; leurs noms resteront avec leur mémoire. Le jardin Mabille recommence un des côtés effacés de l'ancien Palais-Royal, le Palais-Royal de l'orgie décente, de bon ton, illuminée, rose et non pas rouge, artistique parfois, avec Frascati de moins et Cellarius de plus ; et, comme elles ont mangé du roman-feuilleton et qu'elles ont retenu des mots de vaudeville, il n'est pas rare de voir les *mabilliennes* atteindre à cet esprit drôlatique, macaronique, contourné, fait d'anthithèses en bascule, qui tombe sur la tête comme un pot de fleurs et laisse le bourgeois en rêverie, — semblable à un éléphant qui vient de rencontrer un faux col.

Maintenant, monsieur de Cupidon, si vous voulez les voir à la danse, regardez. La danse d'aujourd'hui est une chose extraordinaire et bouffonne, qui vaut la peine qu'on l'examine ; de nos *mœurs sémillantes,* comme disent certains ouvrages, c'est à peu près ce qui nous reste. Il y a un proverbe qui dit : « L'Anglais pense, l'Espagnol tue, le Français danse. » La danse est la seule chose qui ne se soit pas en allée, dans ces temps *où tout s'en va ;* il est vrai que c'est un art privilégié, et les anciens ont assez prouvé l'importance qu'ils y attachaient. Platon, le divin Platon lui-même, après avoir réglé la pantomime noble et sérieuse, ne dédaigna pas de s'occuper de la danse grotesque, de celle, dit-il, qui a pour but l'imitation des corps et des esprits contrefaits : « Le danseur doit connaître parfaitement tout ce qui s'est passé depuis le chaos et la naissance du monde. »

Le quadrille d'à présent est quelque chose d'éminemment français, comme la chanson et le vin d'Aï, un progrès parisien. — En avant-deux et en avant-quatre, la jambe par-dessus le nez de la femme ; et puis la pastourelle, avec la bénédiction et tout ce qui s'ensuit ; crac ! c'est le cavalier seul qui tombe par terre en faisant le grand écart. O splendeurs évanouies de l'entrechat, qu'êtes-vous auprès de cette chorégraphie pleine d'aspects nouveaux ! « — Ma petite, disait l'autre soir un illustre du jardin Mabille, tel que tu me vois, j'ai lutté dix ans avant de devenir un des *dioux* de la danse moderne, les dix plus belles années de ma vie, pendant lesquelles j'aurai pu arriver à tout, même à une mission en Algérie. On ne saura jamais, vois-tu, à quel prix sont achetées certaines réputations de ce temps. Ma jeunesse s'est écoulée dans les violons ; j'ai été le Latude des corps de garde, l'accusé permanent des polices correctionnelles. Mais que ne fait pas supporter l'amour de l'art ! Aujourd'hui je recueille le fruit de mes souffrances ; il n'est point de hauteur où mon génie ne plane en liberté ; et vienne le mercredi des Cendres, il me trouvera calme et confiant comme le sage dont parle La Fontaine :

Rien ne trouble sa fin, c'est le soir d'un beau jour. »

Pour ce qui est de la carte du Tendre, — ah! monsieur de Cupidon, voilez-vous la face ! — c'est aujourd'hui la carte du restaurant. Une désolation immense remplirait le cœur de la pauvre demoiselle de Scudéry si elle revenait sur la terre et s'il lui était donné de parcourir le pays du sentiment. Le hameau des Petits-Soins a disparu ; le sentier des Billets-Doux a fait place au chemin des Billets de Banque ; et le vallon du Tendre-sur-Déclaration est définitivement abandonné pour les bosquets de Tendre-sur-Rafraîchissements. La honte m'en arrive au visage, rien que d'y penser.

Il y a un fonds de population particulier à chaque bal et qui ne se renouvelle guère, une clientèle toute parisienne attachée à l'établissement, ce qui fait qu'une figure étrangère est aussitôt remarquée: Absentez-vous deux ans, et revenez : à part quelques exceptions, causées par les révolutions et par la mort, vous êtes assuré de retrouver — peut-être à la même place — les mêmes hommes et les mêmes femmes. Les plis de la vie sont plus inexorables à Paris qu'on ne le croit.

Par toutes ces causes, monsieur de Cupidon, vous devez comprendre que ce n'est pas au jardin Mabille que vous aurez besoin de vos flèches.

CHAPITRE XXIV.

M. de Cupidon ne veut pas de l'amour vénal. Il aspire après les sentimentalités. N'aime-t-on plus gratis en France ?

— Vous avez fort bien parlé, me dit M. de Cupidon, et dans cent ans vos renseignements seront précieux comme un chapitre d'*Angola* ou une gravure de Moreau le jeune. Mais ce n'est pas l'amour vénal que je venais voir, je sais qu'il est le même à toutes les époques. *Donnant donnant,* c'est un thème qui ne supporte guère de variations. Ah ! l'amour frais, l'amour innocent qui parfume l'âme et ne traîne aucun remords après lui, voilà ce que vous auriez dû me montrer !

— Diable ! fis-je, en me grattant l'oreille.

— Cela vous embarrasse, je le vois bien ; mais la belle affaire que de m'indiquer le vice ! c'est la vertu que je demande, la vertu amoureuse.

— J'entends parfaitement ; seulement vous me prenez à l'improviste ; il est tard et il faut que je me recueille pour rappeler mes souvenirs. A demain.

Nous nous séparâmes.

Le lendemain matin, à son réveil, M. de Cupidon reçut l'historiette suivante, que j'avais écrite pour lui, d'après les notes d'un de mes camarades, qui en était le héros récent.

CHAPITRE XXV.

Une tête de femme dans un moulin.

Je ne sais trop vous expliquer comment il se faisait que madame de R... se trouvât à huit heures du matin dans l'appartement du jeune peintre Frédéric.

Il est vrai de dire aussi que madame de R... ne se levait qu'à midi, à son hôtel de la rue de la Tour des Dames.

Après tout, peu nous importe.

Madame de R... feuilletait l'album de Frédéric. Elle était enveloppée dans les plis d'un peignoir de mousseline rosée, et elle s'engloutissait à plaisir dans les coussins d'un divan moelleux. Sa jolie tête surnageait seule, ornée d'un petit bonnet flottant, — avec des rubans — qui avaient des dents.

Debout devant elle, en veste grecque, Frédéric la contemplait avec amour. Une lampe de l'albâtre le plus blanc et le plus fin s'en allait de mort certaine sur un guéridon.

— O les charmantes aquarelles! vous m'en aviez promis

de semblables, Frédéric ; souvenez-vous aujourd'hui que j'exige l'accomplissement de votre promesse. Vous m'entendez.

— Enfant ! murmura-t-il.

Madame de R... aimait sans doute singulièrement à s'entendre nommer — enfant — car, sans changer la position de sa tête inclinée, elle leva si coquettement les yeux sur Frédéric, que Frédéric vint s'asseoir à son côté.

— Des paysages, des marines, fit-elle en continuant ses perquisitions ; des aquarelles... Ah ! le portrait de mademoiselle d'Angevilliers ! comme il est flatté... je veux que vous fassiez un jour mon portrait, mon ami — mais de souvenir...

Madame de R... n'avait jamais voulu se faire peindre autrement.

En ce moment, son attention était concentrée sur une dernière page de l'album — sur un dessin à la mine de plomb, représentant un moulin au milieu d'une prairie, — le tout assez négligemment esquissé, et d'une simplicité qui ne tirait son excuse d'aucune nouveauté d'exécution.

Madame de R... regarda Frédéric d'un air étonné.

— Que signifie ce barbouillage, mon ami ? Un moulin... une plaine...

Disant cela, elle tournait et retournait l'album en tout sens, si bien qu'à force de regarder, et de regarder avec l'intention de voir, elle découvrit une gracieuse petite tête de femme à une des lucarnes du moulin.

— Quel est le mot de cette énigme, Frédéric ?

Frédéric ne répondit pas et sourit rêveusement.

— Un secret ? demanda-t-elle avec vivacité.

— Peut-être.

— Oh! dites-le-moi! fit-elle en s'approchant de lui et en posant sur son épaule un bras frémissant.

— A quoi bon? dit Frédéric.

— Je vous en prie.

— Eh bien! si ce n'était qu'un caprice, une fantaisie... une tête de femme dans un moulin, c'est presque une allégorie. *L'Allégorie habite un palais diaphane,* dit-il en déclamant un vers de J. B. Rousseau.

Madame de R... le regardait.

— Vous plaisantez mal, lui dit-elle brièvement; quelle est cette femme?

— Je n'en sais rien, essaya-t-il de répondre.

— Encore, monsieur! — Encore, Frédéric!

— Vous le voulez donc bien absolument?

— Vous ne le voulez donc pas bien absolument?

Il y eut entre eux un moment de silence, dont madame de R... se plut à redoubler l'embarras pour Frédéric.

— Mon Dieu! dit-il enfin, en souriant forcément, je ne demande pas mieux que de tout vous raconter; je vais dépouiller pour vous un de ces bonheurs secrets qui, seuls, soutiennent peut-être la vie de l'artiste. — Me comprendrez-vous après? qui sait? — Nous autres marchands d'art, nous ne vivons pas de nos émotions, nous en trafiquons, mais il en est souvent d'une essence plus déliée, plus immatérielle, que nous sommes forcés de renfermer au dedans de nous, parce que le public ne les comprendrait pas, et que d'ailleurs nous-mêmes ne saurions facilement les rendre, sans en altérer la perfection. Dès lors, ce sont pour nous comme des gouttes de rosée, comme un trésor trouvé et dont nous sommes jaloux. C'est ce qui vous explique comment le bonheur de l'artiste n'est trop souvent que de l'égoïsme. Le récit que vous me demandez se rattache à une de ces impressions ; c'est une de ces fraîches plantes qui naissent dans l'âme, et dont je vais briser la tige pour vous offrir la fleur. M'en saurez-vous gré ? je l'ignore ; mais vous le voulez et j'obéis... — car, vous le voulez... ajouta-t-il en hésitant une dernière fois.

— Je le veux, répondit-elle, honteuse et résolue.

— L'histoire date de deux ans à peine. Je venais de mettre la dernière main à mon tableau de *Marguerite*. J'avais travaillé avec ardeur pendant trois mois, et, un soir, las de fouler en oisif l'éternelle boue de Paris, j'avisai au détour d'une rue, dans une cour de messageries, une diligence pleine de rumeurs et de grelots, qui était sur le point de partir. — La banquette était vide, je grimpai sur la banquette, seul, muet, au milieu des adieux et des mouchoirs agités. Après quelques minutes d'une assourdissante fanfare sonnée par le conducteur sur un cornet à piston, nous partîmes. J'ignorais complétement où nous allions, et je ne demandai point à le savoir ; que m'importait ? — Le couchant éblouissait à force de teintes oranges ; nous étions en mai ; la nuit approchait, une nuit fraîche ; le hennissement monotone de la voiture et les bruits continuels de la rue commençaient à m'assoupir, et ce n'était qu'à travers un voile que je voyais passer les maisons des faubourgs, blanches, propres, inégales, aux volets éclatants, aux jardins poudreux.

Il faisait complétement nuit quand nous roulâmes sur la grande route.

Le bourdonnement de la ville s'éteignait comme à regret, tout en paraissant vouloir encore nous poursuivre. Les buissons défilaient, noirs et incessants. On ne distingua bientôt plus rien; et, comme j'avais froid, je me réfugiai dans le fond de l'impériale où j'achevai de m'endormir. Je dormis trois ou quatre heures, — et je n'eus pas de songe, madame.

Ce qui me réveilla, — ce fut un vif rayon de lune qui frappait d'aplomb sur ma figure. La campagne, en ce moment, était claire comme en plein midi; les grillons et les grenouilles s'en donnaient à cœur joie dans les marais. Il y avait tout devant moi un paysage véritablement allemand, triste, — brumeux, — morne, — des étangs, des landes, des bruyères; avec de grands peupliers qui s'enfuyaient en palpitant, — de hautes marguerites qui se dressaient, pâles, au bord des fossés, — des cris étranges dans le lointain, — des fourrés, des taillis.....

Nous entrâmes dans un bois; nos chevaux plus craintifs allèrent plus lentement et avec moins de bruit ; les branches essayaient de nous barrer le passage en déchirant le cuir de la voiture. Devant, derrière nous, alentour les arbres sautaient, tournaient, reculaient, dansaient à perdre haleine! c'était comme une sarabande de clowns et de willis, pendant laquelle les petites étoiles du ciel crevaient sur nous à travers les feuilles serrées et bruissantes. Il y avait des troncs tordus, étendus, suspendus, aux bras dépouillés comme ceux des athlètes, et qui se jetaient au-devant des roues pour les empêcher d'avancer. Jamais le Harz de fantastique mémoire n'offrit de si puissants prestiges à l'imagination, jamais...

— Est-ce que vous allez recommencer *Robin des bois ?* interrompit madame de R... — Ou vous abusez singulièrement du style descriptif, ou vous prétendez détourner mon attention de votre récit; sur ce dernier article, je vous préviens que vos soins seront inutiles.

— Madame, répartit Frédéric, cette histoire-là s'est gravée toute faite dans mon cœur ; vous la raconter avec d'autres mots me serait impossible ; quelque défectueuse qu'elle soit, veuillez donc l'accepter ainsi.

Le ciel commençait toutefois à s'éclairer faiblement ; nous entrions dans des prairies grasses et sans fin ; des chants de coqs s'éveillaient à l'horizon ; — nos chevaux, tout en sueur, y répondaient par des hennissements prolongés. La vapeur du matin se dispersait en nuages suffocants ; le soleil ne tarda pas à se lever ; un soleil du plus beau jaune, d'un jaune d'or éclatant à faire envie aux tournesols d'un jardin. Nous traversions des bourgs à moitié endormis, nous entendions des aboiements derrière les murs, nous bondissions sur des tas de pierres qui étincelaient au loin comme des dunes ; nous galopions d'une façon féerique. J'aspirais le frais avec délices.

On arriva dans un des plus charmants villages que j'aie vus de ma vie. Ce village se composait d'une demi douzaine de maisonnettes de différentes couleurs éparpillées dans un bas-fond ; — tout alentour, des pommiers moutonnaient dans des prés du plus beau vert, et on voyait des vaches à tous les bouts de l'horizon.

Du reste pas le moindre vestige de château en ruines.

L'église était à un quart de lieue ; la pointe du clocher perçait sans prétention entre quelques tilleuls âgés.

Tout cela était si riant, si clair, si en fleur, que machinalement je posai la main sur le bras du conducteur, en lui disant : — *Arrêtons-nous ici et dressons y trois tentes.* Le conducteur dormait. Je fus obligé de le secouer avec force pour l'éveiller ; il me regarda d'un air surpris, et j'employai près d'un quart d'heure à lui faire entendre mon désir de m'arrêter en cet endroit. Quand il m'eut compris, il tira le cordon, absolument comme eût pu le faire un portier de la capitale, — et je me trouvai marchant sur la grande route, — leste et allègre, le soleil sur ma tête, une longue vallée devant moi. Mais, hélas ! mon délicieux village était déjà bien loin : il avait disparu dans un brouillard bleu. Je me demandai un instant si je ne devais pas y retourner ; — mais n'ayant jamais aimé à revenir sur une impression agréable, je continuai bravement mon chemin, gai comme un oiseau de Dieu, chantonnant à tort et à travers ; lorsque, au bout de l'allée que je suivais, j'aperçus une femme assise sur une pierre.....

— C'était elle ! dit vivement madame de R...

— C'était elle, en effet ; — je ne pouvais distinguer ses traits ; mais je vis qu'elle avait la taille mince et les cheveux noirs.

— Et vous aimez beaucoup les cheveux noirs ? dit madame de R..., qui était blonde.

— Elle tenait un livre à la main ; je m'annonçais d'une manière si bruyante, qu'elle se leva.

— Je devine ; dans sa précipitation elle laissa tomber son livre ; et vous... c'est le *Roman d'une heure*.

— Vous vous trompez, madame ; elle ne laissa pas du tout tomber son livre. Elle s'éloigna et je la suivis. De temps en temps elle se détournait pour me laisser apercevoir un visage moitié rieur, moitié sérieux. La vallée commençait insensiblement à se rétrécir ; ce ne fut plus bientôt qu'un mince sentier... — Alors, elle se mit à courir. — Je n'avais pas de pommes d'or pour retenir cette Atalante, et je finis par la perdre de vue. Néanmoins je ne me décourageai pas, et j'arrivai à une sorte de carrefour où venaient se croiser quatre chemins ! Dans mon incertitude, je n'en choisis aucun et j'entrai dans une vaste prairie dont les grandes herbes ondoyaient par souffles, émaillée de vifs boutons d'or et de pavots, pleine de bourdonnements et de bonnes odeurs. Un moulin abandonné s'élevait au milieu, grisâtre et petit — les quatre ailes au repos — un peu délabré. Ma course récente m'avait mis en haleine, et je me creusai un lit dans la verdure, à l'ombre de quelques chênes qui bordaient cette prairie.

Tout à coup, j'entendis un bruit léger ; j'ouvris les yeux : — mon apparition de tout-à-l'heure passa rapidement à peu de distance de l'endroit où j'étais étendu ; d'un pied chaussé de blanc, semblable aux nymphes antiques, elles marchait sur les herbes sans les ployer ; je retins ma respiration et me soulevai à peine ; elle s'en vint s'asseoir précisément au bord du fossé près duquel je me trouvais, et, regardant autour d'elle avec inquiétude...

— Elle lava ses pieds dans l'*eau du torrent* — fit dédaigneusement madame de R.....

— Du tout, madame ; elle se remit à lire. Je vous l'avoue, du reste ; cette action ne me plut pas : je n'ai jamais compris comment on peut lire à la campagne. Cette bien innocente contrariété imprima sans doute à mon corps un mouvement involontaire, car elle donna l'éveil à ma jeune inconnue qui retourna la tête ; — je me levai sur mon séant ; — cette position passablement ridicule changea subitement son courroux en une légère envie de rire, je le présumai, car elle porta son mouchoir à ses lèvres, et me fit une douce révérence. Je voulus proférer quelques paroles d'excuse, elle ne m'en laissa pas le temps ; et, avant que je fusse parvenu à me remettre sur pieds, couvert que j'étais de terre et de brins d'herbe — elle avait disparu.—Mais par où? voilà ce que je ne pouvais parvenir à m'expliquer. D'un coup d'œil j'embrassais l'étendue de la plaine et assurément mon inconnue n'avait pas eu le temps de la quitter ; elle devait s'y trouver encore, à moins d'appartenir à la race des dryades. Je fis quelques pas pour l'acquit de ma conscience ; après quoi, désappointé, j'allais continuer ma route — lorsque, en dirigeant mes regards sur le moulin dont j'ai déjà parlé, j'aperçus à la principale ouverture — une jolie tête de femme, fraîche et spirituelle, un sourire à la bouche, une perle dans les yeux, — qui, depuis plusieurs minutes, contemplait mes évolutions avec une expression de malice qui faillit me faire tomber en confusion.

Enfin, cette fois je tenais mon lutin et je résolus de ne pas le laisser échapper.

Le jour déclinait ; — une idée bizarre me traversa le cerveau : je tirai de ma poche mon album, et, m'asseyant à une faible distance du moulin, je commençai à en prendre une esquisse. La jeune femme parut d'abord étonnée, puis elle se prêta de bonne grâce à mon caprice : son sourire cessa ; elle se mit à poser, sans coquetterie, sans affectation — simple et plus sérieuse que je ne l'eusse soupçonnée. Elle posa ainsi pendant longtemps, pendant plus longtemps peut-être qu'il n'était besoin, mais qui de nous deux aurait songé à s'en plaindre? Nous étions déjà des amis ; sans nous être adressé un mot, tous deux nous causions de l'âme, et nous nous laissions aller au courant de cette hardie causerie, qui se noue dans un regard et s'éteint dans un soupir. Qui étions-nous? Que voulions-nous? Pourquoi n'allions-nous pas l'un vers l'autre? Mentalement je lui racontais mes défaillances de jeune homme et elle me répondait par ses espérances de jeune fille. Rien ne vint nous interrompre, personne ne troubla ce muet et pur entretien, nul cousin en veste de chasse ne vint *la* chercher pour la ramener *au château*... — La nuit seulement, la nuit belle et sereine abattit lentement son voile entre nous sans que nous nous en fussions aperçus; mon album et mon crayon avaient roulé à terre; autour de moi, la plaine murmurait avec mélodie; le ciel s'étoilait, le vent du soir agitait les grandes herbes... — J'étais heureux! j'étais heureux, madame! me comprenez-vous?... j'étais heureux!

Telle est l'histoire de ce dessin que vous m'avez demandée, Ernestine. Vous le voyez, c'est une folle histoire faite avec des lambeaux de cœur et d'esprit, quelque chose de simple et de prétentieux, un conte inachevé qui finit par : — *Il était une fois*....

Le soir de ce même jour, je couchai dans une auberge des environs, un *Lion d'Or* ou un *Cheval Blanc*, je crois.

— Là, vous demandâtes des renseignements sur votre belle inconnue?

— A quoi bon? Le lendemain, de grand matin, j'arrêtai la diligence au passage, et je revins à Paris.

— Et sans doute, pour compléter votre roman, trois mois après, vous la revîtes aux Italiens, un soir de *Cenerentola* ou de *Don Pasquale*, à côté d'un mari vieux et décoré de l'ordre de la Légion d'honneur. Allez! vos histoires sont toutes jetées dans le même moule; à chacune d'elles on a le droit de dire : — Je te connais, beau masque!

Et madame de R.... d'éclater de rire.

— Madame, vous plaisantez mal, dit à son tour Frédéric, d'un air grave ; je ne l'ai jamais revue et je ne la reverrai probablement jamais.

— Ce que vous regrettez beaucoup, n'est-il pas vrai ?

Frédéric ne répondit point.

— Vous n'êtes pas galant, Frédéric ?

— Je suis sincère.

— Vous aimez cette femme ?

Frédéric fit deux ou trois tours dans l'appartement, sans paraître entendre la question de madame de R...

Alors celle-ci lui jeta un violent regard, et, plus prompte que l'éclair, elle ouvrit précipitamment l'album qu'elle avait sur les genoux, arracha la page du moulin, la broya, la foula aux pieds....

Frédéric était devenu pâle.

Il flanqua madame de R... à la porte.

CHAPITRE XXVI.

Réflexions. Critique de la nouvelle précédente. Physiologie du regard. Tête-à-tête dans un wagon. M. de Cupidon est insatiable. Il lui faut encore des récits. Pour le coup, celui-ci sera le dernier.

— L'aventure de ce M. Frédéric n'est pas extrêmement orageuse, me dit M. de Cupidon, quand je le revis.
— Je ne dis pas non, mais elle est faite de nuances intimes et franches, que je voudrais voir employées plus souvent par les auteurs.
— Où trouvez-vous tant de hardiesse à cette histoire? Si j'ai bien compris, elle roule sur deux personnes qui se regardent, sans se parler, pendant une demi-heure.
— Voilà tout, en effet; mais ce tout constitue l'événement le plus habituel de la vie, et vous n'y prenez pas garde. Pour moi, je ne sais rien de plus significatif que le langage du regard. Faut-il vous en fournir un autre exemple? Je suppose que vous vous trouviez, avec

trois ou quatre personnes, dans un wagon de chemin de fer ; une femme, jeune et jolie, que vous ne connaissez pas, est vis-à-vis de vous. Le voyage sera de huit ou dix heures : pendant huit ou dix heures, vous allez donc avoir vos jambes entrelacées avec celles de cette dame, et vos yeux sur ses yeux. Douze heures sont lentes à passer ; votre seule distraction sera celle qui résulte d'un mutuel examen. Je rougis pour elle et pour vous des idées qui vous passeront par l'esprit à tous les deux. Vous vous considérerez, vous vous détaillerez, avec ce silence qui est la sauvegarde du cynisme ; vous jouerez avec le regard comme on joue avec le feu ; par le regard vous entrerez dans la vie et dans les habitudes de cette femme ; vous l'envelopperez, vous la cernerez ; au bout de ces douze heures vous connaîtrez ses traits mieux que vous ne connaissez ceux de votre mère et de vos proches. Vous vous appartiendrez ainsi tous les deux par l'ennui et par le libertinage de la pensée ; l'un et l'autre vous inventerez et vous forgerez à votre bénéfice tous les rêves, tous les caprices, toutes les comédies de la terre, les plus folles comme les plus raisonnables, — et cela rien qu'avec le regard. Peut-être même vous aimerez-vous sérieusement pendant quelques heures. Puis tout à coup, le voyage fini, voilà que vous cherchez dans vos poches votre bulletin de bagage, et que vous vous penchez avec impatience à la portière ; le roman est interrompu ; votre regard ne pense plus qu'*à ses affaires*. On ouvre le wagon ; la dame retire ses jambes d'entre les vôtres, vous la saluez, et tout est dit. Jamais vous ne la reverrez.

—Jamais vous ne la reverrez... murmura M. de Cupidon ; jamais vous ne la reverrez... cela dépend de vous. Pourquoi ne pas lui parler ? pourquoi ne pas la suivre ?

— Ah ! oui, pourquoi ! le sais-je mieux que vous, ce pourquoi ; et ne me suis-je pas demandé souvent si cette absence de franchise dans l'aveu des attractions spontanées est un bien ou un mal social ? Pourquoi en effet ces sympathies nées du hasard et que le hasard brise ? Que de fois, au détour d'une rue, sur la marche d'une allée, derrière la vitre d'un magasin, au bal, que de fois j'ai rencontré la femme de mon rêve, celle qui m'eût compris, la fiction toujours poursuivie ! Lui tendre les bras et lui dire : — Vous m'appartenez ! cela était possible et facile. Pourquoi ne l'ai-je pas fait ? pourquoi ne le fait-on presque jamais ? La femme s'enfonce dans les dédales de la rue obscure, en vous laissant immobile et hésitant ; ou bien elle reste dans son magasin, et vous ne pouvez pas vous décider à en franchir le seuil. Vous songez que le bonheur est peut-être là et que vous n'avez qu'à avancer la main pour vous en emparer. De son côté, la femme fait peut-être le même rêve. Et cependant vous passez à côté l'un de l'autre sans ouvrir la bouche ; une fatalité vous pousse par des chemins différents ; vous ne vous reverrez jamais, et cependant vous étiez faits pour vivre ensemble, vous étiez les *semblables,* — et il n'y avait qu'à vouloir.

— Ma foi ! répliqua M. de Cupidon, lorsque je m'appelais Don Juan et Richelieu, je voulais toujours.

— Aussi ces deux noms ont-ils été retenus comme représentant deux exceptions.

— Soit. Je ne discuterai pas davantage avec vous. Je me contenterai, puisqu'il le faut, de votre petite histoire limpide. Cependant vous ne m'avez point fait assister encore à l'éclosion et aux développements d'une forte passion dans deux cœurs jeunes, simples, honnêtes. Votre

Berdriquet, votre Justin Ronan, votre Frédéric sont tous des roués, dont les soucis et les intrigues ne me touchent qu'à demi.

— En d'autres termes, répondis-je, il faut vous en tirer d'un meilleur tonneau. Eh bien ! Allumons un cigare, et écoutez ceci.

CHAPITRE XXVII.

Histoire de mademoiselle Jeunesse.

I.

On appelait ainsi une petite grisette du quartier des Chartrons, à Bordeaux.

Fleuriste, tailleuse ou lingère, je ne sais pas au juste ce qu'elle était; mais ce que je peux certifier, c'est qu'elle n'avait pas sa pareille pour la façon délicieuse dont elle portait le madras rejeté sur l'épaule, — qui est la coiffure habituelle de toutes les artisanes.

Aujourd'hui qu'il ne reste presque plus rien à Bordeaux de son ancienne splendeur commerciale, — il lui reste encore pour se consoler deux de ses produits les plus riches en goût et en couleur : le vin et les grisettes.

De ces deux choses, on chercherait vainement la seconde à Paris, à l'heure qu'il est; ce qu'il y a aujourd'hui de petites filles de magasin refusent de porter leurs cartons autrement qu'en chapeau.

Dans quelques années, il ne restera donc aucune trace de la grisette, si ce n'est par les livres et peut-être par la province, — pourvu cependant que Bordeaux ne se dépêche pas trop à bâtir son quartier Bréda.

Je ne vous dirai pas ce que les grisettes de Bordeaux ont de plus que les autres. Partout la femme ressemble à la femme ; c'est le même patron qui a servi pour l'ancien et le nouveau monde. Qu'il vous suffise de savoir qu'elles sont jolies comme les plus jolies, spirituelles comme les plus spirituelles, — au point que ce sont elles qui deviennent plus tard les véritables Parisiennes.

Elles sont petites et bien prises. Elles sont brunes, comme presque toutes les femmes du Midi, avec des yeux et des cils longs de cela, et des cheveux à profusion.

En outre de leur coiffure, qui est d'un *lâché* ravissant, elles ont une manière irréprochable de se vêtir. De même que la Parisienne a la science du détail, elles ont surtout le secret de l'harmonie. Jamais chez elle une robe neuve ne recouvrira une jupe souillée. Leurs brodequins auront toujours été faits pour leurs pieds.

La Parisienne n'est coquette qu'à une certaine heure du jour, — heure souveraine, il est vrai. La Bordelaise est coquette depuis le moment où elle se lève jusqu'au moment où elle se couche. Elle ignore le négligé du peignoir et n'ouvre les contrevents de sa fenêtre qu'une fois son corset mis et ses bandeaux lissés. C'est une petite Vénus sortie tout habillée du sein des flots, dans une conque de palissandre.

Quoique vous n'ayez pas besoin de chercher à Bordeaux les grisettes pour les rencontrer, trouvez-vous le matin, entre sept et huit heures, dans la rue Sainte-Catherine, cette principale artère de la ville. C'est là que ces mignonnes créatures foisonnent, pullulent, fourmillent, trottinent, les unes se rendant à leurs ateliers, les autres à leurs magasins. Il en arrive de tous les faubourgs, les plus divers et les plus distants : de Sainte-Croix, de Saint-Seurin, des Chartrons et de la Fondaudège. C'est pendant une heure environ un va-et-vient perpétuel, un encombrement de minois en belle humeur ; le pavé en semble obscurci, — comme un champ de blé par un essaim d'oiseaux.

Elles s'en vont ordinairement par bandes de quatre ou cinq, un panier au bras, renfermant les cerises et le *choine* (petit pain) du déjeuner. Leur démarche a cette affectation de vivacité qui provoque à les suivre, et il règne dans leur manière de porter les coudes en dehors une sorte d'élégance, la plus amusante à voir.

Rien ne saurait rendre surtout l'effet de leurs mouvements de tête, brusques et gracieux. Les regards qu'elles lancent de droite et de gauche, fermes et arrêtés, pétillent d'une malignité fulminante.

Que si vous voulez alors les connaître de plus près, hasardez-vous à accoster l'une d'elles et faites entendre à son oreille la musique du madrigal. Si elle ne vous répond pas dès le premier mot, ce qui est probable, soyez assuré qu'au troisième elle vous jettera quelque bonne réplique aux jambes, de cette réplique de comédie, preste et audacieuse, qui suppose l'accroche-cœur et le nez à la Roxelane. Leur esprit est mordant et accentué comme leur langage : une pointe d'aiguille trempée dans l'eau de la Garonne.

Quant à leur moralité, elles en parlent beaucoup pour y faire croire un peu.

Les grisettes représentent à Bordeaux toute une population nombreuse et bien distincte, dont la fastueuse grande ville a raison de se parer. Ceux qui les connaissent savent qu'il n'y a rien de flatté dans ces quelques notes préliminaires.

II.

Je ne serai pas invraisemblable en disant qu'à dix-sept ans Jeunesse était encore vertueuse ; il faut bien, si l'on en croit la tradition, que toute femme commence par l'être. D'ailleurs, Jeunesse avait beaucoup de principes et très-peu d'occasions.

Elle avait une mère qui n'avait pas assez de tout son cœur pour la chérir; une brave femme de mère qui pleurait d'amour rien qu'à causer d'elle, et qui eût volontiers cédé sa petite part de paradis pour lui en faire une plus grande. Cette digne femme avait donné à sa fille tous les bons sentiments qu'elle avait trouvés dans son cœur et dans ses livres de piété. Puis elle avait prié le ciel de faire le reste et de la préserver de la tentation.

Jeunesse travaillait dans un magasin de la rue Notre-Dame, en compagnie d'une demi-douzaine de fillettes égrillardes. Suivant l'usage établi, la plupart de ces demoiselles avaient plus souvent l'œil aux vitres qu'à leur ouvrage : c'étaient des critiques à l'emporte-pièce sur chaque passant et des éclats de rire sans fin. Elles *faisaient* l'étude de mœurs plutôt que la lingerie ou la couture.

Jeunesse était trop fille d'Eve pour tarder longtemps à marcher sur leurs traces. Elle les dépassa. Mieux que personne, elle savait trouver de ces observations qui assassinent, — de ces mots qui poignardent. Je connais un pauvre diable d'employé qui, pour avoir eu l'imprudence de mettre une cravate blanche avant la saison, était assuré de ne jamais passer devant elle sans entendre invariablement résonner à ses oreilles le refrain de *Bouton de rose*. Beaucoup avaient pris le parti de faire un long détour, pour éviter les sabords du redoutable magasin.

Il n'était qu'un article sur lequel Jeunesse n'avait pas voix au chapitre. C'était le calendrier des Léon, des Alfred, des Adolphe, longuement feuilleté par ses compagnes. Son rigorisme à ce sujet était sans égal ; on l'en avait plaisantée à diverses reprises, et l'on avait fini par lui supposer quelque passion secrète et malheureuse ; la vertu étant toujours la dernière supposition à laquelle on s'arrête.

Ce n'était pas que Jeunesse n'eût été mainte fois courtisée par la fine fleur des Adonis de comptoir. Plus d'un, en choisissant pour elle le ruban le plus nouveau, et en lui faisant la *bonne mesure*, avait essayé une déclaration de mirliton et de chevalerie. Les dandys de la Chaussée de Tourny, eux-mêmes, n'avaient pas dédaigné de la suivre, et, mâchonnant un bout de cigare, lui avaient souvent adressé cette honnête proposition :

— Petite, veux-tu venir souper ?

Mais de la timidité de l'un et de l'impertinence de l'autre, Jeunesse n'avait fait que rire. Non que le commis Céladon n'eût le regard expressif et la voix tendre ; non que le dandy ne fût admirablement monté sur cravate. Jeunesse leur rendait justice à tous les deux. Elle s'avouait même en secret qu'en forçant un peu sa nature, elle serait peut-être parvenue à aimer le premier, malgré ses qualités, — le second, malgré ses défauts. Mais elle était encore à cette époque heureuse où l'amour fait autant de peur que d'envie et où le cœur n'ose pas oser.

Il y avait pourtant depuis six mois un jeune homme qui passait régulièrement deux fois par jour devant le magasin de la rue Notre-Dame. Celui-là n'avait jamais suivi Jeunesse, ne lui avait jamais parlé. Chaque fois, au contraire, que son regard avait rencontré celui de la jeune fille, son regard s'était abaissé subitement. C'était un musicien des environs qui donnait des leçons au cachet, jeune homme de vingt-deux ans à peine, un bon cœur et un droit esprit, d'ailleurs ; une de ces natures abandonnées à elles-mêmes au milieu d'une demi-éducation.

Paul Lorrain s'était pris à aimer Jeunesse, sans que celle-ci s'en aperçût. Et comme il l'aimait véritablement, il n'avait jamais osé le lui dire. Un jour cependant qu'il s'était longtemps arrêté à rêver au bonheur et à l'avenir, il saisit son courage à deux mains et écrivit à Jeunesse les lignes suivantes :

« Mademoiselle,

« Je suis le jeune homme de *neuf heures et demie* et de *trois heures*. Ce sont les instants auxquels je passe devant votre magasin, pour aller donner des leçons de musique dans le quartier. Il ne dépend point de moi de passer par un autre chemin, et même en aurais-je le choix, je n'en voudrais pas d'autre. — Peut-être m'avez-vous remarqué, à cause de ma boîte à violon.

« Je vous aime, Mademoiselle, et voilà bien longtemps que je retiens cette parole au bout de ma plume et de mes lèvres, car il y a une chose qui égale mon amour, c'est mon respect. Aussi je ne me consolerai jamais, si cet aveu vient à vous déplaire. Il fallait pourtant bien finir par vous en informer, n'est-ce pas ?

« Pourquoi ne m'aimeriez-vous pas un peu, — vous qui remplissez toute mon âme, et que j'aime d'autant mieux que je ne tiens plus à personne au monde ? Ma vie entière vous appartient ; prenez-la ou ne la prenez pas, mon amour sera toujours à vous, et je sens que je n'en guérirai jamais.

« Au revoir, Mademoiselle.

« Paul Lorrain. »

III.

Cette fois, l'heure de Jeunesse allait sonner. Elle s'était sentie émue des paroles de Paul et elle y avait mis sa croyance. Mais, soit par une fausse honte, soit par ce damnable esprit qui porte les femmes à donner à chaque plaisir l'attrait du fruit défendu, elle se cacha soigneusement de sa mère, et ne voulut mettre personne de moitié dans ses nouvelles sensations. — A quoi bon ? se dit-elle ; et ne sera-t-il pas toujours temps ? Ce fut son premier tort.

La grisette aima donc le musicien. Elle ne répondit pas à sa première lettre, ni à la deuxième, ni à la troisième, — mais elle répondit à la quatrième, et cela pour le prier de ne plus lui écrire. Et le lendemain, elle recevait quatre pages plus brûlantes et plus passionnées que jamais, — quatre pages qui équivalaient à quarante-huit, car elle les relut chacune douze fois, et douze fois elle se sentit défaillir dans sa conscience et dans sa vertu.

Jeunesse aima Lorrain. — Elle avait pourtant refusé

de le voir et de lui parler. Mais un matin que le hasard était d'intelligence, ils se rencontrèrent et tout fut dit entre eux. Depuis, ils se virent tous les jours, et ils se jurèrent d'appartenir l'un à l'autre. Leurs chastes et mystérieux rendez-vous prirent leur essor et s'abattirent tour à tour au sein des obscurs carrefours, à l'angle des rues désertes, sous les arbres des promenades, partout, en un mot, où ils pouvaient se serrer furtivement la main, échanger un joyeux regard, se dire : Je t'aime ! — tu m'aimes? et s'en retourner en faisant de beaux rêves.

Jeunesse aima Lorrain. — Et comme si ce n'était pas assez de se voir matin et soir, ce fut elle à son tour qui se prit à lui écrire de ces lettres où la passion naïve ruisselle en fautes d'orthographe, de ces lettres où la même chose redite vingt fois a vingt sens différents pour celui qui l'écrit et pour celui qui la lit.

Jeunesse aima Lorrain. — Mais d'un amour pur, qui suffisait à leur bonheur mutuel. L'un et l'autre n'eussent pas voulu dans le ciel d'autre félicité que celle qu'ils goûtaient sur terre, et leurs vœux se bornaient à en souhaiter la continuation éternelle. Rien que cela !

C'est ce qui fait qu'un soir, passant devant une église, il leur vint à tous les deux la bonne pensée d'y entrer, afin de demander à Dieu de bénir leurs deux âmes et leurs deux destinées. Réfugiés à l'ombre d'un pilier, ils chuchottaient à voix si basse que les saints de pierre auraient pu seuls surprendre le secret de leurs paroles. La nef était silencieuse; quelques lampes brûlaient d'espace en espace, et l'on n'entendait par intervalle que le pas retentissant d'un prêtre se dirigeant vers son confessionnal. A quelque distance d'eux, et leur tournant le dos, une vieille femme était agenouillée. — Pour qui priait-elle de la sorte ? C'était ce dont ils ne s'inquiétaient guère, et ils ne prêtaient aucune attention aux lambeaux d'*oremus* qui venaient frapper leurs oreilles. Ils étaient dans le ciel, alors ! un ciel qu'ils bâtissaient eux-mêmes, blanc de flamme, et rempli d'harmonie. Leurs cœurs ployaient sous l'extase, un tressaillement courait par toutes leurs veines; — et il vint un moment où Jeunesse se sentit inondée de tant de joie, qu'elle ne put réprimer un soupir d'amour qui vibra sous les voûtes de l'église.

La femme qui priait se retourna comme pour lui reprocher de troubler son recueillement.

Jeunesse reconnut sa mère.

IV.

Celle-ci n'eut pas un mot, pas un geste. Il y a de ces douleurs qui vous coupent bras et jambes. Elle emmena sa fille et elle sortit de l'église sans s'être signée.

C'était une femme du peuple, une de ces mères dont la tendresse bavarde et étourdie partout ailleurs que devant leurs enfants, se fait devant eux humble et retenue, comme dans la crainte de leur être importune. Elle n'avait jamais songé à se montrer sévère et soupçonneuse pour sa fille, car il ne lui était jamais venu dans l'idée que celle-ci pût faillir un seul instant. C'était un ange qui lui avait été donné, et s'avise-t-on de soupçonner les anges ?

Sa plus grande joie, son unique affaire, sa pensée de tous les jours et de tous les instants, était de lui préparer un avenir heureux et digne d'elle. On eût dit qu'elle n'avait d'autre souci que de balayer le terrain devant ses pas. Dans ce but, elle avait arrangé secrètement un projet d'union avec un honnête artisan, dont l'aisance et le caractère lui offraient toutes les garanties de sécurité. Mais elle hésitait avant de se séparer entièrement de Jeunesse, et elle reculait de jour en jour le moment où il faudrait enfin lui dire : — Adieu, mon enfant; je viens d'assurer ton bonheur aux dépens du mien; sois heureuse maintenant avec une autre personne que ta mère.

Le coup qui la frappa fut donc terrible. Elle ne trouva cependant dans son cœur ni colère ni reproche pour sa fille. Elle l'assit au contraire tendrement sur ses genoux, et, lui prenant les mains, elle la conjura de tout lui raconter. Jeunesse obéit en rougissant.

Alors, à mesure qu'elle parlait, la pauvre femme entreprenait de se persuader à elle-même que le mal n'était pas aussi grand qu'elle l'avait d'abord pensé; qu'une affaire d'amourette n'était pas une chose tellement sérieuse que l'on dût sitôt en prendre l'alarme; que c'était l'âge, et puis la folie, — mille raisons enfin et mille excuses qu'elle s'efforça de trouver toutes naturelles. Si bien que, lorsque sa fille eut terminé sa confession en cachant sa jolie tête dans son sein, elle l'embrassa à deux reprises sur les joues, et lui dit en souriant à travers ses pleurs :

— Allons, il faut oublier tout cela.

Mais ce fut en ce moment au tour de Jeunesse de frémir et de s'inquiéter. Son regard se leva plein d'étonnement, et sa bouche murmura : Oublier ?... — Ce fut le premier mot de la lutte qui s'engagea entre elles deux, pour ne plus finir. Sa mère eut beau lui représenter sa misère et celle de Paul, les peines qu'une semblable union entraînerait à sa suite, lui peindre l'avenir sous les couleurs les plus sombres, — à toutes ces raisons Jeunesse n'avait qu'un mot à opposer : — Je l'aime ; — et puis encore : — Je l'aime.

Dire ce que cette mère trouva de courage dans son cœur pour combattre cette cruelle parole et ressaisir un peu cet amour que lui volait Paul Lorrain, est impossible. Elle se montra si persuadée de leur malheur futur, qu'elle resta inébranlable dans ses larmes; et ce fut en jetant ses bras autour du cou de sa fille qu'elle lui déclara qu'elle n'accorderait jamais son consentement à un tel mariage.

De ce jour, sa surveillance, pour être cachée, ne s'en fit pas moins sentir autour de Jeunesse. Il devint désormais impossible à cette dernière de voir Paul. Par malheur, il était trop tard, et son amour s'augmenta de tous les obstacles suscités par l'amour maternel. Ce fut alors que le chapitre des ruses et des fourberies eut son cours. Grâce aux soins d'une amie imprudente, une correspondance put se renouer entre les deux amants, jusqu'au moment où elle vint à être découverte par la mère.

Cette nuit-là qu'elle veillait en rôdant, la pauvre femme s'étonna d'apercevoir de la lumière dans la chambre de sa fille. Elle vint à pas de loup coller son oreille au trou de la serrure, et elle surprit Jeunesse qui écrivait à Paul. Elle attendit (une heure environ) que la plume lui fût tombée des mains, et lorsqu'elle fut assurée de son sommeil, elle alla, — retenant son haleine, — lui prendre sa lettre sous son chevet.

Puis elle remonta chez elle, en s'appuyant au mur.

Elle passa le reste de la nuit à déchiffrer ce papier, car elle savait à peine lire, la malheureuse ; — elle en épela un à un les moindres mots, sans en excepter un seul, et chacun d'eux lui saigna le cœur. C'étaient des promesses de s'aimer toujours, des espérances, mille tendresses à lui donner mille morts ! Il y avait souvent des lignes entières dont elle ne pouvait venir à bout. Elle avait beau frotter ses yeux brûlants et approcher la lettre de la lumière, c'était en vain. Alors elle se prenait à pleurer toutes les larmes de son corps, à accuser le ciel et la Vierge elle-même, à maudire son ange gardien. Elle se demandait pourquoi les enfants n'ont jamais pour leur mère de ces élans si vrais, de ces phrases si douces, pourquoi ils vont chercher au loin l'amour qu'ils ont près d'eux... — Puis elle se remettait à sa lecture avec un fiévreux acharnement ; ses mains tremblaient, son front suait, — et elle allait toujours. — Vingt fois elle faillit à la peine, et vingt fois elle surmonta ses tortures. Le Dieu cruel permit qu'elle allât jusqu'à la fin. La lettre se terminait par ces mots : « Je n'aime et n'aimerai jamais que toi... »

Le lendemain, sa résolution était prise. Elle se rendit chez Paul Lorrain.

En la voyant arriver, le jeune homme comprit de suite la démarche qu'elle venait essayer. Elle prit avec lui son regard le plus humble et sa voix la plus suppliante. Elle se mit à lui parler des projets qu'elle avait formés pour sa fille, dont elle voulait assurer le repos, disait-elle, avant de s'endormir pour toujours. Elle le conjurait donc, — s'il aimait Jeunesse, — de renoncer à la voir, de chercher à l'oublier, de n'y plus penser enfin. Et, en échange de ce sacrifice, elle lui promettait de le chérir comme un fils, de bénir chaque jour son nom dans ses prières, et bien d'autres choses encore qu'elle lui dit avec cet accent, ce geste, ce regard que les mères savent seules trouver.

Paul fut ému. Il aimait Jeunesse par-dessus tout, nous l'avons dit, et son amour était fort de toute son honnêteté. Mais la profonde humilité de cette mère et les raisons qu'elle lui donna ébranlèrent ses résolutions. Qu'avait-il, en effet, à faire partager à cette jeune fille? Sa pauvreté, et pas autre chose. De quel droit lui fermerait-il un avenir paisible, exempt d'inquiétudes? L'amour qu'elle exprimait pour lui était-il donc si vivace qu'il ne pût, avec le temps, s'effacer de son cœur? — Peut-être un jour lui saurait-elle gré de son dévoûment.

Paul Lorrain céda, et il jura de ne plus revoir Jeunesse.

V.

Bordeaux a son Ranelagh et son jardin Mabille, — représentés par les deux établissements rivaux de Plaisance et de Vincennes. Rien n'y manque, ni le plafond guirlandé de nymphes, ni les candélabres aux flancs des murailles, ni l'orchestre paré de draperies. Au dehors, mille verres de couleur tracent des arcades de feu sous des arcades de feuillage; des labyrinthes cythéréens serpentent autour des Faunes de plâtre; les cimes des arbres frissonnent au vent des balançoires, appelées des *câlines* en style local. — Au dedans comme au dehors, court et tourbillonne toute une charmante population. Une foule de jeunes filles, robes roses et robes blanches, danse, le front dans la lumière et les pieds dans le bruit. C'est le triomphe du cornet à piston et de la bouteille de bière; le Paphos bourgeois de la blanchisseuse, de la lisseuse et de la calendreuse.

Par un bizarre et philosophique contraste, ces deux salles de danse sont le plus mélancoliquement sises du monde. Elles entourent la Chartreuse, ce magnifique jardin des morts, et font au champ du repos une longue ceinture de fête et d'oubli. Plus d'un jeune couple, causant d'amour, a pu voir se lever curieusement derrière le mur d'enceinte le fût blanc d'un tombeau, entre les branches des noirs platanes ; — ce qui n'empêche le Bordeaux dansant et oublieux d'y accourir chaque dimanche d'été.

De ces deux établissements, à l'époque où se passe cette histoire, le plus fréquenté était Plaisance. Il n'était pas rare alors de surprendre, à l'angle extérieur d'une vitre de la salle, la capote voilée de quelque grande dame ou le frac de quelque élégant. La ville l'avait adopté pour ses expositions de fleurs et les corps d'états pour leurs fêtes patronales.

C'était à une de ces fêtes de nuit, — qui se prolongent ordinairement jusqu'au matin, — que Plaisance ouvrait ce soir-là ses portes. Paul Lorrain, entraîné par plusieurs de ses amis, était venu y promener sa tristesse. Il avait tenu son serment, et depuis deux semaines il se trouvait sans nouvelles de Jeunesse.

Paul marchait lentement dans une allée, coudoyé par la foule. Des rafales d'harmonie lui arrivaient à travers les bosquets.

Tout à coup, un essaim de jeunes filles vint à le raser de si près, qu'il leva les yeux, — et son regard rencontra l'une d'elles. Au même instant une exclamation de surprise s'échappa de ses lèvres :

— Jeunesse ! s'écria-t-il.

C'était bien Jeunesse en effet, Jeunesse que sa mère inflexible avait laissée ce soir-là s'envoler. Désolée de la voir toujours triste, elle lui avait permis d'aller au bal avec deux de ses amies de magasin. Jeunesse avait refusé d'abord, n'ayant plus le cœur au plaisir; mais un pressentiment lui avait dit ensuite qu'elle risquait d'y rencontrer Paul, et elle était venue.

Voilà ce qu'elle lui raconta, une fois qu'ils furent seuls, et pendant qu'ils s'enfonçaient dans une contre-allée.

— Toi ici! répétait Paul, pétrifié.

Mais Jeunesse ne l'écoutait pas. Elle se suspendait à son bras et le regardait avec un doux sourire.

— Viens plus loin, disait-elle : cette musique nous fatigue; et j'ai tant de choses à te conter encore! Tous ces jours-ci, on m'a fait bien souffrir. Chacun s'entendait pour me dire que tu m'avais oubliée, que tu ne pensais plus à moi. Je ne l'ai pas cru, je t'assure. Ma mère est si méchante!

Paul essaya vainement de dégager ses mains d'entre les siennes.

— N'est-ce pas que tu es toujours à moi, comme je suis à toi? poursuivait-elle, — que rien ne pourra nous séparer, comme tu l'as dit bien souvent? — que notre destinée est une destinée d'amour? — N'est-ce pas que tu es toujours mon Paul adoré, comme je suis ta Jeunesse, ta Jeunesse chérie!...

Une larme tomba de la paupière de Paul, vaincu. Il se mit à deux genoux et lui dit :

— Pardonne-moi!

Puis ils s'assirent sur un banc et se turent, — pour écouter leurs cœurs. De rares promeneurs passaient devant eux. Le chant d'une valse expirait à leurs oreilles. La campagne exhalait des odeurs chaudes.

— O Jeunesse! Jeunesse, que je t'aime! murmura Paul.

Tout entier au bonheur présent, il chassait sans remords le souvenir de sa promesse. Il ne concevait plus comment il lui avait été possible de s'y arrêter. L'aimer encore et puis l'aimer toujours, telle était maintenant sa seule idée, son unique serment.

Les heures se passèrent dans ce ravissement.

Déjà la fête tirait à sa fin, et la foule commençait à s'écouler.

Les illuminations allaient pâlir devant les lueurs de l'aurore. Les bruits de l'orchestre s'éteignaient pour faire place aux bruits de la terre. Ni l'un ni l'autre ne s'en étaient pourtant aperçus. — Jeunesse avait incliné la tête sur l'épaule de son jeune amant.

— Dors-tu? lui demanda-t-il après quelques minutes.

Elle leva sur lui son tendre regard, et elle reprit sa charmante attitude.

Mais tout à coup, elle se réveilla brusquement, — silencieusement, — et regarda avec effroi autour d'elle. Une pâleur subite se répandit sur son visage.

— Mon Dieu! j'oubliais, fit-elle avec inquiétude; vois donc comme il est tard... voici le jour qui va paraître.

— Non, ce n'est pas le jour, c'est la lune.

— Si je n'allais plus retrouver Claire et Nathalie? Oh! partons, partons bien vite!

— Pourquoi sitôt? demanda Paul, enivré.

— Voici la salle qu'on ferme; il n'y a presque plus personne. Viens. Elles me cherchent sans doute.

Et sans l'attendre, elle se mit à courir dans le jardin et à le parcourir dans toutes les directions en appelant ses amies à haute voix. Mais les jeunes filles étaient parties depuis longtemps, après avoir inutilement battu les allées à sa recherche, — sans apercevoir le coin isolé où ils tenaient si peu de place et faisaient si peu de bruit.

— Partons! s'écria-t-elle éperdue; nous les rejoindrons peut-être en route.

Il était grand jour quand ils sortirent. Les rues étaient désertes, et l'air avait de ces brises froides et tristes, qui glacent l'âme aussi bien que le corps. Ils allaient à grands pas, sans dire un mot. Paul baissait la tête, et Jeunesse tremblait de tous ses membres en pensant à sa mère. Le chemin leur semblait ne plus devoir finir.

Ils arrivèrent enfin au pavé des Chartrons, juste au moment où l'horloge de Saint-Louis sonnait cinq heures. Jeunesse tressaillit et s'arrêta pour reprendre sa respiration. Mais ce fut bien pis lorsque, au détour de la ruelle où elle demeurait, — sur le seuil de la maison, immobile comme un fantôme, — elle aperçut sa mère qui l'attendait.

— Oh!... fit la jeune fille, je ne pourrai jamais rentrer.

Et elle s'enfuit, épouvantée, sans regarder derrière elle.

Paul la rejoignit.

— Jeunesse! lui dit-il doucement.

— Non, — répondit-elle en secouant la tête, — je n'oserai jamais.

En ce moment passaient des ouvriers de sa connaissance. Ils se retournèrent plusieurs fois pour la regarder, et poursuivirent leur chemin en ricanant.

Ce fut alors qu'ils perdirent tous les deux la tête. Jeunesse se vit déchue dans l'opinion, — séparée de Paul à tout jamais; — elle se rappela la ferme résolution de sa mère et son refus de jamais consentir à ce qu'elle appelait leur malheur commun.

Une idée insensée leur passa dans l'esprit : ils crurent avoir trouvé le moyen de lui arracher son consentement.

Un char à bancs, qui passait les conduisit jusqu'à la petite ville de Libourne.

VI.

Le bonheur de Jeunesse et de Lorrain passa rapidement. Après, vint l'adversité, qui s'abattit sur eux comme la grêle sur les arbres en fleur.

Jeunesse avait immédiatement écrit à sa mère pour implorer son pardon. Mais il fut impossible à cette dernière de répondre : une fièvre ardente l'avait couchée sur son lit, et le délire commençait à gagner son imagination.

Lorrain et Jeunesse avaient suspendu le nid de leurs amours coupables dans une mansarde, où ils passaient pour le frère et la sœur. Rien n'était plus intéressant à voir, au dire des voisins, que ces deux charmants enfants : l'un, avec ses cheveux noirs et son front pâli ; l'autre, avec ses cheveux blonds, son fin sourire et sa taille élancée.

Dès les premiers jours de leur arrivée à Libourne, Jeunesse s'était mise à chercher de l'ouvrage, et, comme elle était jolie et avenante, elle obtint facilement ce qu'elle demandait. Son petit cœur ploya sous l'allégresse au premier argent qu'elle apporta au logis. — Elle acheta sur-le-champ une cravate à Paul et un bonnet pour elle.

De son côté, Paul n'avait pas attendu d'être à bout de ses faibles ressources pour se procurer des écoliers. Mais moins heureux que Jeunesse, ses premières démarches étaient restées infructueuses. Ce ne fut qu'après trois semaines et des difficultés extrêmes, qu'il parvint à rassembler quatre ou cinq fils de boutiquiers, au cachet le plus modique. Car il faut le dire aussi, Paul Lorrain n'avait rien qu'un mérite très-ordinaire. Ses études n'avaient jamais été sérieuses ni poussées loin. Fils d'un musicien célèbre, il avait hérité d'une partie bourgeoise de sa clientèle, sans hériter de son talent. Lui mort, il s'était borné à ce qu'il en avait appris, et comme cela lui avait toujours suffi, il supposait que cela lui suffirait toujours.

Lorrain s'aperçut trop tard qu'il s'était trompé. Econduit par plusieurs familles de Libourne sous prétexte d'incapacité, son amour-propre s'irrita de ces premiers échecs et il se remit à son art avec une belle et obstinée passion. Il revint sur ses études d'autrefois et il recommença un laborieux apprentissage de toutes les heures, pendant lequel, il est vrai, les leçons ne lui arrivaient pas ; mais il s'en consolait avec des rêves de gloire et l'espérance d'un brillant avenir. Aussi du travail de tous les deux, c'était celui de Jeunesse qui donnait seul un résultat.

La pauvre petite n'avait garde de s'en plaindre. Elle partageait d'ailleurs les illusions de son amant, dont le caractère était devenu aussi confiant qu'il avait été autrefois soucieux.

Et puis souvent, après une difficulté vaincue, un thème surmonté, il jetait ses cahiers de musique dans un coin de la chambre, et, poussant sa chaise auprès de la sienne, il lui disait, en la prenant par la tête pour la baiser au front :

— Patience, ma petite Jeunesse, un jour nous serons riches, car un jour je serai un bon artiste.

En attendant, Jeunesse ne quittait pas l'ouvrage et passait les nuits sur son métier. Sa santé délicate ne tarda pas à s'en ressentir, ses yeux se creusèrent, et les roses de son teint disparurent peu à peu. Parfois, au milieu du silence et des ténèbres, alors que Paul s'endormait, heureux des progrès de sa journée, il lui arrivait de laisser tristement tomber son aiguille à terre, et de penser à ses beaux jours de la rue Notre-Dame, à ses amies de magasin, à sa mère aussi. Elle se voyait passer à sept heures, souriante, l'œil mutin et le panier au bras...
— Alors elle allait s'agenouiller devant une sainte image, et elle priait avec ferveur pour obtenir la force de continuer sa tâche. Puis elle tirait soigneusement les rideaux de sa fenêtre, afin de n'être pas tentée de regarder les belles étoiles du ciel, — et elle revenait incliner vers la lampe son cou engourdi de fatigue.

VII.

Sur ces entrefaites, Jeunesse vint à apprendre la mort de sa mère. A son dernier soupir, elle lui avait pardonné en pleurant.

Jeunesse resta quinze jours en proie à une douleur sombre et réfléchie, — pendant lesquels elle fut forcée de suspendre tout travail.

Le seizième jour, elle vit Paul qui furetait dans le buffet.

Une heure après, elle avait repris sa broderie et sa place auprès de la fenêtre. Mais, malgré des efforts inouïs, il lui fut impossible de venir à bout d'un seul point. Une faiblesse inconcevable s'était emparée de tous ses organes. Tant de secousses l'avaient épuisée.

Cette fois, Lorrain ouvrit les yeux : il mit ses cahiers de côté, et courut par la ville solliciter un emploi immédiat, — quel qu'il fût, — pour l'aider seulement à vivre, lui et sa sœur, disait-il. Mais comme la chance n'arrive jamais aux gens pressés, il fut obligé d'emprunter en attendant.

Grâce à cette ressource, il put donc veiller à ce que Jeunesse ne manquât de rien, et gagner du temps pour obtenir à utiliser, au service de n'importe quelle industrie, sa tête et ses bras de vingt-deux ans. Par malheur, on ne peut pas toujours emprunter : il vient un moment où les visages se font rébarbatifs, où les portes se ferment, où il faut alors recourir, pour subsister, à ce qu'on nomme les *expédients ;* — et un matin que Paul Lorrain se vêtait pour se rendre dans une maison de commerce où il avait appris qu'on demandait un commis, il ne put s'empêcher de dire en riant :

— C'est singulier comme mon habit m'est devenu large.

En sortant, il apprit que la place était prise de la veille. Dans sa mauvaise humeur, il s'irrita tellement contre son habit, qu'il jugea à propos de s'en défaire.

— Il me reste encore une redingote, se dit-il.

Et, ce jour-là, il y eut gala dans la mansarde.

Une semaine s'écoula ainsi. Jeunesse allait mieux et commençait à sortir. La maladie avait donné à ses traits une expression de langueur. Mais une pensée inquiète assombrissait son front et la rendait rêveuse. — Dans une de leurs récentes promenades au bord de l'Isle, cette petite rivière ombragée d'aunes frémissants, elle avait demandé à Paul avec étonnement ce qu'il avait fait de sa montre et pourquoi il ne la portait plus depuis plusieurs jours.

Paul avait rougi, et répondu qu'il l'avait égarée.

— Oh! mon Dieu! se dit Jeunesse, s'il l'avait vendue! la montre de son père! C'est donc moi qui suis la cause de tous ses malheurs...

Depuis ce moment, cette idée n'avait pu s'effacer de son cerveau. Tout le jour elle y pensait, et elle s'accusait intérieurement dans son amour. C'était ce fatal amour qui avait entraîné Paul. Sans elle, il n'eût jamais connu le besoin, et il continuerait à l'heure qu'il est sa vie de calme et de contentement. Cette idée faisait le tourment de Jeunesse.

Il arriva enfin que leur dénûment se trouva aussi complet qu'il pouvait l'être, — au point de ne plus pouvoir être dissimulé par l'un à l'autre. Leur angoisse était la seule chose qu'ils pussent encore cacher sous un sourire.

Un matin, Paul Lorrain sortit de bonne heure, en disant qu'il allait chercher de quoi déjeuner. Au bout de deux heures, et après avoir fait vainement deux fois le tour de la ville, il rentra, tenant à la main un bouquet, — qu'il offrit à Jeunesse en pleurant. C'était là tout ce qu'il rapportait pour le repas.

— Attends-moi jusqu'à dîner, lui dit-il en soupirant. J'espère être plus heureux. Le comte B... est arrivé hier soir à sa campagne. Ce n'est qu'à deux lieues. Je vais le voir; il a connu mon père, et il viendra à notre aide, j'en suis sûr.

— Adieu! lui dit Jeunesse, en l'embrassant avec plus d'effusion que de coutume.

Le comte B... passait pour être un des plus riches

propriétaires du département. A l'époque de la République, ce n'était rien qu'un homme du peuple, un roulier qui était parti le sac sur le dos et un bâton à la main, pour les campagnes d'Italie. Vingt ans après, il avait la croix et le grade de général; et puis encore, un peu plus tard, il se trouva qu'il était de la graine dont on faisait pousser les nobles et les sénateurs de l'Empire. Dans la grande pluie de titres que fit Napoléon en ouvrant la main, l'ancien voiturier de la République accrocha celui de comte. Il n'en fut ni plus fier, ni moins affable, et quoiqu'il portât haut son nouveau blason, avec la conscience de l'avoir gagné aussi bien que tant d'autres, il ne gardait pas moins avec religion la mémoire de ses premiers jours et de ses anciens camarades. Le père Lorrain avait été un de ceux-ci, et le comte B... aimait à se rappeler en souriant les verres de vin autrefois échangés avec le vieux musicien, dans un café de la place Royale de Bordeaux, au temps où elle s'appelait la place Guillaume-Tell.

Aussi quand Paul Lorrain vint lui dire confusément son embarras, — le général lui serra le poignet à le lui briser, et lui montrant du bout de sa botte deux enfants qui se roulaient sur un tapis :

— Tiens! lui dit-il, — avec cette brusque bonhomie dont les vaudevillistes ont tant abusée — prends ces marmots, ce sont mes petits-fils, et en attendant que je leur apprenne à porter un fusil, apprends-leur à râcler de ton instrument; mais aie soin de ne pas en faire des musiciens surtout! Viens demain, viens tous les jours, et prends ceci, c'est un à-compte sur tes appointements.

Il prit une poignée de pièces d'or dans son secrétaire, et les mit dans la main de Paul.

Paul voulut lui sauter au cou.

— Parbleu ! s'écria le général, il ne sera pas dit que je n'aurai rien fait pour le fils du vieux Lorrain !

Il était presque nuit quand Paul prit congé du comte B.... En sortant de cette maison bénie, son cœur ne se sentait pas de joie. Il courait plutôt qu'il ne marchait, il volait plutôt qu'il ne courait; mille projets d'ambition, mille plans passaient et repassaient dans sa tête. Désormais le calme et l'abondance allaient rentrer dans la mansarde. Jeunesse satisferait toutes ses fantaisies, tous ses caprices, et lui—lui, pourrait enfin poursuivre sans relâche la réalisation de ses rêves et saluer un jour l'idéal de la gloire !

Tout entier à ses pensées, le chemin ne lui sembla qu'un pas.

En approchant de sa demeure cependant il sentit son cœur se serrer, — car il se souvint que Jeunesse l'attendait depuis le matin, et que grande devait être son inquiétude; mais il se hâta de chasser ces idées noires, en songeant qu'il rapportait la joie et la richesse avec lui. Il monta donc avec empressement en appelant : — Jeunesse! Jeunesse ! — tout le long de l'escalier et jusqu'à ce qu'il n'y eût plus de marches. Là, surpris de n'entendre personne répondre à sa voix, il poussa vivement la porte, et il entra.

La chambre était déserte.

Une chandelle, seule, mourait sur une table.

A côté de la chandelle, il y avait un papier qui frappa de suite son regard.

Il se jeta dessus avec avidité, et y lut ces mots fraîchement écrits : — « Adieu, Paul; je t'ai attendu jusqu'à huit heures... »

Le jeune homme fut obligé de se retenir à l'angle du

lit pour ne pas tomber. Quand il reprit connaissance, son premier mouvement fut de ressaisir le fatal adieu laissé par Jeunesse, — et, le visage baigné de larmes, les mains brûlantes, il se demanda avec effroi si c'était la mort ou le déshonneur qu'elle avait choisi.

VIII.

Aujourd'hui que deux ans se sont passés, Paul Lorrain est devenu un artiste.

Ses rêves se sont enfin réalisés, grâce à sa volonté énergique, et aussi un peu à l'active protection du comte B***. — Il avait trouvé un jour dans son cœur une belle mélodie. Il n'en fallut pas davantage pour commencer sa réputation.

Cette mélodie, Paul l'avait appelée d'un titre fort simple, qui était un mot pour tout le monde, un nom pour lui seul : — il l'avait appelée *Jeunesse*.

Pendant longtemps le souvenir de la petite grisette bordelaise ne le quitta pas d'une heure. Elle lui apparaissait sans cesse, — tantôt vive et gaie, — plus souvent pâle, avec des herbes humides mêlées à ses cheveux.....

Les premiers jours de son arrivée à Paris, il croyait retrouver ses traits dans toutes les femmes qui passaient près de lui.

Aujourd'hui même encore il n'est pas rare de le voir se retourner dans la rue, pour suivre des yeux cette ressemblance.

Je fus témoin un soir de ses accès de monomanie. — C'était au bal de l'Opéra. — L'océan des masques nous avait violemment rejetés dans un angle de la salle. Paul

Lorrain, le lorgnon négligemment promené, regardait de droite et de gauche, en souriant au fouillis changeant d'un galop. — Tout à coup sa figure devint blême; il ouvrit la bouche comme pour crier, et, me meurtrissant le bras de sa main gauche, de l'autre il me désigna vivement, à travers les groupes qui se succédaient devant nos yeux, un petit débardeur, grimpé sur les épaules d'un robuste titi, qui l'entraînait en hurlant, au son des terribles accords de l'orchestre !

Autant qu'il m'est possible de me la rappeler, c'était une délicieuse figure. Un soleil de cheveux blonds flamboyait sous sa coiffure coquettement inclinée sur l'oreille ; — d'une main, elle se cramponnait à la tête touffue de son colosse, l'autre s'agitait triomphalement dans l'air en signe de ralliement ; — sa bouche, une mignardise au pinceau, jetait de petits cris adorables ; — une longue écharpe de soie bleue frangée d'or semblait courir après sa taille d'abeille, et son pantalon de velours laissait à demi découverte aux bras de son compagnon une jambe à coins dorés, dont le modelé et la finesse eussent fait le désespoir des trois sœurs Camargo.

Voilà les seuls traits que j'aie pu en fixer ; car, plus vite que je ne saurais le dire, — au bruit des cuivres de Musard, — elle passa avec son géant, comme une vision céleste aux crins d'un rêve diabolique...

J'eus le temps, néanmoins, de demander son nom à l'un de mes voisins, habitué des bals de l'Opéra, qui me répondit par quelque chose comme Mousqueton ou Couleuvrine.

— Quelle idée ! dit Paul en souriant, et en m'entraînant vers la porte.

CHAPITRE XXVIII.

Monologue suivi d'une églogue. La chanson de Gautier-Garguille.
M. de Cupidon part pour un village. Il y cherche des bergères et
n'y trouve que des paysannes. Suzon et son chevreau. Mauvaise
fille ! Elle se sauve. L'échelle du grenier. Un drame dans une
meule de foin. Cupidon ! vole, vole !

Le cinquième jour de son arrivée à Paris, — en s'éveillant — M. de Cupidon se tint à peu près ce discours, pendant qu'il se faisait habiller par son valet de chambre :
— Parbleu ! voilà un voyage qui me coûtera infiniment moins de temps que je me l'étais imaginé. Il s'en faut peu de chose, je crois, pour que mes études soient complètes et que je sache de l'amour autant qu'homme en France. En moins d'une semaine, j'ai fait connaissance avec la fille d'Opéra, avec madame Trois-Étoiles, avec Penserosa, avec la bourgeoise du boulevard et la baronne de la rue de Lille ; j'ai vu les dames du jardin Mabille. Il ne me reste donc plus qu'à dénicher une Suzon en bavolet et en jupon court, pour terminer entièrement mon éducation. Justement, le soleil est beau, et le zé-

phyr agite doucement son éventail sur la face du soleil. Allons donc au village, au village où j'ai coulé jadis de si heureux jours au sein des prés fleuris et sur le bord des étangs, en compagnie de mes agneaux, de mes pipeaux et de mon chien Fidèle...

Il partit pour le village.

Chemin faisant, — M. de Cupidon regretta de n'avoir pas commencé par là, car il se souvint que de temps immémorial l'amour avait toujours habité les champs, — et que la douce paix des hameaux, l'ombre des vallons ont plus d'empire sur les imaginations sentimentales que le bruit et l'éclat des cités. — Il se rappela à ce sujet les pastorales de Bernis et les idylles de Léonard. Le tambourin de Lycas lui revint aussi en tête, et peu s'en fallut qu'il ne se prît à danser au milieu de la grand'route, en croyant entrevoir des rondes à travers l'épaisseur des feuillages.

Il grava deux cœurs entrelacés sur l'écorce d'un hêtre.

Il trempa ses lèvres dans l'*eau salutaire* de la fontaine.

Il mit un bouquet de fleurs à son chapeau.

Il écouta le chant d'un bouvreuil dans les verts noisetiers.

Il chanta lui-même la chanson du bel Aucassin à Nicolette, et celle de Gautier-Garguille, si belle de naïveté :

I.

Je m'en allai à Bagnolet,
Où je rencontrai un mulet
Qui plantait des carottes.
Ma Madelon, je t'aime tant,
Que quasi je radote.

II.

Je m'en allai un peu plus loin :
Je vis une botte de foin
Qui dansait la gavotte.
Ma Madelon, je t'aime tant,
Que quasi je radote.

III.

Je rentrai dans notre jardin ;
Je vis un chat incarnadin
Qui décrottait ses bottes.
Ma Madelon, je t'aime tant,
Que quasi je radote.

En passant devant la grille d'un parc, — il aperçut au fond d'une charmille une jeune fille en robe blanche et un jeune homme en habit de lycéen, qui se promenaient à pas lents sous la même ombrelle. M. de Cupidon ne demanda pas d'autre explication.

Il reconnut de suite le poëme éternel des dix-huit ans et du premier rendez-vous, de la fleur tombée du corsage et de l'aveu rougissant, cette fraîche histoire du cœur qui s'éveille et qui marie toutes les choses de la nature à ses nouvelles sensations, depuis les baisers des ramiers jusqu'aux prédictions des marguerites et aux paroles de la brise nocturne. Il sourit en pensant aux lettres jetées par-dessus le mur, aux pieds pressés par-dessous la table de jeu, aux quadrilles de Bohlman-Sauzeau joués à quatre mains, peut-être aux promenades en batelet à l'île voisine, — cette île qui se trouve partout et dont les gazons émaillés de boutons d'or semblent inviter à l'amour.

Mais ce n'était pas cela qu'il cherchait, — c'était

Suzon, la naïve bergère, qui porte un chapeau de paille à l'oreille, et, la houlette à la main, mène paître ses moutons.

Déjà il avait fait trois fois le tour du village, et, découragé du peu de succès de ses recherches, il s'était assis sur le banc d'un bosquet de chèvrefeuille, — lorsqu'il fut tiré de ses rêveries par un éclat de rire qui partit soudain à son côté. Il se retourna et crut d'abord que c'était un vieux faune qui se moquait sous la feuillée. Mais aussitôt une jeune fille passa rapidement devant lui, suivie d'un chevreau, qu'elle agaçait par ses bonds joyeux.

— Suzon ! Suzon ! s'écria-t-il.

La jeune fille et le chevreau se cabrèrent à la fois, et celle-là tirant une belle révérence :

— Comment savez-vous mon nom ? demanda-t-elle en montrant un sourire épanoui sur ses lèvres et dans ses yeux.

Ce n'était pas tout à fait le rêve de M. de Cupidon ; la houlette avait disparu ainsi que le corset semblable à un rosier ; le fichu était un tantinet posé de travers et les cheveux se dénouaient sur les épaules. Évidemment cette Suzon-là n'aurait eu que faire parmi les Églé et les Sylvanire du val de Tempé ; mais elle n'en avait pas moins sa poésie, aussi elle, — poésie chaude et sauvage, comme le parfum des mûres saignantes sur leurs branches d'épines.

A défaut de mieux, M. de Cupidon dut s'en contenter. Il lui passa le bras autour de la taille, et, pour réponse à sa question, il lui planta sur la joue un gros baiser.

— Eh ben ! ne vous gênez pas, monsieur *des Grands-*

Airs ! dit-elle en se débattant. Je vous conseille d'y revenir, et nous aurons beau jeu...

— Fi ! Suzon vous êtes revêche comme une infante, répondit-il ; bannissez ces façons-là, ma mie, et allons ensemble cueillir des noisettes sur la lisière du petit bois.

Suzon avança dédaigneusement les lèvres et formula un nenni bien sec, — confirmé par un brusque virement de tête — de gauche à droite et de droite à gauche.

Puis elle tenta de s'échapper, mais M. de Cupidon la retint par la robe.

— Hélas ! poursuivit-il, un rival plus heureux, je le vois bien, a su mériter vos faveurs : Palémon sans doute, qui n'aura pas manqué de vous offrir le miel de ses abeilles, ou Lycoris, pour avoir furtivement déposé dans votre chambre le nid de colombes qui faisait votre envie. Ah ! volage beauté, pourquoi prêter l'oreille aux discours frivoles des bergers d'alentour ?

— Bon ! s'écria la Suzon, parions que ce Palémon dont vous parlez est ce monsieur qui dînait tout à l'heure sur l'herbe avec sa femme.

M. de Cupidon fit une légère grimace.

— Après tout, ce ne sont pas mes affaires, reprit-elle, et je vous prie une fois pour toutes de me laisser retourner à la ferme, où l'on m'attend pour traire les vaches.

Disant cela, elle tira violemment sa robe à elle, et s'enfuit en riant à gorge déployée.

Mais M. de Cupidon était l'entreprenance même. Avec la meilleure grâce du monde, il se mit à sauter les haies et les fossés, courant à perdre haleine après Suzon et son chevreau, jusqu'à ce que l'une et l'autre fussent arrivés dans la cour d'une ferme, où gloussaient cinq ou six poules.

— Ah! pour le coup, ma pauvrette, on vous tient! dit-il d'un air triomphant, en venant s'abattre au milieu des volatiles.

Suzon poussa un cri d'effroi, et n'eut que le temps de monter à une échelle qui conduisait au grenier...

Il n'hésita pas à la suivre dans ce nouveau chemin, — et, parvenu au dernier échelon, il passa bravement la tête — et puis le corps, par la lucarne étroite où elle avait disparu.

Suzon s'était blottie dans une meule de foin, où il ne l'aperçut pas d'abord, — mais il tâtonna si bel et si bien, que de tâtonnements en tâtonnements il en vint à découvrir son pied — puis sa jambe — et puis le reste — et que, ma foi, de fil en aiguille, Suzon allait peut-être payer cher sa résistance, — lorsqu'une voix brutale vint changer le dénoûment.

Une sorte de rustre était devant lui et le menaçait d'un gourdin.

—Sacrebleu[1]! criait-il furieux, nous allons en dégoiser, monsieur l'enjôleur de filles! Attends, gringalet! faisait-il en retroussant ses manches; pare celui-là, mon beau gars!

M. de Cupidon comprit que le danger était pressant; il se mit à tourner autour de la meule, — dont il se fit un rempart. Mais, après quelques instants de ce manége, le paysan, impatienté, fendit la meule d'un coup de pied, et marcha sur lui en levant son bâton.

---

[1] Autrefois il eût dit : — *Ventregué! morgué!* ou *latiguoi! jarni jarnonbille! jarnicoton* (*Note de l'Éditeur.*)

A ce moment, M. de Cupidon se ressouvint qu'il était dieu — et, filant à point entre les jambes de son adversaire, il s'envola par la lucarne sous la forme d'un bel enfant ailé, — et remonta vers le ciel, où on le vit peu à peu disparaître..... disparaître..... disparaître.....

CHAPITRE XXIX ET DERNIER.

La mort d'une grisette.

Un mois après le départ de M. de Cupidon, — le lecteur voudra bien se transporter dans une chambre au cinquième ou sixième étage. Là, auprès d'une fenêtre chargée de fleurs, il verra une jeune fille assise avec tristesse. Au-dessus de sa tête, un oiseau saute et chante dans une cage balancée. Tout autour d'elle respire un parfum de calme et de mélancolie assoupie. Quelques vases garnissent la cheminée. Un petit miroir se penche coquettement pour ne mirer que la blancheur du mur et la propreté des meubles. Pauvres meubles : une commode de noyer avec de larges anneaux de cuivre à chaque tiroir, — un buffet qui ressemble à une armoire ou une armoire qui ressemble à un buffet, — deux chaises, voilà tout, dont l'une encore avait toujours attendu.

Autrefois pourtant, il y avait eu dans cette chambre des airs de fête et des heures de gaieté. En outre de la chanson de l'oiseau, il y avait eu souvent aussi la chanson de la jeune fille, — et avec les cloches du dimanche, cela faisait un ravissant carillon. Il y avait eu un minois souriant devant ce miroir; il y avait eu de petites mains pour faire tinter les fermoirs de cuivre de la commode, et en retirer des dentelles, des chiffons, mille riens. Les bonnets de tulle et les fripons à dents de loup avaient couru çà et là sur le lit virginal.

Elle avait dans ce temps une aiguille entre les mains, et elle se levait avec le jour. Un écureuil aurait fait moins de bruit que son pied mignon, allant et venant sur le plancher. Puis, elle se mettait à l'ouvrage, non sans avoir auparavant donné son coup d'œil aux fenêtres d'alentour. L'ouvrage allait vite et bien. Pendant que ses doigts allaient, son cœur allait aussi, et avec son cœur sa tête. Elle inventait les romans les plus fabuleux, quoique les moins nouveaux; c'étaient toujours l'amour et la richesse qu'elle mettait en jeu, et de l'union desquels elle faisait résulter le bonheur. Quoi de moins nouveau et de plus fabuleux en effet? Elle remplissait sa pensée de châteaux en Espagne, ces beaux châteaux étincelants de pierreries, de lumière, de dorure, dont toutes les croisées ouvrent sur des horizons enchantés, et qui jettent autour d'eux la musique et l'éclat de rire par toutes leurs portes!

Aujourd'hui l'ouvrage ne va plus, la tête ne va plus; seul, le cœur va toujours; mais sans espoir désormais. La pauvre jeune fille est malade, malade de quoi? personne ne peut le dire, elle moins que tout autre. Seulement elle pense que la vie est une chose bien belle et que c'est grand dommage de la quitter ainsi, si vite, quand surtout il y a tant de parfums dans l'air, et que

Dieu verse tant de soleil sur les fleurs. Son cœur ne désire plus, il regrette. Elle rappelle les uns après les autres ses souvenirs les meilleurs, ses joies les plus grandes, et elle se dépêche à les rappeler, — car elle n'est pas sûre d'avoir le lendemain pour les rappeler encore.

On dirait parfois qu'elle attend, et elle se tourne de temps à autre vers la porte, comme s'il allait entrer quelqu'un. Il lui semble qu'elle n'a pas encore dit son dernier mot au monde, et qu'il serait possible de la sauver si on le voulait bien. Une vision a plusieurs fois passé dans son sommeil, avec des traits qu'elle avait vus ailleurs confusément. Mais ce ne sont là que des songes, rien que des songes; personne ne vient, et la porte demeure soigneusement fermée.

Elle aurait tant aimé! — son cœur contenait tant de trésors d'affection, tant d'abîmes de joie et de larmes! son regard était si chargé de tendres promesses, ses lèvres si fraîches appelaient tant de baisers! Elle aurait si bien donné son âme et sa vie, et elle aurait été si heureuse de ne rien garder pour elle! Elle aurait tant aimé! — elle n'aimera pas.

La jeune fille était couchée dans sa chaise. Elle se regardait et elle s'écoutait s'éteindre. Une à une s'effaçaient les couleurs de son charmant visage, un à un s'envolaient les éclairs de son charmant regard. Sa beauté s'en allait comme les feuilles d'une rose épanouie avant l'heure : les plus grandes d'abord, les plus petites ensuite, et le calice enfin avec sa poussière d'or. — Pendant son court passage sur la terre, son sourire n'avait brillé pour personne; ses cheveux ne s'étaient point mêlés et confondus avec d'autres cheveux; sa main n'avait jamais frissonné à la pression d'une autre main, — et aujourd'hui main, cheveux, voix, sourire, tout cela descendait lentement, lentement au tombeau. N'est-ce pas une chose triste ?

Elle ne devait point passer le printemps. Elle ne le passa point. Il lui fallut renoncer à voir se dorer les blés et ployer les treilles au temps des vendanges. Elle dit adieu à sa petite chambrette où sa jeunesse s'était si doucement écoulée, adieu à son miroir, adieu à sa fenêtre où l'étoile venait s'encadrer ; — et, poussant un faible soupir, elle s'endormit du sommeil éternel, les bras croisés sur sa chaste poitrine.

Le soir de sa mort, on trouva une petite flèche au-dessous de son sein gauche, — une flèche oubliée par M. de Cupidon (1).

(1) Pauvre Babet ! Il était écrit que le même amour devait la tuer deux fois, à cent ans de distance ! *(Note de l'éditeur.)*

FIN DE M. DE CUPIDON.

ARISTIDE CHAMOIS.

PRÉFACE.

Ceci n'est pas seulement une plaisanterie, c'est un chapitre d'histoire que nous avons eu la prétention d'écrire ; les philosophes, les historiens ou seulement les curieux qui le feuilleteront dans un siècle, seront surpris des travers qu'il signale. Jamais l'*annonciomanie* n'a été poussée si loin que de nos jours; jamais les toits de Paris n'ont été plus hérissés de gens criant et vantant leurs propres merveilles. Il était de notre droit de rire de ces efforts d'une spéculation arrivée à la bouffonnerie et à l'impossibilité. Tôt ou tard, lorsqu'on écrira l'histoire des journaux de notre temps, il faudra bien s'apercevoir qu'ils avaient quatre pages, et que la plus singulière de toutes était sans contredit la quatrième. Alors peut-être se souviendra-t-on des scènes enjouées et satiriques de ce récit.

ARISTIDE CHAMOIS.

CHAPITRE I.

La toilette de mon ami.

Autrefois un original s'appelait simplement un original. Aujourd'hui c'est un type. Dans ces derniers temps surtout il a été fait un abus considérable de ce mot. Mon type s'appelait Aristide Chamois.

Il demeurait à Paris, dans une maison qu'il avait fait édifier à la façon américaine, — moitié bois, moitié fer, — avec des balcons treillissés qui semblaient des cages d'oiseaux ou des grils suspendus.

Le jour qu'il s'était donné la peine de naître, cette simple action avait suffi pour le placer à la tête de dix-huit mille francs de rente. Certes, on aurait pu croire que cette somme était plus que suffisante à l'ambition de mon ami Aristide, à en juger par la placidité de sa physionomie et l'heureuse candeur de son caractère. Avec lui en effet, point de voyages, point de luxe, rien en un mot qui révélât l'étourdi ou le dissipateur.

Et cependant, en moins de quatre années, Aristide Chamois eut consommé, dévoré son avoir jusqu'à la dernière parcelle, capital et revenu.

Évidemment, Aristide avait un ver solitaire. Ce n'était pas le ver de terre de la spéculation ; ce n'était pas non plus le ver luisant de l'amour. Entre les passions grandes, qui se disputaient son esprit à son entrée dans le monde, il alla tout justement choisir un petit caprice mesquin, bizarre, insolite, rabougri, incompréhensible, qu'il éleva en peu de temps aux colossales proportions d'une idée unique. Il se passionna pour l'industrie pittoresque et boutiquière, pour cette industrie au petit pied, qui commence au classique Racahout des Arabes pour finir au Sarcoplastique rajeunissant de vingt-cinq ans, et dont les dents osanores ont été récemment les colonnes d'Hercule.

Dès sa plus tendre jeunesse, Aristide avait dénoté les tendances excentriques de son intelligence.

Le naturel lui était devenu odieux.

Au sein de sa nourrice il préférait le biberon en agaric ou la fiole du docteur Firmin, — et le panier d'osier perfectionné à la lisière traditionnelle.

Ce funeste penchant n'avait fait que se développer avec l'âge. Au collége, Aristide ne pouvait se décider à écrire sur le papier ordinaire de l'établissement ; il lui fallait les plus modernes vélins, comme aussi les encres de Guyot les plus vertueuses et les plus incorruptibles ; — les écritoires à pompes aspirante et refoulante ; les plumes de fer, d'acier, de zinc, de tôle, de bois, de corne, — à deux becs, à trois becs ou même sans bec ; — et ces porte-plumes magiques qui sont à la fois un crayon, un poinçon, un cachet et une sablière.

Le cadenas de son pupître s'ouvrait sans clef, au moyen d'un ressort invisible. Son canif était lui-même un couteau et une serpette, un tire-bouchon et une lime, une scie et un cure-dent.

Plus tard, Aristide, parvenu à sa majorité, se livra sans frein à toutes les extravagances de la réclame et du brevet d'invention. Il fut un des séides les plus ardents du caoutchouc sous toutes ses formes et sous tous ses aspects ; il le portait en jarretières, en bretelles, en paletots. Il fit des bassesses pour conquérir l'amitié du coiffeur Delignou et de son ours ; cela lui coûta plus de deux cents pots de pommade et autant de bâtons de cosmétique, ce qui ne l'empêcha pas de jurer sur ses cheveux que, s'il n'était homme, il voudrait être ours de Delignou.

Aristide était abonné à une quantité innombrable de feuilles périodiques, dont il ne lisait jamais que la quatrième page, abandonnant le reste à son portier. Toute sa politique, à lui, était concentrée dans un flacon d'huile de Portugal, et il n'y avait pas de littérature qui pût valoir à ses yeux le savon-ponce ou la crème-optima.

La dernière fois qu'il me fut donné de voir Aristide Chamois, ce fut au mois de mars dernier.

Je le surpris dans son lit vers les neuf heures du matin, et, je dois l'avouer, j'eus d'abord quelque peine à le reconnaître. — Figurez-vous un homme, la tête enveloppée dans un sac de laine rouge qui ne lui laissait guère percer que le nez et les yeux. Il m'apprit que cette coiffure lui avait été spécialement recommandée par son journal *le*

Progrès, pour prévenir, — en la provoquant, — les effets de la transpiration.

Pendant qu'il parlait, j'examinais curieusement sa chambre à coucher.

C'étaient des meubles comme je n'en avais vu nulle part, des fauteuils à bascule, des tables à métamorphoses. On eût dit un cabinet de prestidigitation.

Il s'aperçut de mon ébahissement, et, souriant avec douceur :

— Ce n'est rien cela, dit-il ; regarde mon lit. Sans doute, sa configuration ne t'offre rien de bien remarquable, n'est-ce pas? Tu n'y vois que de l'acajou et pas autre chose. Pourtant ce lit renferme dans ses flancs une bassinoire pleine d'eau bouillante, qu'il suffit de renouveler chaque soir pour se procurer à volonté les tièdes brises de la Provence ou les ardeurs de la Sénégambie. Pour cela, il ne s'agit que de faire mouvoir ce ressort... caché... là... tu vois...

J'appliquai le doigt sur le bouton qu'il venait de découvrir à son chevet ; mais aussitôt je vis Aristide bondir et hurler dans des convulsions effrayantes :

— Aïe ! malheureux... lâche, lâche vite... tu m'incendies... ouf !... Imprudent ! il faut toujours user de précautions dans ces sortes de choses.

Ce disant, il poussa un second bouton dans le fond de son alcôve, et la partie supérieure de son lit s'éleva sur deux tiges de fer et le contraignit à s'asseoir sur son séant.

— Maintenant, dit-il, je vais me faire apporter mon café. Examine bien à ce sujet le procédé ingénieux que 'emploie. Toi, voulant appeler ta domestique, tu la sonnerais tout simplement, n'est-il pas vrai? Vieux système, mon cher! province! rococo! On ne se sert plus aujourd'hui que des cordons porte-voix.

— Des cordons porte-voix?

— Mais sans doute. Ce sont des cordons creux et terminés à chaque bout par une sorte de cornet à l'aide duquel deux personnes, placées en des endroits fort éloignés d'une même maison, peuvent correspondre de la voix presque aussi facilement que si elles étaient dans la même pièce. De cette façon, je communique avec ma servante sans la déranger de son travail, et nos paroles s'échangent sans le moindre embarras. Tu vas en juger toi-même. Tiens...

Et appliquant sa bouche à une ouverture pratiquée dans la tapisserie, il appela : — Justine! — à plusieurs reprises.

Justine ne donna aucun signe d'existence.

Alors, je pris sur moi de remettre en vigueur le vieux système, et, au second coup de clochette, la domestique apparut portant sur un plateau le déjeuner de son maître.

— Je vois ce que c'est, me dit Aristide; il y a obstruction dans le porte-voix; c'est cependant la sixième fois que je le fais visiter. Il faudra me résoudre à en acheter un plus large.

Tandis qu'il s'inquiétait ainsi, une odeur singulière s'était répandue dans l'appartement. Je me tournai de tous les côtés pour découvrir l'endroit d'où elle partait.

— Qu'est-ce que tu as? me demanda-t-il.

— Est-ce que tu ne sens pas comme moi?...

— Ah! c'est mon café... mon café de glands doux.

— Un café... de glands?

— Certainement; c'est ce qu'il y a de plus hygiénique aujourd'hui; on le recommande beaucoup dans la *Gazette des Hôpitaux*. A vrai dire, cela n'est pas aussi bon que le Bourbon ou le Martinique, mais c'est meilleur pour la santé.

— A ton aise, répondis-je en riant.

— Si tu désires en connaître les qualités, je vais appeler Justine, qui t'en servira?

— Non, merci.

— Préfèrerais-tu une tasse de chocolat bi-nutritif au jus de poulet?

— Du chocolat au jus de poulet... Pouah!... quel affreux mélange!

— Ne blasphème pas ainsi; juge avant de condamner.

— Je me rétracte, si tu veux, mais mon estomac se refuse à pactiser avec de telles combinaisons.

J'étais décidé à ne plus m'étonner de rien, et je le priai seulement de s'habiller avec promptitude, afin de m'accompagner dans une visite que j'avais à faire du côté de la Chaussée-d'Antin. Je dois dire à sa louange qu'il ne se fit pas trop prier pour sortir du lit; mais sur l'article de la toilette, ce fut autre chose. Voici les divers éléments dont elle se composa :

1° Une chemise à sous-pieds;

2° Un corset appliqué aux déviations de la taille;

3° Un caleçon en gomme légère; — image de la tunique de Déjanire.

4° Un pantalon sans coutures, — qui commençait à se découdre.

5° Des bottines dites élastiques.

Auparavant, mon ami Aristide s'était lavé les mains

dans trois eaux : — eau de Géorgie, eau d'Albion, — eau de la Reine ; il s'était rasé avec un rasoir Jackson frotté sur un cuir Robertson, savonné avec une poudre Dickson ; — ensuite il s'était littéralement enduit la figure de trois couches successives : une de cold-cream, — une d'appareil Aimé, — une de veloutine. L'eau de Bottot servit à chasser la première, la crème d'Hébé la seconde, et le fluide mexicain la troisième. — Cela fait, il teignit ses sourcils avec la pommade mélaïnocome, et il commença à poser son inimitable toupet métallique, dont les deux branches, en se resserrant, faillirent faire éclater son front.

Obéissant à une réflexion subite, il se tourna de mon côté :

— Pardon, si je te fais un peu attendre, mais j'allais oublier de m'arracher les cheveux.

— Comment ?

— Oui, au moyen de l'épilatoire Chantal.

— Dans quel but ? Tu n'as pas encore de cheveux gris ?

— Oh ! si ce n'était que cela, je les teindrais. J'aspire à être chauve.

— Espères-tu par là plaire davantage aux femmes ou leur inspirer plus de confiance ?

— Futilités, mon cher ! Je vise à des choses plus sérieuses : j'ai basé sur la calvitie tout un système d'opérations financières dont le succès n'est pas douteux.

— Sur la calvitie ?

— Oui.

— C'est que tu crains sans doute qu'une abondante chevelure ne gêne la lucidité de tes idées ?

— Tu ne comprends pas, fit Aristide en frappant du pied.

— Ma foi, non.

— Je vais t'expliquer : l'épilatoire susnommé fait disparaître le poil à tout jamais. Jusqu'à présent, je m'aperçois que l'annonce n'est pas mensongère. D'un autre côté, M. Léopold Lob offre cent mille francs...

Je me mis à rire.

— Oui, cent mille francs, à celui qui prouvera que son eau ne fait pas pousser une abondante et soyeuse chevelure sur les têtes les plus dénudées.

— Eh bien ?

— Eh bien ! tu ne saisis pas mon idée ?

— Pas encore, répondis-je.

— Que l'eau de M. Lob échoue sur mon cuir non chevelu, et j'aurai droit à la somme promise; au contraire, si elle réussit, je n'aurai rien à regretter puisque mes avantages physiques renaîtront au grand complet. Embrasses-tu maintenant le résultat de mon ingénieuse combinaison ?

Je ne sus que répondre, tant était grand mon étonnement; il me semblait avoir devant moi un fou logique.

Il me considéra avec un certain air de triomphe, et après une pause :

— Ce n'est pas tout; je m'occupe d'une autre opération, mais celle-ci léguera mon nom à la postérité.

— Bah ! m'écriai-je; et que fais-tu donc ?

— Je ne fais pas, je défais. Je ne fonde pas, je détruis.

— Tu parles par énigmes.

— Tout à l'heure le sens de mes paroles te sera dévoilé. Je bâtis une grande œuvre au moyen d'une démolition quotidienne.

— Mais encore...

— Pénètre dans mon cabinet.

Je m'avançai vers la porte, mais j'essayai en vain de l'ouvrir.

— Est-ce que cette porte ne s'ouvrirait que par des paroles cabalistiques ? demandai-je à Aristide.

— Ah! j'oubliais...

Auparavant, il se mit en devoir de fermer les contrevents dont les fenêtres de sa chambre étaient garnies.

— Que fais-tu ?

— Je rends l'appartement aussi sombre que cela m'est possible.

— Tu agis à l'encontre de tout le monde, lui dis-je.

— C'est que ma serrure est à l'encontre de toutes les serrures.

— Comment cela ?

— C'est une serrure Motheau, s'ouvrant dans l'obscurité.

— Oh! oh!

Aristide s'était dirigé à tâtons vers sa serrure.

En son chemin, il renversa deux chaises et un guéridon chargé de quelques porcelaines.

Comme je m'exclamais sur cet accident, il murmura :

— Ce n'est rien, ce n'est rien..... attends..... tu vas apprécier les avantages de ce perfectionnement..... Ce n'est pas la serrure que je cherche, c'est la porte..... ah!

Un cri douloureux qu'il proféra me remplit de crainte pour lui.

— Qu'est-ce? demandai-je vivement.

— Oh! la moindre des choses, répondit-il; une bosse au front que je me suis faite..... mais n'importe, je tiens ma serrure.

La porte s'ouvrit.

Au jet de lumière qu'elle amena, je jetai les yeux sur Aristide.

— Deux lignes de plus, lui dis-je, et tu te brisais la tempe.

— Tu crois ? Enfin, j'en serai quitte pour quelques compresses. Entre, mon ami.

J'obéis à son invitation, et me trouvai à ma vive surprise au milieu d'un magasin de grandes glaces toutes brisées; une seule était encore intacte dans le fond du cabinet.

Je dis à Aristide :

— Ta spéculation me saute aux yeux, je vois ce que c'est : tu achètes du vieux verre.

— Pourquoi pas des tessons de bouteilles ? dit-il en ricanant.

— Excuse-moi, mais ces glaces cassées.....

— Parbleu ! c'est moi qui les casse.

— Allons donc !

— Trois par jour; c'est mon tarif.

— Cela doit te revenir à un prix exorbitant, m'écriai-je.

— J'en conviens; mais sache que plusieurs fois déjà j'ai failli atteindre mon but. Regarde-moi faire.

Il s'empara d'un caillou.

— Une, deux, trois ! dit-il.

Et le caillou fut lancé contre la glace du fond, qui vola en éclats.

J'étais ébahi.

Aristide se retourna tranquillement vers moi, et dit avec simplicité :

— J'ai manqué mon coup. Il fallait viser plus à droite et moins fort. Peut-être demain serai-je plus heureux.

— Tu comptes recommencer ?

— Certainement : je veux reproduire la glace merveilleuse.

— Quelle glace merveilleuse ?

— Celle qui est mentionnée sur cette annonce.

— Voyons.

Et je lus : « Cinquante mille francs, à celui qui reproduira la glace merveilleuse. Elle est visible tous les jours, de dix heures du matin à dix heures du soir. Rue de la Bourse, 4. Prix d'entrée : 50 centimes. »

Quand j'eus fini, Aristide me dit :

— Tu as bien lu, n'est-ce pas ?..... Cinquante mille francs à qui reproduira.....

— C'est vrai.

— D'ici à trois semaines, j'aurai reproduit la glace merveilleuse. Il est impossible que le hasard ne soit pas vaincu par ma patience.

— Parles-tu sérieusement ?

— Et dans trois semaines j'empocherai les cinquante mille francs promis.

— Oui, après avoir dépensé soixante mille francs pour bris de glaces.

— Bah ! bah ! bah ! fit-il, en me faisant rentrer dans sa chambre, il faut semer pour récolter. Je vois que tu n'entends rien aux affaires ; viens me voir souvent, et je t'initierai aux mystères de quelques bonnes spéculations.

Il remit son toupet.

Pendant cette dernière opération, il constata avec douleur la chute d'une de ses plus précieuses molaires, malgré le ciment oblitérique dont il avait eu le soin de la faire entourer. Pour se consoler, il résolut de faire arracher les autres, quoiqu'elles fussent excellentes, et de les remplacer par un râtelier complet.

— Que cherches-tu ? lui demandai-je en voyant son embarras augmenter depuis quelques secondes.

— Un pot de pommade pour les engelures.

— Tu as encore de ces infirmités-là ? à ton âge !

— Moi ? pas du tout ; seulement mon opinion est que le remède doit prévenir le mal. Ah ! le voici, regarde : Pommade fondante de J. Richard.

Il se mit à découvrir le pot ; je m'avançai pour connaître la nature et la couleur du contenu.

— Il n'y a rien dedans, observai-je.

— N'est-ce pas de la pommade fondante ? me répondit gravement Aristide ; examine l'étiquette ; le manque de quantité démontre d'une manière claire et évidente la supériorité de la qualité. Quoi de surprenant à ce que de la pommade fondante devienne de la pommade fondue ?

Décidément, il fallut me résoudre à avouer mon ignorance complète en matière d'invention industrielle.

J'avais fini, d'ailleurs, par prendre mon parti, et je m'étais mis, depuis quelques instants, avec la patience de M. de Maistre, à poursuivre mon voyage autour de sa chambre.

Suspendue au mur, je remarquai une ligne qui fixa mon attention. Aristide vit, avec satisfaction, s'arrêter ma curiosité sur cet objet.

— Ceci est la ligne Montignac, me dit-il ; le fil, comme tu peux le voir, conduit à un poisson mécanique en cuivre qui mord la malencontreuse ablette qui se hasarde à venir lui faire des agaceries. C'est très ingénieux : l'exploitation du poisson par le poisson !

— Je ne te connaissais pas la passion de la pêche ?

— Je ne pêche jamais, il est vrai, mais si l'envie m'en venait, j'aurais l'instrument sous la main.

Je poursuivis mon inspection ; le secrétaire m'arrêta.

C'était un meuble renaissance du meilleur goût, et qui contrastait avec le reste du mobilier, plutôt bizarre qu'élégant. La serrure surtout m'enchanta par le travail délicat et la multiplicité de ses rosaces. J'en approchai la main sans défiance........ une épouvantable détonation se fit entendre, et je me sentis immédiatement étreindre le poignet par un bras de fer qui venait de surgir je ne sais d'où.

— Ah ! malheureux ! s'écria Aristide, tu viens de faire jouer mon *paravol*........ L'alarme est jetée dans le quartier. Tu vas être pris pour un voleur.

— Sapristi ! dégage-moi de cet étau.......

— Rien de plus facile. Par le moyen d'une clef introduite dans un certain endroit du secrétaire, les doigts de fer qui t'enchaînent vont se distendre comme par enchantement. Fais bien attention.

Malheureusement, et comme si la fatalité s'en fût mêlée, Aristide fit tourner la clef dans le sens contraire et acheva de me broyer la main. Je criai au meurtre. Il s'aperçut de sa méprise ; mais j'avais déjà au bras droit un bracelet du plus riche écarlate.

— Au diable la sotte invention ! fis-je d'un air courroucé.

— Bah ? le pistolet n'était chargé qu'à poudre, me répondit-il.

— Grand merci !

Sa toilette était enfin terminée.

Après avoir hésité longtemps entre un chapeau gibus

et un chapeau jayotype, il se décida pour un castor hydrofuge à ventouses imperceptibles.

Un dernier sourire de complaisance fut par lui adressé à son miroir lenticulaire, et il se disposa à franchir le seuil de la porte.

— A propos ! demanda-t-il en s'arrêtant tout à coup, quel temps fait-il ? Faut-il nous munir d'un paracrotte ou d'un parapluie à fil conducteur ?

Je le poussai par les épaules. Nous sortîmes.

CHAPITRE II.

Un déjeuner.

— Fumes-tu? me dit-il une fois que nous fûmes dehors, tout en mettant ses gants indécousables et électriques.

Sur ma réponse affirmative, il me présenta un tuyau de plume.

— Qu'est-ce que c'est que cela? fis-je ; un cure-dent !
— Du tout, une cigarette de camphre.

Il sourit de pitié en me voyant rouler du maryland dans du papel español.

— Pourquoi n'emploies-tu pas le *Préféré ?*
— Qu'appelles-tu *Préféré ?*
— Un nouveau papier à cigarettes dont peu de personnes se servent ; lis les affiches, tu le trouveras annoncé partout. Crois-tu qu'on ferait autant de frais de réclames, si la mode de s'en servir était venue ?
— Comment est-il donc ce papier ?
— Il est en fil, en pur fil.
— Et les autres ?

— Les autres, les autres sont en tout ce qu'on veut, en coton, en oseille, que sais-je !

Ne pouvant me persuader à l'égard du *Préféré*, il me proposa de faire l'emplette d'un cigaritotype, appareil portatif à l'aide duquel on peut confectionner soi-même — dans l'espace d'une demi-heure — une cigarette parfaitement cylindrique.

Sur notre chemin, Aristide s'arrêta à plusieurs reprises devant l'étalage des petits marchands de chaînes de sûreté ; — il fit deux ou trois fois détacher le collet de son habit par des vendeurs de savons, — et peu s'en fallut qu'il ne consentît à se laisser extirper un cor à la pointe d'un sabre. .

Ma visite devant se prolonger, je le priai d'aller m'attendre dans un restaurant voisin où je le rejoignis au bout de vingt minutes.

— A présent, lui dis-je, je suis tout à toi et je t'appartiens pour le reste de la journée. Si nous déjeunions ?

— Volontiers.

— Tu as sans doute pris ton absinthe ?

— De l'absinthe....... qu'est-ce que c'est ? On ne connaît plus l'absinthe, mon cher. C'est de l'alcoolé apéritif que tu veux parler ?

— Va pour l'alcoolé apéritif, répondis-je en riant.

J'appelai le garçon et lui demandai la carte.

— Que veux-tu faire de la carte ? dit Aristide en me regardant d'un air étonné.

— Parbleu ! je veux connaître les provisions de l'établissement et convenir avec toi du choix de nos mets.

— C'est bien. Garçon ? les *Débats* pour monsieur.

— Les *Débats !*

— Voici la carte, reprit-il en me présentant la feuille politique. Choisis maintenant.

Je demeurai quelque temps sans m'expliquer comment le *Journal des Débats* était devenu un appendice au *Cuisinier français.*

Aristide remarqua ma stupéfaction, et, m'arrachant la feuille des mains avec une certaine impatience :

— Tiens, provincial, fit-il en courant à la dernière page; vois..... purées..... conserves alimentaires..... fécules.

Tout à coup je le vis s'arrêter dans sa nomenclature; son attention se fixa sur une annonce; il sourit, son front rayonna, ses narines se dilatèrent :

— Garçon, du saucisson d'Arles ! s'écria-t-il d'une voix de stentor.

— Est-ce que tu connais ce produit?

— Du tout; mais qu'importe? ce doit être délicieux, divin ! Lis plutôt cette ode au saucisson....

Ce n'était pas la première fois que j'entendais parler de cette poésie mercantile. Je voulus faire plus ample connaissance avec cette dixième muse, dont la lyre éhontée va puiser ses chants aux étalages de charcuterie.

Voici quel était le morceau en question :

Ode au saucisson d'Arles.

Provision fort utile
Sans cesse et dans tous les temps,
Indispensable à la ville
Aussi bien que pour les champs.

Si chez vous il se présente
Un convive inattendu

La ménagère prudente
N'est pas prise au dépourvu....

Et si dans l'huile épurée
Vous voulez les tenir frais,
Sur la partie entamée
Ils ne ranciront jamais.

Mais combien ont plus de charmes
Ceux qui sont à deux boyaux,
Car ils font couler des larmes,
Sous la lame des couteaux.

— Hein! qu'en dis-tu? dit Aristide en fin connaisseur; quel tour original, quelle richesse de rimes! Hugo et M. Crevel de Charlemagne ont-ils jamais rien donné de ce numéro-là?

Le garçon qui apporta notre déjeuner mit fin à cet épisode culino-littéraire. Nous cédâmes la conversation à nos couteaux et à nos fourchettes.

Sur mes vives instances, Aristide avait consenti à se nourrir ce jour-là comme le commun des mortels. Sauf le saucisson d'Arles, que je lui passai en faveur de la poésie qui l'accompagnait, il s'abstint de tous mets innovateurs. Il convint même avec moi que le bordeaux valait presque autant que le vin ferrugineux de Spa, quoique d'un effet moins favorable pour les tempéraments délicats.

Nous arrivâmes au dessert.

— Si nous empruntions à quelque vin généreux une gaieté qui sied toujours au sortir d'un repas d'amis? demandai-je à Aristide en lui serrant cordialement la main.

— A ton choix, me répondit-il.

— Garçon!

— Voilà ! Monsieur !

— Du champagne ! Sillery mousseux !

A ce mot, Aristide bondit sur sa chaise.

— Malheureux ! que demandes-tu ?

— Du champagne..... Qu'y a-t-il d'étonnant ? Professerais-tu pour lui une profonde aversion ?

— Mon cher, ce vin ne se consomme plus qu'au Kamtchatka ; si c'était encore de l'Algérine-Champagne, je te pardonnerais ton incartade au bon goût.

— A mon tour, je te demanderai ce qu'est l'Algérine-Champagne ?

— Ah çà, mon ami, dois-je faire à chaque instant ton éducation ? L'Algérine-Champagne est une boisson composée de principes végétaux. Foin de l'ancien champagne ! la dernière goutte en a été répandue sur la fosse de Désaugiers. — Tu veux t'égayer, dis-tu ? il sera fait suivant ton souhait.

A ce moment, le garçon parut.

— Remportez cette bouteille, et servez-nous-en une de vin de cacao ; allez !

— Du vin de cacao !

Pour toute réponse, Aristide reprit le journal (toujours le journal !) et, me mettant sous les yeux la quatrième page :

— Instruis-toi, me dit-il, et remercie du fond du cœur la compagnie des Antilles à laquelle tu dois l'apparition de ce nouveau vin ; maintenant nous pouvons nous moquer sans crainte des ravages de l'Oïdium !

Je lus les quelques lignes suivantes :

« Mettre en doute les qualités bienfaisantes et les propriétés toutes spéciales du cacao, serait en quelque sorte nier la lumière. Le vin de cacao est d'un goût agréable qui le fait préférer aux vins les plus renommés d'Espagne ou du Cap. Il se prend le matin comme le soir, avant, pendant ou après le repas, etc., etc.

« Les personnes maigres, qui en feront un usage journalier pendant quelques mois, verront bientôt succéder à leur maigreur un embonpoint raisonnable. »

— Oui, d'accord, mais les personnes grasses? observai-je.

— C'est vrai, répondit-il assez embarrassé; ma foi!....
Il parut réfléchir.

Puis, changeant subitement de conversation :

— Je vais faire porter quelques pâtisseries; que préfères-tu? Le Soleil ou le Cussy?

— Va pour le Cussy, répondis-je négligemment.

— Garçon! un Cussy! cria Aristide.

— Qu'il soit frais, dis-je au garçon.

— Frais! y penses-tu, mon ami? — Garçon! se hâta-t-il d'ajouter, faites bien attention qu'il ne soit pas nouvellement fait, qu'il ait au moins deux mois de séjour en vitrine; si même vous en avez un : *retour de l'Inde,* vous nous le servirez de préférence.

Et se tournant vers moi :

— Tu ne sais donc pas que le Cussy s'expédie à l'étranger et qu'il y arrive dans un état parfait de conservation! Les fins gourmets ne l'apprécient réellement qu'après en avoir constaté l'âge avancé.

Je me résignai au silence.

Vers le milieu du dessert, au moment où l'on s'y attendait le moins, une délicieuse harmonie remplit le restaurant et fit détourner la tête aux habitués. On chercha d'où venait cette musique improvisée, mais l'on ne vit rien. C'est sans doute, se dit-on, une surprise du maître de céans.

Plusieurs personnes se dirigèrent vers la demoiselle de comptoir pour lui demander l'explication de cette énigme. Celle-ci jura ses grands dieux qu'elle ne savait pas ce qu'on voulait dire.

Moi, je regardais Aristide. Il souriait en mangeant et baissait sournoisement la paupière.

L'orchestre invisible jouait en ce moment la ronde des *Bohémiens :*

> Fouler le bitume
> Du boulevard, charmant séjour,
>   Avoir pour coutume
> De n'exister qu'au jour le jour ; etc.

— Ah çà ! lui dis-je à voix basse, en lui poussant le pied par-dessous la table, quelle est cette nouvelle invention ?

— Tais-toi ! tais-toi ! me répondit-il, c'est ma dent.

— Ta dent ?

— Oui. Une dent à musique. Il y a encore comme cela trois mazurkas et douze quadrilles — avec variations.

Je fus obligé de l'entraîner hors du restaurant.

CHAPITRE III.

Aristide cherche une femme.

En sortant, il me demanda l'heure qu'il était.
— Et ta montre? lui dis-je.
— Ah! répondit-il un peu embarrassé, c'est qu'elle va d'après un nouveau mode de divisions ; je l'ai fait faire exprès à Genève et elle m'a coûté mille écus. C'est une montre au système décimal. Je t'assure que c'est fort commode, et si tu veux je t'en commanderai une pareille.
Je le remerciai.
La conversation languit pendant quelques instants ; Aristide semblait avoir une confidence à me faire et n'osait pas commencer ; je le pressai de questions et il finit par m'avouer que depuis un certain temps il ressentait une vive inclination pour le mariage.
— Cette inclination est fort louable, lui dis-je, et je ne vois pas ce qui peut te porter à en faire un mystère.
— Vraiment! Ainsi tu consentirais à m'aider de tes avis et à diriger mon choix?

— De tout mon cœur.

— Tu me fais grand plaisir. Viens donc avec moi.

— Où celà? chez la demoiselle?

Aristide haussa les épaules de pitié.

Nous prîmes un cabriolet qui nous conduisit rue d'Enghien, devant une porte où je remarquai une affiche ainsi conçue :

Rue d'Enghien,   **Spécialité.**
48.   28ᵉ ANNÉE.

M. DE FOY,

NÉGOCIATEUR EN MARIAGES.

Discrétion sévère et loyauté. (Affranchir.)

— Nous sommes chez M. de Foy, me dit-il en montrant l'escalier. Vous autres, gens de province, quand vous vous mariez vous perdez six mois à chercher un parti sortable. Tu vas voir comment cela se pratique ici. Remarque bien qu'il est impossible de rencontrer quelqu'un, par suite de l'ingénieuse distribution des appartements.

Je me sentis aussitôt tirer par le pan de mon habit; c'était Aristide qui me dit doucement :

— Monte vite, voici M. D.*** qui nous suit; devançons-le, avant qu'il me reconnaisse.

En deux bonds, nous eûmes exécuté notre ascension.

Nous pénétrâmes dans le cabinet de M. de Foy.

Ce dernier nous reçut avec l'exquise politesse qui caractérise l'homme du monde; après les salutations d'usage, d'un geste empreint d'un cachet de distinction, il nous invita à nous asseoir. Puis, avec une volubilité toujours croissante, il nous détailla les bienfaits de son institution philanthropique et matrimoniale, ainsi que ses procès.

Pendant qu'il cherchait les dossiers y relatifs, Aristide se pencha vers moi et me glissa dans l'oreille :

— Il nous récite l'annonce qu'il fait paraître chaque jour dans les journaux ; il ne faudrait pas être abonné à la plus infime feuille périodique, pour n'en pas reconnaître de suite le style fleuri ; je pourrais au besoin lui servir de souffleur.

— Messieurs, continua M. de Foy, une extension immense vient d'être donnée à ma maison ; sous peu, seront assises des succursales en Angleterre, en Belgique, en Allemagne et en Amérique. Des traducteurs, pour ces quatre langues, seront attachés à mon administration.

— Pardon, objectai-je, quatre langues sont, il me semble, inutiles pour voyager dans ces pays, à moins d'y rencontrer des Arabes ou des......

Un coup de coude d'Aristide me fit comprendre que mon observation était insolite.

Heureusement, un incident la fit passer inaperçue : une porte s'ouvrit et laissa passer la tête d'un individu, lequel, d'un air souriant, s'exprima en ces termes, au grand mécontentement de M. de Foy :

— Excusez, messieurs, j'ai oublié mon parapluie ; croyez que si la température ne s'en était mêlée, je n'aurais pas interrompu votre conversation.

M. de Foy se leva tout rouge :

— Monsieur, on ne pénètre pas ainsi......

Mais le nouveau venu ayant jeté les yeux sur nous, s'écria :

— Je ne me trompe pas, c'est bien à M. Chamois que j'ai l'honneur de parler ?

— A lui-même, dit Aristide en s'inclinant.

— Enchanté...... Quelle rencontre !

M. de Foy piétinait sur des charbons enflammés.

— Encore une fois, monsieur, vous compromettez mon établissement, retirez-vous, je vous en conjure !

— Mille pardons ! mais, comme je vous l'ai dit en entrant, je viens chercher mon parapluie. Ah ! le voici. A revoir, M. Chamois.

— Votre serviteur, M. D.***

Après la sortie de cet intrus, M. de Foy nous fit entrer dans une pièce attenante, tout en nous assurant que le mystère le plus profond enveloppait ses négociations et ses correspondances, qu'enfin sa maison était une tombe pour la discrétion.

— Une tombe hantée de revenants, pensai-je.

Aristide s'approcha d'un bureau et se fit inscrire sous les noms de Philomène-Aristide Chamois.

— Philomèle ? répéta le commis.

— Non ; Philomène, avec un *n*. Philomèle est un oiseau, et Philomène est une sainte.

— Une sainte ? dis-je à mon tour.

— Oui, une sainte de nouvelle invention.

— Quelle nuance désire monsieur ? demanda le commis d'un air distrait.

— Hé ! me fit Aristide, quelle nuance ?

— A ton choix.

— Blonde, dit-il.

— Passez ! cria le commis, salle n° 2.

Nous entrâmes dans un nouvel appartement où une multitude d'employés feuilletaient d'énormes registres, et ouvraient des comptes de blonde à brun, et de demoiselle à célibataire.

Mon ami s'adressa à un gros monsieur auquel il exposa ses prétentions.

— Fortune modérée, dit le monsieur en s'adressant à un petit scribe placé sous ses ordres ; voyez le volume D, au titre des veuves.

— Eh quoi ! dis-je à Aristide, tu prends une veuve ?

— Au fait, s'écria-t-il, tu as raison ; je préfère une jeune fille.

— Voyez, dit le monsieur, le titre des jeunes filles.

— Seize à vingt-cinq ans.

— Voyez les folios de même numéro.

— Caractère doux et avenant.

— Consultez la colonne des caractères.

— Exempte de difformités physiques.

— Chapitre des agréments personnels.

— Je ne serais pas fâché, ajouta Aristide, qu'elle eût un signe sur l'épaule droite.

— Monsieur, dit l'employé, après avoir feuilleté le grand-livre, il n'y en a plus.

— Cela me contrarie, fit Aristide, mais n'importe.

— Repassez dans quinze jours, lui dit le monsieur.

Aristide paya les frais d'enregistrement et sortit avec moi, — riant de ma surprise et me traitant d'être fossile et antédiluvien.

CHAPITRE IV.

Fin de la journée.

Il pouvait être alors cinq heures environ.

Nous nous proposâmes d'aller ensemble finir la journée au spectacle.

Afin de tuer le temps jusque-là, nous visitâmes plusieurs exploitations industrielles et rurales, telles qu'une magnanerie sans vers à soie, et une fabrique de patins de liége pour marcher sur l'eau.

Au moment où nous rentrions chez lui, Justine remit à mon ami une lettre de son agent de change, — lui annonçant la faillite d'une compagnie dans laquelle il avait pris une assez grande quantité d'actions.

— Cela me surprend, dit-il, car toutes les chances étaient pour nous. Figure-toi une voiture marchant sans chevaux et sans machines ; il suffisait aux voyageurs de la pousser par derrière.

— Monsieur, hasarda timidement Justine, voudrait-il me donner la permission de sortir ce soir ? un de mes cousins est arrivé ce matin à Paris, et, sauf votre approbation, nous nous sommes proposé.....

— Je ne l'accorde pas ; une fille honnête doit trouver ses plaisirs dans les devoirs que lui imposent les soins d'un ménage.

— Mais, monsieur....

— Il suffit.

Je ne compris pas la dureté d'Aristide ; aussi j'intervins dans la discussion.

— Mon ami, tu ne peux cependant refuser à Justine quelque récréation.

— Une récréation ! Elle demande une récréation? j'ai son affaire. Justine, vous prendrez tous les chandeliers et garnitures de cheminées, et les nettoierez avec le Policuivre Deleschamps.

— Mais, monsieur, c'est un travail.....

— Pas d'observations, je ne les aime pas. Lisez les annonces et vous verrez que c'est une récréation.

— Il lui mit sous les yeux le paragraphe textuel :

« POLICUIVRE DELESCHAMPS, pharmacien breveté, s. g. d. g. — Liqueur économique, agréable, inoffensive, s'applique au pinceau, change en récréation le nettoyage des cuivreries, nettoie neuf métaux. »

Justine haussa les épaules.

Pour Aristide, il ajouta en s'adressant à moi :

— J'approuve fort ce divertissement, et je serais d'avis que dans tous les Lycées, l'Université ordonnât que les heures de récréation fussent consacrées à l'emploi du Policuivre.

— C'est cela ; et que l'on fît fermer les cabarets le dimanche, pour les remplacer par des salles de nettoyage gratuit.

— Pourquoi pas ?

L'heure du théâtre avançait.

— Mon cher Aristide, il serait temps de songer à partir; il se fait tard.

— Accorde-moi seulement quelques minutes pour changer de vêtements.

— Quelle nécessité ?

— Tu voudrais que je conservasse le même costume toute la journée ?

— Je n'y vois aucun inconvénient.

— Dois-je mettre mon pantalon de l'oncle Tom ?

— Aurais-tu l'intention de t'habiller en sauvage? dis-je effrayé de l'idée d'avoir à subir l'effet d'une transformation excentrique.

— Rassure-toi, mon ami, c'est un pantalon en drap haute nouveauté. Mais j'y songe, tu as raison, c'est déjà trop connu; je préfère enjamber pour ce soir la Vierge de Murillo.

— Que dis-tu ?

Aristide ne me répondit pas; il appela :

— Justine ! apportez-moi ma Vierge de Murillo.

— Tu n'as pu acheter le tableau : ta fortune n'y aurait pas suffi.

— Non, c'est une copie.

— Possèdes-tu un musée ?

— Encore une fois non, reprit-il impatienté, tiens, regarde.

Et il me présenta un pantalon de la plus belle étoffe, offrant sur toutes ses parties la reproduction du tableau qui orne en ce moment le Musée du Louvre.

— Mais c'est indécent !

— Indécent! fit Aristide, choqué; n'est-ce pas encourager l'art que de donner aux œuvres de génie une pareille popularité ?

Je ne pouvais me lasser de l'entendre.

— Que ferais-tu, reprit-il, si tu avais l'envie d'aller au spectacle avec un habit bleu et un habit marron?

— Je choisirais l'un ou l'autre.

— Mais s'il fallait t'y montrer sous ces deux couleurs ?

— Je mettrais l'un sur mon dos et l'autre sous mon bras.

— Comme un tailleur en tournée, n'est-ce pas ? dit-il en goguenardant. Regarde bien la manière dont je vais résoudre ce problème : trois, deux, et une !

— Eh bien ! tu es en habit bleu.

— Et maintenant : une, deux et trois !

— C'est sublime ! m'écriai-je en voyant Aristide remettre le même habit, qui, d'un côté marron et de l'autre bleu, présentait ainsi une double apparence aux yeux du spectateur.

— Habillements sans envers ! maison Bankofski et compagnie ; le progrès ou la mort !

Sur ces entrefaites nous descendîmes.

Une fois sur les boulevards, il essaya de mettre son gibus ; mais, en dépit de tous ses efforts, le gibus persista à demeurer plat comme une assiette de faïence.

Avant d'entrer au théâtre, Aristide s'informa de la nuance de son habit.

— Bleu, dit-il, et on va jouer un drame ! Décidément il est plus séant que je sois en marron ; le marron prête davantage à l'attendrissement.

Mais, changeant d'avis dans le premier couloir, il reprit la couleur bleue.

Bref, quand nous entrâmes dans la loge, il était en habit marron.

Il est vrai de dire qu'à chaque entr'acte il passait régulièrement au bleu.

Aristide ne tarit pas durant le spectacle, et me fit la nomenclature de tous les brevets d'invention accordés depuis quatre années.

Il entama une discussion assez vive avec un de ses voisins qui attaquait la télégraphie escargotique, et lui parla très-sérieusement d'un procédé de conservation des pommes de terre dans le bitume liquide.

En nous retirant, le temps vint à se couvrir, et je me pris à gémir de l'absence des réverbères.

Aristide me regarda d'un air de triomphe, et, brandissant sa canne, il en donna un grand coup sur le pavé.

Je vis jaillir aussitôt de la pomme d'or une petite bougie allumée. Il tira ensuite de sa poche un papier plissé auquel il donna une forme circulaire, et qui servit de transparent à ce phare improvisé.

— Ceci est la canne-bougie de Lemaire, rue du Petit-Carreau, dit-il; rien de plus utile et de plus agréable en société...

A peine eut-il prononcé ces paroles, qu'une goutte de pluie vint à éteindre le phare.

Changement de décoration! proclama Aristide; et, saisissant sa canne par le bout opposé, il en fit sortir un immense parapluie, qui déploya sur nos têtes son taffetas protecteur.

Aristide m'accompagna jusque chez moi, et, mon départ étant arrêté pour le lendemain matin, il me souhaita un bon voyage.

Je ne devais plus le revoir.

CHAPITRE V.

Epilogue.

Peu de temps après, en effet, mon ami fut invité à une chasse à courre dans un magnifique parc qu'une de ses connaissances possédait à quelques lieues de Paris.

Il y parut avec le célèbre habit de clous que son tailleur avait inventé, et qui eut un succès de fou-rire.

Quoique peu chasseur de son naturel, Aristide n'avait pu résister au désir de faire l'emplette du fusil Lepage, se chargeant par la culasse, d'après un nouveau procédé.

Mais, hélas! le fusil ne se contenta pas d'être chargé par la crosse : il se déchargea aussi du même côté, et le malheureux Chamois fut renversé sanglant sur la place.

Le docteur qui lui donna les premiers soins ne crut pas à la gravité de ses blessures, et lui prescrivit un régime naturel et salutaire; — mais, dès qu'Aristide fut revenu chez lui, il fit mander un homœopathe des plus récents.

L'homœopathe hésita longtemps à lui briser l'épaule gauche d'un coup de pistolet, afin de prévenir l'inflammation de la droite qui avait reçu le coup de fusil; mais Justine et les amis du malade s'y opposèrent formellement. Il se borna à lui donner des infusions de demi-once de thé noir dans un hectolitre d'eau, une cuillerée par quarante-huit heures.

Au bout de huit jours, Aristide était à l'agonie.

Il avait eu cependant le loisir d'écrire deux lettres, qu'il avait expressément recommandé de jeter à la poste.

Sentant que la fin de son maître approchait, Justine, qui était une fille pieuse et craignant Dieu, avait fait appeler le curé de la paroisse.

Mais au moment où le pieux homme entrait dans sa chambre, deux industriels s'y présentaient de leur côté, tenant chacun une lettre ouverte à la main.

C'était Aristide qui les avait convoqués.

— Monsieur, dit le premier, je me nomme Hermann et je vous remercie de votre confiance. Mes cercueils sont à fermoirs de cuivre, très-bien confectionnés et cloués avec des pointes à tête dorée. Je ne crains aucune concurrence.

— Monsieur, dit le second, je sais que je m'adresse à un véritable appréciateur. Depuis trop longtemps le cercueil pentagonal régnait sans rivalité. A moi, Jacobson, appartient la gloire d'avoir inventé le cercueil cylindrique et sans angles. Rond, Monsieur, notez bien, et les prix ne sont pas augmentés.

— Mon fils, lui dit le prêtre, songez à votre âme, songez à Dieu...

— Ah! murmura Aristide, réunissant ses dernières forces! ah! mon Dieu!... Rond!... je le veux rond... oui... Jacobson...

Et il expira.

On l'enterra dans un cercueil Jacobson.

FIN.

TABLE DES MATIÈRES.

                                                      Pages.

AVANT-PROPOS. L'ÉCHELLE DE VIE............. 1

CHAPITRE Ier. — Début sans fracas. Pourquoi toutes les femmes levaient la tête en passant devant notre héros. Ah! le fripon. Une miniature. On ne s'attend pas à ce qui va arriver. Il jette son cigare. Ce n'est qu'une fillette qui passe. Voyez-la montrer son brodequin et la naissance de son bas. Événement imprévu. La première flèche de M. de Cupidon. Comment cela finira-t-il?...................... 13

CHAPITRE II. — Quelques pas en arrière. Les modes nouvelles. M. de Cupidon en carrosse. Il dîne au restaurant, et il prend quelques libertés avec la dame du comptoir. Indignation générale. Le chevalier Tape-cul. Nouvel incident... 16

CHAPITRE III. — Don Cleophas est amené sur la scène. Effets du hachich. Le pied de Cléopâtre. M. de Cupidon suit la grisette. Renseignements sur les mœurs galantes de notre époque. O ciel! c'est Babet!...................... .. 21

CHAPITRE IV. — HISTOIRE DE BABET.................... 26

CHAPITRE V. — On plaint Babet. Pendant ce temps, la grisette a disparu. Rue de Lille. Une grande dame est à son balcon. Elle nous lorgne. La deuxième flèche de M. de Cupidon 37

CHAPITRE VI. — Visite au temple de Terpsichore et de

Polymnie (l'Opéra). L'entrée de M. de Cupidon est trop bruyante. A la porte! à la porte! Il n'est pas au bout de son étonnement. La troisième flèche. Ne voilà-t-il pas que nous apercevons M. de Lamartine? Divers portraits. La Cymbeline 39

Chapitre VII. — Meyerbeer 48

Chapitre VIII. — Suite des portraits. Narcisse Diaz. La clochette du foyer. Mademoiselle Cymbeline fait prier M. de Cupidon de vouloir bien passer dans sa loge. C'est déjà l'effet de la troisième flèche.. 50

Chapitre IX. — La loge de Cymbeline. Un opéra d'un nouveau genre. Où en étiez-vous de vos discours? Entrée de M. de Cupidon. Peste! comme il boit! Madame de Trois-Étoiles et Penserosa. Théories qui feront crier les danseuses et les chaussettes d'azur. M. de Cupidon en apprend de belles. Il se console avec le vin de Champagne, qui est toujours resté le même. Départ général 53

Chapitre X. — Très-intéressant, quoique moral. M. de Cupidon entre dans un magasin. La marchande de tout. *Traité de l'amour*, en vingt-six leçons; prix: 10 francs; à Paris, chez les marchands de nouveautés. Portraits et maximes. Plus de bourgeoises! Le mari entre, notre héros s'en va..... 61

Chapitre XI. — Histoire de la belle Épicière............ 67

Chapitre XII — Un café littéraire. Dialogue de vaudevillistes. Justin Ronan. De l'exploitation de l'homme par la femme. M. de Cupidon lit des fragments de cet important ouvrage. L'amour triste. Comment aiment les gens de lettres. 100

Chapitre XIII. — Berdriquet et son romancier......... 116

Chapitre XIV. — Digression. Influence des feuilles publiques. Tacite et son journaliste, histoire qui fait pendant à la précédente.. 146

Chapitre XV. — Où l'intérêt prend des proportions colossales. Nuit sombre. Trois inconnus. Embarras de M. de Cupidon. Une prise de tabac. Quelle heure est-il ? Les trois hommes l'obligent à monter dans un coupé, malgré son peu de résistance. Fouette, cocher ! Le coupé s'arrête. Certainement il va se passer des choses incroyables.................. 155

CHAPITRE XVI. — Dans un boudoir. Comment le somnambulisme est toujours à la mode. Le cordon de sonnette. La baronne de Bois-Laurier et l'*et cætera* de son portrait en pied. Conversation. Deux vers de *Tartufe*. Façon ingénieuse de mettre la puce à l'oreille de son mari. M. de Cupidon est myope. Un roman entr'ouvert. On revoit le cordon de sonnette. Qui veut la fin veut les moyens.......................... 160

CHAPITRE XVII. — Le plus court, mais le mieux rempli ; — et qui prouve surabondamment que les baronnes d'aujourd'hui sont plus avancées que les baronnes d'autrefois....... 175

CHAPITRE XVIII. — Violente sortie de M. de Cupidon contre les grandes dames. Justin Ronan chante. Le musicien Brévignon devient narrateur à son tour. Une femme franche ; personne ne veut croire à son existence. Débats............ 176

CHAPITRE XIX. — UN BEAU BRIN DE FILLE. 178

CHAPITRE XX. — Si l'on faisait un vaudeville avec M. de Cupidon ? Le bois de cerf. Chez la Gourdan. On côtoie le genre égrillard. Par qui ont été remplacées les courtisanes et les maîtresses. Justin Ronan prend congé de nous. On parle de lui. Je m'offre à raconter son histoire....................... 188

CHAPITRE XXI. — LA BOUTEILLE VIDE ET LES FEUILLES DE ROSE.. 193

CHAPITRE XXII. — Second dénoûment................. 232

CHAPITRE XXIII. — Les femmes du jardin Mabille, Musquette, Frisette, Hermance, Fanchonnette-Dandin, Mauviette, les quatre filles Aymon. Elles ont succédé aux Éliante et aux Zirphé de l'autre siècle. Chapitre indispensable. Danses modernes. La carte du Tendre. M. de Cupidon fait des économies sur ses flèches...................................... 233

CHAPITRE XXIV. — M. de Cupidon ne veut pas de l'amour vénal. Il aspire après les sentimentalités. N'aime-t-on plus gratis en France?.. 241

CHAPITRE XXV. — UNE TÊTE DE FEMME DANS UN MOULIN.. 242

CHAPITRE XXVI. — Réflexions. Critique de la nouvelle précédente. Physiologie du regard. Tête-à-tête dans un wagon. M. de Cupidon est insatiable. Il lui faut encore des récits. Pour le coup, celui-ci sera le dernier...................... 254

CHAPITRE XVII. — HISTOIRE DE MADEMOISELLE JEUNESSE.. 258

CHAPITRE XXVIII. — Monologue suivi d'une églogue. La chanson de Gautier Garguille. M. de Cupidon part pour un village. Il y cherche des bergères et n'y trouve que des paysannes. Suzon et son chevreau. Mauvaise fille! Elle se sauve. L'échelle du grenier. Un drame dans une meule de foin. Cupidon! vole, vole!................................. 284

CHAPITRE XXIX ET DERNIER. — La mort d'une grisette... 291

ARISTIDE CHAMOIS. 295

FIN DE LA TABLE.

CORBEIL, typographie de CRÉTÉ.

www.ingramcontent.com/pod-product-compliance
Lightning Source LLC
Chambersburg PA
CBHW072007150426
43194CB00008B/1021